耕地质量禀赋、要素投入与产出效率

吴 群 邹金浪 著

本书得到国家自然科学基金重点项目"我国土地资源效率提升能力与系统建设研究——基于转变经济发展方式的视角"(项目编号：71233004)的资助

科学出版社

北 京

内 容 简 介

在国家实施"藏粮于地、藏粮于技"战略的背景下，本书采用跨学科协同研究方法，从考虑生产要素投入和不考虑生产要素投入两个维度对耕地质量禀赋影响粮食生产开展研究。基于农作物生产潜力视角测算了我国耕地产出效率，评价了我国耕地生产性功能，分析了耕地质量禀赋对粮食生产的影响机理，考察了生产要素替代的实现条件，明确了劳动力成本和土地成本攀升中哪些农业技术更容易被采用。最后，本书建议统筹"藏粮于地"与"藏粮于技"，提升耕地质量以促进粮食生产要素投入优化，推广和创新农业技术应减少耕地质量禀赋约束。

本书适合土地资源管理、农业经济管理、人文地理学等学科的研究人员和政策制定者阅读与参考。

图书在版编目（CIP）数据

耕地质量禀赋、要素投入与产出效率 / 吴群，邹金浪著. —北京：科学出版社，2019.12
ISBN 978-7-03-059594-2

Ⅰ. ①耕⋯　Ⅱ. ①吴⋯ ②邹⋯　Ⅲ. ①耕地管理-研究-中国 ②粮食政策-研究-中国　Ⅳ. ①F323.211 ②F326.11

中国版本图书馆 CIP 数据核字（2018）第 264081 号

责任编辑：魏如萍 / 责任校对：贾娜娜
责任印制：张　伟 / 封面设计：无极书装

科学出版社 出版
北京东黄城根北街 16 号
邮政编码：100717
http://www.sciencep.com

北京虎彩文化传播有限公司　印刷
科学出版社发行　各地新华书店经销

*

2019 年 12 月第　一　版　开本：720×1000　B5
2019 年 12 月第一次印刷　印张：12 1/2
字数：252 000

定价：112.00 元
（如有印装质量问题，我社负责调换）

作者简介

吴群，男，南京农业大学二级教授、博士生导师、国家社会科学基金重大项目首席专家、江苏省"333 高层次人才培养工程"中青年领军人才、江苏省第二届优秀土地科技工作者、南京农业大学"钟山学者计划"首席教授、"公共管理"国家一流学科学术带头人。兼任国务院研究室中国言实出版社中国政策专家库专家、中国城乡发展智库联盟理事、中国自然资源学会土地资源专业委员会副主任委员、中国软科学研究会理事、中国高校房地产学者联谊会理事、江苏省不动产登记与土地估价协会常务理事等。长期从事土地经济与管理、地价与不动产管理等领域的教学、研究和政策咨询工作。曾先后赴荷兰、澳大利亚等高校开展合作研究，国家留学基金管理委员会博士生导师高级研究学者。主持国家自然科学基金（含重点项目 1 项）项目 4 项、国家社会科学基金项目（含重大项目 1 项）3 项、国家公益性行业科研专项 1 项，其他省部级项目 20 余项。在国内外核心期刊发表论文 200 余篇，出版学术专著 6 部，主编教材 2 部。获得教育部第六届高等学校科学研究优秀成果奖（人文社会科学）一等奖，江苏省第十二届哲学社会科学优秀成果奖一等奖、第十五届二等奖、第十四届三等奖，国土资源科学技术奖二等奖，江苏省及农业部科技进步三等奖等十余项。

邹金浪，男，管理学博士，江西财经大学生态文明研究院讲师。主要从事土地经济与管理、区域可持续发展等方面的研究。在《地理学报》（中、英文版）、《自然资源学报》、《资源科学》、*Sustainability* 等期刊上发表多篇学术论文。

前　　言

当前，我国粮食生产量、库存量和进口量"三量齐增"，极大地增强了我国的粮食供给保障能力。但背后隐藏的问题，尤其是粮食生产领域的问题，日益显现。一方面，我国对耕地高负荷的开发利用已经达到了生态的极限，耕地质量现状堪忧；另一方面，我国粮食生产成本，尤其是劳动力成本和土地成本，持续快速上升，直接导致了我国粮食生产效益低下。面对保障粮食安全的新形势，"十三五"规划建议明确提出实施"藏粮于地、藏粮于技"战略。正值我国调整粮食生产策略之际，回答以下几个问题显得尤为重要：①我国耕地生产性功能的发挥程度如何？②粮食持续增产而耕地质量下降，耕地质量如何影响粮食生产？③劳动力成本和土地成本快速上升对粮食生产会造成怎样的影响？④哪些农业技术能更容易地应用到粮食生产之中？尽管不同的学者已经开展了大量的研究，但仍然存在以下两个需要探讨的方面：一是耕地质量禀赋对粮食生产的作用机制；二是农业生产中要素替代的实现条件。

本书从考虑生产要素投入和不考虑生产要素投入两个角度对耕地质量禀赋对粮食生产的影响开展研究。不考虑生产要素投入时，首先分析耕地质量禀赋差异，其次采用耕地国家利用等别与标准粮产量之间的对应关系，分析耕地质量禀赋对产能的影响。考虑生产要素投入时，构建耕地质量禀赋约束下生产要素投入影响耕地产出效率的分析框架，形成约束替代效应和交互效应两个分析模式，即过程约束和结果约束。在此之前，借鉴生态系统中的能量流动原理，本书界定了耕地产出效率的概念，并评价了我国耕地产出效率。

本书的章节内容安排如下。

第一章为绪论，介绍了本书的研究背景、文献回顾、研究内容及研究方法与技术路线。第二章为耕地质量与产出效率的基本内涵，对耕地质量和耕地产出效率的基本内涵进行了阐述。第三章分析了耕地质量禀赋。从国家、省级、地市级、地块等不同空间尺度上分析了耕地质量禀赋的差异。第四章考察了耕地质量禀赋对产能的影响。采用耕地国家利用等别与标准粮产量之间的对应关系，考察耕地质量禀赋对产能的影响，包括耕地质量差异对产能的影响、不同质量的耕地数量变化对区域产能的影响，以及耕地质量变化对产能的影响三个层面。第五章界定了耕地产出效率并且评价了我国耕地产出效率。借鉴生态系统中的能量流动原理，本书界定了耕地产出效率的概念，估算了我国耕地产出效率，并且分析了2005~2014年我国耕地产出效率的时序变化和省际差异，以评价耕地生产性功能的发挥程度。第六章考察了耕地质量禀赋与生产要素投入影响耕地产出效率的约束替代效应。参考速水佑次郎和拉坦构建的农业中诱导性技术变革模型，本章分析了农业机械替代劳动受到地形坡度约束的过程，以及化肥替代土地诱导采用改良种子技术受到排灌条件约束的过程，并采用2005~2014年省级层面的数据进行了实证研究，检验了理论假说。在此基础上，进一步估计了机械、化肥、种子技术等对耕地产出效率的影响。此外，从计量方面验证了诱导创新理论需要进一步考虑自然资源禀赋（即本书中的耕地质量禀赋）的约束。第七章考察了耕地质量禀赋与生产要素投入影响耕地产出效率的交互效应。首先从理论上论述了土壤肥力与化肥投入，以及地形坡度与农业机械投入对耕地产出效率的交互影响，前者的交互效应为负，后者的交互效应为正。其次采用河南省2013年的耕地质量等别评定成果和统计年鉴数据进行了实证分析。第八章是研究结论与政策启示。

本书的主要结论为：①耕地质量禀赋较好的地区耕地数量减少较快，耕地产能减少较大。②经过2005~2014年年均1.49%的增长，全国耕地产出效率平均值为25%，其中，高值主要集中在长江中下游沿江省区市。③粮食生产中生产要素替代过程受到了耕地质量禀赋的约束。劳动力成本上升诱导机械替代劳动，地势平坦降低了机械-劳动替代难度。土地成本上升诱导化肥替代土地，便利的灌溉条件有助于化肥替代土地诱导采用改良种子技术。④生产要素对耕地产出效率的影响同样受到了耕地质量禀赋的约束。土壤肥力的增加降低了化肥投入对耕地产出效率的贡献，地势平坦提高了农业机械化对耕地产出效率的贡献。⑤相较耕地质量禀赋，生产要素投入，尤其是种子技术和生产技术对耕地产出效率的影响更大。耕地质量禀赋对耕地产出效率的影响更多的是通过作用于生产要素投入来实现的。

本书形成的重要政策启示为：实施"藏粮于地、藏粮于技"战略，需要统筹两者之间的关系，提升耕地质量应促进粮食生产要素投入优化，推广和创新农业技术应减少耕地质量禀赋约束。基于这两点，不同地区应实施差别化的粮食生产和耕地产出效率提升策略。

本书的创新之处在于构建了耕地质量禀赋约束下生产要素投入影响粮食生产的一个相对完整的分析框架，其中，将耕地质量禀赋约束引入农业中诱导性技术变革模型，丰富了诱导创新理论。此外，本书首次从农作物生产潜力的视角测算我国的耕地产出效率，有助于揭示我国耕地生产性功能的发挥程度。研究结果以期为调整粮食生产策略、实施"藏粮于地、藏粮于技"战略提供有价值的参考。

吴群　邹金浪
2019年3月

目 录

第一章 绪论 ··· 1
第一节 研究背景 ··· 1
第二节 国内外相关研究现状与趋势 ·· 3
第三节 逻辑思路与研究内容 ·· 16
第四节 研究方法与技术路线 ·· 17

第二章 耕地质量与产出效率的基本内涵 ·· 20
第一节 基础理论 ·· 20
第二节 耕地质量的基本内涵 ·· 26
第三节 耕地产出效率的基本内涵 ·· 31

第三章 耕地质量禀赋：基于不同空间尺度的比较 ································· 35
第一节 国家层面耕地质量禀赋 ··· 35
第二节 省级层面耕地质量禀赋差异 ··· 38
第三节 地市级层面耕地质量禀赋差异：以江苏省为例 ···················· 40
第四节 地块层面耕地质量禀赋差异：以河南省为例 ······················· 41
第五节 本章小结 ·· 42

第四章 耕地质量禀赋对产能的影响 ·· 43
第一节 耕地质量差异对产能的影响：以江苏省为例 ······················· 43
第二节 不同质量的耕地数量变化对区域产能的影响：以长三角为例 ··· 49
第三节 耕地质量变化对产能的影响：以河南省为例 ······················· 57
第四节 本章小结 ·· 87

第五章 耕地产出效率评价 ·· 88
第一节 我国耕地生产量测算及粮食作物的贡献分析 ······················· 88
第二节 我国耕地生产力的时空差异分析 ····································· 105
第三节 我国耕地产出效率分析 ·· 107
第四节 本章小结 ··· 116

第六章 耕地质量禀赋与生产要素投入的约束替代效应 ························· 118
第一节 理论分析与研究假说 ··· 119
第二节 地形坡度对农业机械替代劳动的影响 ······························ 124

第三节　排灌条件对化肥替代土地诱导采用改良种子技术的影响 ……… 132
　　第四节　耕地质量禀赋约束、要素替代与耕地产出效率 …………… 141
　　第五节　本章小结 …………………………………………………… 154
第七章　耕地质量禀赋与生产要素投入的交互效应 …………………… 155
　　第一节　文献梳理与研究假说 ……………………………………… 155
　　第二节　计量模型、估计方法与数据来源 ………………………… 157
　　第三节　耕地质量禀赋和生产要素投入共同影响耕地产出效率的估计
　　　　　　结果与分析 ………………………………………………… 164
　　第四节　本章小结 …………………………………………………… 171
第八章　研究结论与政策启示 …………………………………………… 172
　　第一节　主要结论 …………………………………………………… 172
　　第二节　创新、不足与展望 ………………………………………… 173
　　第三节　政策启示 …………………………………………………… 175
参考文献 ……………………………………………………………………… 179

第一章 绪　　论

第一节　研　究　背　景

一、耕地质量下降、"三本齐升"和"三量齐增"的现实背景

土壤退化、面源污染加重，耕地质量堪忧。我国对耕地高负荷的开发利用已经达到了生态的极限，耕地质量整体上在下降（Kong，2014；郧文聚等，2015）。据不完全统计，我国超过40%的耕地出现了退化的现象：南方土壤酸化，东北黑土层变薄，华北耕层变浅，西北耕地盐渍化和沙化等。与此同时，粮食生产高投入模式引发了严峻的生态环境问题。我国化肥和农药的使用量居世界第一，使用强度是世界平均水平的2～3倍。化肥和农药的过量使用造成了严重的农业污染（陈锡文，2002；张维理等，2004；Huang et al.，2015），我国污染的土壤面积约占耕地总量的五分之一。

土地成本、人工成本和物质成本"三本齐升"。土地资源稀缺和劳动力转移使粮食生产中的土地成本与人工成本上升过快（罗必良，2017）。1990~2014年，我国稻谷、小麦和玉米三大粮食作物按现值计算的亩[①]均土地成本年平均增长24.6%，亩均人工成本年平均增长16.9%，而亩均物质与服务年平均增长12.2%。与此同时，这三大粮食作物的亩均产值年平均增长仅为13.6%，这表明我国粮食的生产成本上升速度快于产值。

粮食生产量、进口量和库存量"三量齐增"。2014年以来，我国粮食呈现出"三量齐增"的现象，并且日趋严峻。2014年我国粮食生产量超过6亿t；与此同时，粮食进口量首次突破1亿t；虽然粮食库存量没有准确的数据，但我国粮食库存压力正在不断增大。

二、粮食生产转型的政策背景

"藏粮于地、藏粮于技"。"十三五"规划建议明确提出实施"藏粮于地、藏粮于技"战略[②]。保证粮食生产、保障粮食安全的根本在耕地，包括耕地数量和耕地质量两个方面。实施"藏粮于地"的目标是增加或减少耕地以维持粮食供

[①] 1亩≈666.67m²。
[②] 资料来源：藏粮于地、藏粮于技战略——习近平与"十三五"十四大战略. http://politics.people.com.cn/n/2015/1122/c1001-27842000.html。

求的大体平衡。粮食生产的根本出路在科技进步,"藏粮于技"的目标是用科技方式维持粮食供求平衡。"藏粮于地"和"藏粮于技"都是为了提升粮食供给体系的质量与效率。

化肥、农药减量化。农业部于2015年制定了《到2020年化肥使用量零增长行动方案》和《到2020年农药使用量零增长行动方案》,前者是为了推进化肥减量增效,后者是为了促进农药减量控害。化肥和农药的减量化是通过转变生产方式,控制传统投入品过量使用,实现粮食生产的提质增效。

国家颁布的《"十三五"国家科技创新规划》提出,"深入实施藏粮于地、藏粮于技战略""突破肥药减施、水土资源高效利用、生态修复、农林防灾减灾等关键技术";《全国农业现代化规划(2016—2020年)》提出,"加快实施藏粮于地、藏粮于技战略和创新驱动发展战略""开展化肥减量增效、农药减量控害、有机肥增施和秸秆资源化利用试点"等。这些政策的制定和实施说明了,国家的粮食生产策略在变化,耕地利用政策也在转变。

综观上述现实和政策背景,本书有如下四个问题需要明确。一是耕地质量下降,而粮食持续增产,那么,耕地质量对粮食生产是否有影响?如果有,影响机制是什么?二是由于在面对某一生产要素快速上升时,农户应对的策略之一是调整生产要素投入(钟甫宁,2016),那么"三本齐升",尤其是土地成本和人工成本上升对农业生产要素调整及粮食生产有何影响?三是我国耕地生产性功能的发挥程度如何?四是粮食生产中哪些技术会更容易被采用?

三、相关学术背景

耕地生产性功能评价研究集中在耕地生产力评价方面。在评价耕地生产力时,已有研究多采用作物-机理模型,以农业生态区域法模型为代表,测算某一区域耕地(土地)的生产力。还有研究仅从粮食的直接加总视角评价和分析耕地生产力。比较这两种方法,不难发现,前者计算过程复杂,技术要求高;而后者计算过程相对简单,但没有全面反映耕地生产力水平。如何改进耕地生产性功能评价方法,使其一方面反映出耕地生产性(力)的本质,另一方面简化计算流程,这是一个有待进一步探讨的问题。

尽管耕地质量评价的文献丰富,但实证分析耕地质量影响粮食生产的研究偏少。从20世纪70年代以来,联合国粮食及农业组织出版了《土地评价纲要》(FAO,1976)等一系列指南,再到20世纪80年代中国科学院自然资源综合考察委员会主持完成了《中国1∶100万土地资源图》(石玉林,1991),以及20世纪80年代以来国土资源部和农业部开展全国农用地(耕地)质量评价工作,这都表明了耕地质量评价的研究很多。然而,经济学家很少定量分析耕地质量对粮食产出的影响，其中一个重要的原因是耕地质量数据难以获取（Wiebe，2003）；另一个理论上的可能原因是通过要素替代可以在很大程度上消除土地资源约束的影响（Hayami and Ruttan，1985）；而计量上的可能原因是采用面板数据进行固定效应（fixed effect，FE）估计可以控制不可观测效应（如耕地质量）的影响（Wooldridge，2010）。

有关要素替代的研究没有系统考察农业生产要素替代受自然资源禀赋约束的过程。生产函数（如科布-道格拉斯生产函数、固定替代弹性生产函数、超越对数生产函数、超越对数成本函数等）可以用来分析要素的替代。速水佑次郎和拉坦改进的诱导性创新模型也被广泛应用于生产要素的替代分析和解释不同国家的农业发展过程（Hayami and Ruttan，1985）。无论是采用生产函数还是诱导性创新模型，研究人员在分析农业生产要素替代时，都没有重视要素替代实现过程的难易程度。尽管采用生产函数可以估计出要素的替代弹性（衡量要素之间相互替代难易程度的关键参数），但存在着替代弹性估计高度依赖技术设定、地区差异明显等缺点（郝枫和盛卫燕，2014）。此外，生产函数中要素替代的过程往往是"灰色"的。尽管诱导性创新模型对要素替代过程的分析更为具体，但价格可能没有完全反映自然资源条件的差异。也就是说，诱导创新理论中要素替代的实现过程可能受到决定要素替代难度的自然资源禀赋约束条件的限制（郑旭媛和徐志刚，2016）。在我国，自然资源禀赋仍然是影响农业生产的一个重要变量，作为农业生产中的基础性资源，耕地质量对要素替代实现条件的约束如何，是一个有待进一步考察的学术问题。

第二节 国内外相关研究现状与趋势

本节旨在梳理相关文献，以厘清相关研究的起源、历史脉络和发展趋势，并从中凝练问题，以及提出新的具有实践价值的研究方向。本书既涉及农学、土壤学、生态学和地理学，也涉及经济学和管理学，关于文献综述，首先是耕地质量和耕地生产力评价，其次是土地质量和地形条件对粮食生产的影响，再次是生产要素对粮食产出的影响，最后是农业生产要素替代。

一、关于耕地质量评价方面

土地是一种重要的资源，也是多重地理要素的综合体。在保障粮食供给的背景下，土地的生产性功能是一个需要明确的问题，评价土地的生产性功能可以从多个视角开展，归纳起来为"质量"和"生产力"两大方面。本小节从耕地质量角度开展文献回顾。

土地质量评价，即土地分等定级，早在西周（前1046～前771年）时期，我国就开展了这方面的探索，如《周礼·地官司徒第二·遂人/土均》所述"辨其野之土：上地、中地、下地、以颁田里"。土地质量评价一直是我国各朝各代分配土地、收取地租的重要技术手段。

20世纪50年代，我国学者开始对土地质量评价进行系统的研究。中国科学院黄河中游水土保持综合考察队（1959）较早系统地论述了土地质量评价的意义、土地分等定级的原则、工作方法和过程及在土地规划上的应用。之后，1981～1985年，由中国科学院自然资源综合考察委员会主持编制，石玉林（1991）任主编，全国43个单位、300多位科学工作者协作完成了《中国1∶100万土地资源图》，该图是我国第一套全面、系统地反映全国土地资源潜力、质量、类型、特征、利用的基本状况及空间组合与分布规律的大型、小比例尺、专业性地图，这是我国土地质量评价工作和研究中具有里程碑意义的文献资料。

进入21世纪，土地质量评价的文献有以下特点：①在研究尺度上细化，如张献忠等（2004）对土地复垦项目区进行土地质量评价；王才军等（2011）对岩溶石漠化区进行土地质量评价；李巧云等（2015）对长沙市莲花镇的土地生态质量进行评价。②在研究方法上多样，如郭旭东等（2005）基于"压力-状态-响应"评价土地质量；张贞等（2011）基于系统动力学评价土地质量；许光明等（2016）采用多分辨率遥感影像评价土地质量。③在研究对象上具体，如石常蕴和周慧珍（2001）对水田的土地质量进行评价；卞正富（2004）对矿区的土地质量进行评价；郭施宏（2016）对城市的土地质量进行评价。

我国土地质量评价的理论和方法深受国外的影响，尤其是联合国粮食及农业组织的影响。联合国粮食及农业组织先后于1976年出版了《土地评价纲要》、1984年出版了《旱地农业土地评价指南》和《林业土地评价》、1985年出版了《灌溉农业土地适宜性评价指南》、1986年出版了《牧业土地评价》与1993年出版了《可持续土地管理评价纲要》[1]。这些资料极大地促进了土地质量评价在全球范围内的深入研究。

一方面，国外关于土地质量评价的研究在指标构建上不断突破。Dumanski和Pieri（2000）构建了能够评价、监控和估计土地质量变化的指标；Huffman等（2000）集合农业普查和生物物理学数据，从土壤表层、风化和土壤盐渍度三大方面构建了农业环境指标以评价土地质量；Bouma（2002）构建了适应不同尺度土地可持续性管理的土地质量评价指标；Morse（2014）在前人研究的基础上进一步总结和深化了土地质量评价指标构建的理论依据与实践应用；Schiefer等

---

[1] 联合国粮食及农业组织出版的这些资料在国内大量流传并被广泛应用，故本书没有列出相应的参考文献。

(2015)对德国实现农业可持续集约型发展的土地质量进行了评价；Podhrázská 等（2015）利用捷克共和国土壤-生态单元更新的数据库对土壤流失导致土地退化的集约耕作的土地质量进行评价。

另一方面，国外关于土地质量评价的研究在方法选择上各有差异。Ochola 和 Kerkides（2004）构建了肯尼亚土地质量评价的综合指标空间决策支持系统；Canals 等（2007）构建了土地利用生命周期评价框架以评价土地质量；Antó 等（2014）将数学决策理论应用到土地质量评价的研究中；Kumar 和 Jhariya（2015）基于地理信息系统和遥感技术采用多目标层次分析方法对农业土地质量进行了评价；Ceccarelli 等（2015）采用了"综合征"方法（"syndrome" approach）对意大利艾米利亚-罗马涅大区地区在 1954~2008 年以土壤退化为核心的土地质量进行评价。

土壤质量评价，也就是土壤健康评价，相较于土地质量评价更为具体，土壤质量评价是土地质量评价的基础。

据考证，《尚书·禹贡》最早对土壤质量进行了评价，所述"厥土惟白壤……厥土黑坟……厥土白坟……厥土赤埴坟……厥土惟涂泥……厥土惟壤，下土坟垆……厥土青黎……厥土惟黄壤……"，依其肥力制定贡赋等级。

我国对土壤质量评价进行系统的研究是从受到欧美发达国家和地区的影响开始的。为了全面摸清土壤资源利用现状，我国分别于 1958~1960 年、1979~1985 年两次开展了全国土壤普查。中国科学院南京土壤研究所建立了一个较为系统的中国土壤数据库，包括土壤资源类库、土壤肥力类库、土壤环境类库、土壤生物类库、典型地域类库、重大项目类库。我国土壤质量评价方面的研究较为成熟。

在论文方面，石华和周斌（1962）较早开展土壤质量评价研究，根据荒山荒地的土壤类型及其特点，区别种植农作物和经济林。何同康（1978）较早系统论述土壤评价的基本原则、指标和方法。后来的论文研究更加关注某一特定地类的土壤质量评价，如姚国征等（2012）对采煤沉陷风沙区的土壤质量进行评价；赵娜等（2014）对不同退耕年限刺槐人工林的土壤质量进行评价；邓绍欢等（2016）对南方地区冷浸田的土壤质量进行评价。国内的土壤质量评价的研究不断深入，土壤质量评价指标不断扩展，涵盖了化学指标、物理指标、生物指标等；土壤质量评价方法不断出新，包括多变量指标克立格法、土壤质量动力学方法、土壤质量综合评分方法、土壤相对质量评价法等（张心昱和陈利顶，2006）。

国外土壤质量评价的研究起步更早。俄罗斯土壤学家 Vasili Vasilievich Dokuchaev 于 1877 年开展了以土壤为核心的土地评价工作。20 世纪 30 年代以后，美国进行了一系列的土壤质量评价，1936 年，美国土壤学会（Soil Science Society of American）成立，如今已是国际上影响力最大的土壤学会，1935 年，美国农业部成立了土壤保护局（Soil Conservation Service，SCS），于 1994 年更名为自然资源保护局（Natural Resources Conservation Service，NRCS），主要工作是监测和评价土壤质量。

国外土壤质量评价的单元尺度多样。Andrews 等（2002）以农田尺度为单元，评价了不同利用方式下土壤质量的差异；Wardle 等（1999）以农场尺度为单元，对土壤质量进行了评价；Maddonni 等（1999）以小区尺度上的南美草原为单元，进行了土壤质量评价；Boehm 等（1997）以景观尺度为单元，评价了土壤质量；Sparling 和 Schipper（2002）以国家尺度为单元，对土壤质量进行了评价。

国外土壤质量评价的指标选取多样。在土壤物理指标方面，如 Ditzler 和 Tugel（2002）选取了团聚稳定性、渗透率、容重、熟化程度、水分等物理指标评价土壤质量。在土壤化学指标方面，如 Govaerts 等（2006）选取了有机 C、N、K 和 Zn 作为化学指标评价土壤质量。在生物物理指标方面，Ditzler 和 Tugel（2002）在评价土壤质量时，选取的生物指标包括土壤呼吸和蚯蚓数量。

国外土壤质量评价的方法应用多样。在土壤质量指数法方面，如 Smith 等（1993）应用基于非参数地学统计的多元指示克里格法进行土壤质量评价。在土壤质量模型方面，如 Doran 和 Parkin（1994）提出了可持续生产、环境质量、人和动物健康三个功能，食物生产、侵蚀度、地下水质量、地表水质量、空气质量、食物质量六个因素构成的土壤质量评价模型。在多元线性回归方面，如 Zornoza 等（2007）构建了包括土壤物理、化学和生物指标的多元线性方程以评价土壤质量。在其他方法方面，如 Andrews 等（2004）构建了"质量"和"管理"相结合的分析框架以评价土壤质量；Cambardella 等（2004）将地形分析方法与土壤管理评价框架相结合以评价土壤质量。

耕地质量评价源于土地质量和土壤质量评价。近年来，我国学者和政府越来越关注耕地质量问题，进行耕地质量评价的文献越来越多。

申屠军等（1989）较早关注耕地质量量化问题。王光复和李亦兵（1991）较早系统评价了耕地质量，采用了土壤盐碱化、单产水平、水土流失、土壤自然肥力、涝洼五项指标。1997 年以来，国家实施耕地占补平衡的原则，然而，由于国家缺乏类似的监测耕地质量的机构和手段，耕地"占一补一"主要是落实到耕地数量上，耕地质量难以实现"占一补一"（杨邦杰等，2013）。

倪绍祥和刘彦随（1998）首先提出耕地总量动态平衡中耕地质量的重要性。之后，不断有文献关注耕地质量。国家层面，如张凤荣等（1998）对中国耕地的数量与质量的变化进行了分析；陈印军等（2011）分析中国耕地质量状况。地方层面，如周峰和周颖（2001）对江苏省锡山市耕地质量变化及其影响因素进行了分析；张英等（2011）分析了中国农业主产区的耕地资源质量变化。

在耕地质量评价方法方面，李莹星等（1996）采用自然产量剥离法评价耕地质量；何鑫和李琼芳（2004）运用马尔可夫法对耕地质量进行评价；聂艳等（2005）

借助地理信息系统和使用模糊物元贴近度聚类方法评价耕地质量；陆文彬等（2006）利用灰色关联度模型对耕地质量进行了评价；余敦和付永琦（2007）基于模糊综合评价法对耕地质量进行评价；方琳娜和宋金平（2008）采用地球观测系统（systeme probatoire d'observation de la terre，SPOT）多光谱影像对耕地质量进行评价；程晋南等（2009）借助地理信息系统评价耕地质量；张广星等（2011）基于 Bio-Norm 与专家评估法进行耕地质量评价；刘舒馨等（2016）运用熵权和变异系数组合赋权法对耕地质量进行评价。

在耕地质量评价对象方面，张凤荣等（2001）以盐渍土区为对象开展耕地质量评价；许树辉（2004）以地块尺度为对象开展耕地质量评价；笪建原等（2005）以高潜水位矿区为对象进行耕地质量评价；沈斌强等（2006）以县域尺度为对象开展耕地质量评价；高明秀等（2008）以土地整理的项目尺度为对象进行耕地质量评价。

此外，有文献基于农户视角开展耕地质量评价。张衍毓等（2006）基于农户认知对耕地质量进行评价；侯华丽（2007）从农民参与的视角对耕地质量进行评价；孔祥斌等（2008）从农户土地利用行为视角开展耕地质量评价；李涛等（2010）从农户决策行为视角对耕地质量进行评价。

二、关于耕地生产力评价方面

"土地生产力"这一术语出现于 20 世纪 20 年代的德国，第一个土地生产力评价的方案诞生于 1934 年德国（谢经荣，1992）。20 世纪五六十年代，美国农业部制定了土地潜力评价体系（Klingebiel and Montgomery，1961），之后，土地生产力评价的文献不断涌现。

早期文献采用的土地生产力（包括 land productivity 和 land capacity）评价方法有两类：一是根据农作物产量对土地生产力进行评价，二是依据土地性状同土地表现的关系对土地生产力进行评价（谢经荣，1992）。后来，土地生产力评价方法不断改进，主要可以分为以下几大类：一是统计-计量模型，包括回归模型法、时间序列外推法、灰色模型法、综合指数法、投入产出分析预测方法等；二是作物-机理模型或是作物模型，包括光温阶乘模型、瓦赫宁根（Wagenigen）模型、农业生态区域法；三是经验公式模型（陈佑启等，2011）。例如，Daubenmire（1976）从植被类型角度评价林地生产力，Woodward 等（1995）构建了全球土地初级生产力评价模型，Barrios（2007）从土壤生物和生态系统服务两方面评价了土地生产力。

我国对土地生产力评价系统的研究借鉴了国外的先进经验。20 世纪 50 年代，竺可桢（1964）论述了气候变化对土地生产力的影响；之后学者逐步建立了光合生产潜力的评价体系、光温生产力模型、气候生产力模型及光温水土生产力模型（田国良等，1980）。自此，土地生产力评价的研究逐步系统起来（郭力娜等，

2013）。国家层面土地生产力评价是在20世纪80年代展开的，1986年，中国科学院自然资源综合考察委员会开展的"中国土地资源生产能力及人口承载力的研究"，是我国在土地生产力评价领域第一次比较全面的研究（《中国土地资源生产能力及人口承载量研究》课题组，1991）。不同学者从小尺度专门针对土地生产力进行评价，侯西勇和孙希华（2001）从县级尺度评价了土地生产力；韩荣青（2008）从地级市尺度开展土地生产力评价；李鹏等（2001）对黄土高原沟坡地的土地生产力进行评价；刘海斌和吴发启（2006）对黄土塬区农业生产的土地生产力评价。

耕地生产力评价是对土地生产力评价的细化。郧文聚等（2007）率先提出了基于农用地分等成果与农业统计数据的产能核算技术方法体系，将农用地产能，即农用地的生产能力划分为远景理论产能、当前理论产能和实际产能三个层次，并且分别进行核算。该方法需要试验区耕地单产，以及与之相对应的耕地自然质量这两方面指数的翔实数据，工作量大、技术要求高。尽管如此，张红富等（2010）对江苏省苏北、苏中和苏南的耕地生产能力进行了核算；许妍等（2011）对东北地区标准耕作制度的八个二级区，即辽东山地丘陵区、辽西低山丘陵区、中部平原区、大小兴安岭山地区、三江平原长白山地区、松嫩平原区、吉林省的东部山地区、西部平原区的耕地生产能力进行核算；王秋香等（2011）对广东省标准耕作制度二级区，即粤北山地丘陵区、潮汕平原区、雷州半岛丘陵台地区、粤中南丘陵山地区和粤西南丘陵山地区的耕地生产能力进行了核算；宋戈等（2014）核算了粮食大县巴彦县的耕地生产能力。

在农用地（包括耕地）产能（生产能力）评价方面，张凤荣等（2006）以全国105个农业生态小区为研究单元，在确定能够充分发挥其气候生产潜力的种植制度的前提下，并以粮食作物审定品种的区域试验产量为基础，计算了各农业生态小区各类耕地的粮食单产；在此基础上，乘以各县各类耕地的面积，得到各县耕地的粮食总生产能力，进而汇总出各农业生态小区乃至全国耕地的粮食总生产能力。同样，张晋科等（2006）以105个农业生态小区为研究单元，在确定能够充分发挥当地气候资源潜力的种植制度的基础上，根据粮食作物审定品种的区域试验产量，计算了各区域各个耕地亚类的粮食单产能力；再分别乘以各县2004年相应耕地亚类的面积，得到2004年各县耕地的粮食总生产能力，进而汇总出各省区市及全国耕地的粮食总生产能力；结合2002~2004年的粮食现实产量，分析耕地的粮食增产潜力、粮食生产能力开发程度及其省际差异。

此外，还有耕地生产力评价的其他方法。张秋菊等（2004）以单位面积粮食产量与复种指数的乘积来评价耕地生产力；方修琦等（2009）以单位耕地面积的粮食产量来评价耕地生产力；Yan等（2016）构建了基于中分辨率成像光谱仪（moderate resolution imaging spectroradiometer，MODIS）数据的耕地生产力评价模型，这一耕地生产力的本质是光合作用总初级生产力；潘佩佩等（2015）借助农业生态区域法模型评价耕地生产力；黄亚捷等（2015）从土壤肥力、气候条件、地形地貌、经济投入、效益反馈五个方面构建了耕地生产力评价框架。

三、关于土地质量和地形条件对粮食生产的影响方面

因为土地质量数据难以获取，实证分析土地质量影响粮食生产是有困难的，不同研究结果之间可能出现矛盾，主要是测算土地质量是个难题（Wiebe，2003）。Kawagoe等（1985）采用了43个国家在1960年、1970年和1980年的数据，以灌溉面积的比重和农田与牧草地的比值表示土地质量，发现这两者的产出弹性系数为负并且不显著。然而，Fulginiti和Perrin（1993）估计了18个发展中国家土地质量对农业产出的影响，发现这些国家的土地质量与农业产出之间存在显著并且正向的关系。Stocking（2006）认为在全球层面上，土地退化并不会威胁农业生产力的增长，但这种威胁会发生在区域层面上。Wiebe（2003）同样验证了在全球层面上土壤退化不会威胁粮食安全。

国内实证分析土地质量对粮食生产的影响的文献较多，但采用计量方法估计土地质量对粮食生产的影响的文献较少。王卫和李秀彬（2002）运用科布-道格拉斯生产函数，采用20世纪80年代初完成的全国第二次土壤普查汇总数据，估计了耕地有机质含量对粮食作物播种单产的影响，研究结果表明，耕地有机质含量对粮食单产的影响较大，全国层面耕地有机质含量的产出弹性系数的为0.257，其中耕地有机质含量较低省区市的产出弹性系数为0.425，而耕地有机质含量较高省区市的产出弹性系数为0.154。韩素卿和王卫（2004）以河北省冀州市为案例区，首先从表土质地、盐渍化程度、有机质和土体构型四方面评价了土地质量，再运用科布-道格拉斯生产函数估计了土地质量对单位面积耕地产值的影响，研究结果显示土地质量的产出弹性系数为0.055，土地质量边际产出为0.259元/亩。王长松等（2005）定性地分析了仪征市1970～2003年耕地养分质量指数与粮食产量的关系，认为耕地养分质量变化是粮食产量变化的根本因素；耕地养分质量指数越高，粮食生产的抗风险能力越强，年度间粮食产量变幅越小。丁忠义等（2006）定量估计了河北省曲周县土壤有机质含量对粮食产量的影响，研究结果显示，在其他条件不变时，耕地有机质含量增加1%，粮食产量将增加0.351%。陈健等（2008）以河北省曲周县为案例区，采用多元线性回归估计了土壤盐碱度和土壤肥力对冬小麦产量的影响，研究结果表明土壤盐碱度对冬小麦产量具有显著的负向影响，而土壤肥力对冬小麦产量具有显著的正向影响。徐珊等（2014）以东北粮食主产区巴彦县为案例区，估计了土壤类型对粮食产量的影响，认为土壤有机质含量对粮食产量的影响很大。顾治家等（2015）以云南省为例，估计了有效土层厚度、土壤有机质含量、总氮含量、总磷含量、全钾含量、碱解氮含量、速效磷含量、速效钾含量、碳氮比和土

壤 pH 值十个土地（土壤）质量变量对粮食产量的影响，研究结果表明，土壤全钾含量与粮食产量呈显著负相关，其余土地质量变量与粮食产量的关系不显著。

地形条件影响粮食生产的文献较丰富。山区农业撂荒或者农用土地抛荒是地形条件影响粮食生产的一个典型的例子。Walther（1986）认为瑞士阿尔卑斯山地区的农用土地抛荒是人口减少造成的，也是采用现代的农业生产方式造成的。MacDonald 等（2000）对欧洲山区农业抛荒进行了较为详细的论述，认为农业的商业化和共同农业政策使农业活动更依赖于更肥沃与更容易接近的土地，从而造成了山区农业撂荒。我国山区农用土地抛荒也比较普遍（Yan et al.，2016）。农村劳动力转移、种粮收益下降等是我国山区农用土地抛荒的主要原因（Yan et al.，2016；Zhang et al.，2016）。

"退耕还林还草"工程进一步凸显了地形条件对粮食生产的影响。Feng 等（2005）通过对中国西部"退耕还林还草"工程不同情境的模拟，认为，相较 1996 年的粮食产量，人均保留 0.133 公顷、0.100 公顷和 0.067 公顷三种情境之下粮食的产量将减少 768 万 t、929 万 t 和 1463 万 t。Lu 等（2013）分析了中国南方"退耕还林还草"工程对粮食生产的影响，以 2000 年的中国南方粮食产量的数据为基准，"退耕还林还草"后粮食将减少 7.77%。

此外，还有文献重点分析了地形条件对粮食生产空间格局变化的影响。例如，徐海亚和朱会义（2015）认为，我国粮食生产的趋势在向平原地区聚集：平原地区的粮食生产集中度上升，而山地类型地区的粮食生产集中度下降。再者，Zou 和 Wu（2017）采用中国县级层面数据，从主导地形角度考察了 1992～2014 年中国的粮食生产空间格局变化，研究结果表现，平原县的粮食产量最高，其次是丘陵县，最后为山区县；中国粮食生产的空间格局变化遵循着地形条件的差异，也遵循着机械替代劳动的过程。

还有文献通过构建模型估计地形变量对粮食生产的影响。史铁丑等（2013）以重庆市武隆县为案例区，考察了高程和坡度对粮食播种面积的影响，研究结果表明，高程是造成武隆县粮食作物播种面积减少的主要驱动因素，而坡度的影响不大。徐珊等（2014）以东北粮食主产区巴彦县为案例区，估计了坡度对粮食产量的影响，认为坡度对粮食产量的影响不大。顾治家等（2015）以云南省为例，估计了海拔、坡度和坡向三个地形变量对粮食产量的影响，研究结果表明，坡度和坡向与粮食产量呈现显著的相关性，其中坡度是影响云南山区粮食生产的关键因素之一，对粮食产量具有显著的负向影响。

四、关于生产要素对粮食产出的影响方面

单独考察生产要素影响粮食产出的研究，大多是构建生产函数，从估计技

术效率的角度开展。张雪梅（1999）运用随机边界生产函数，采用1991~1996年我国省级层面数据，对玉米生产增长因素进行了实证分析，研究结果表明，化肥是玉米生产增长的主要推动力，扩大有效灌溉面积和挖掘玉米生产的技术效率对我国玉米生产也有着不可忽视的作用。具体为化肥的作用最大为27.55%，灌溉的作用为9.44%，除了化肥和灌溉以外的物质费用的作用为11.73%。亢霞和刘秀梅（2005）运用随机前沿生产函数，采用1992~2002年我国省级层面的数据，估计了我国早籼稻、中籼稻、晚籼稻、粳稻、小麦、玉米和大豆生产的技术效率，研究结果表明在目前的技术和市场环境下，肥料、种子和机械的增产潜力极为有限。具体而言，劳动只在小麦上有正的产出弹性值，在其余作物上产出弹性均为负值，平均产出弹性为−0.11，这反映出增加劳动投入无助于提高粮食作物产量。肥料的产出弹性在小麦、玉米、大豆、粳稻、早籼稻和晚籼稻上表现为正值，在中籼稻上为负值，表明目前肥料对产出增长仍具有正的效应。但是，肥料的产出弹性在年度间波动明显，没有呈现出明确的上升或者是下降趋势。种子质量的改进对玉米、大豆、中籼稻和晚籼稻产出有正的影响，但是对小麦、粳稻和早籼稻产出的影响为负，这一结果可能与数据质量有关。平均而言，种子的平均产出弹性为0.02。机械的产出弹性为−0.05，分品种看，机械的产出弹性在小麦、早籼稻和中籼稻的生产中为正，在玉米、大豆、粳稻和晚籼稻的生产中为负。除了投入水平可能已经超过经济合理的标准外，数据质量也是造成问题的一个原因。黄金波和周先波（2010）采用1978~2008年我国30个省区市的面板数据，对改革开放以来我国粮食生产进行了随机前沿分析，发现人均机械总动力对技术效率的影响一直为正，人均播种面积对技术效率的影响为负，化肥使用量对技术效率的影响为负，有效灌溉比率对技术效率的影响为负。赵红雷和贾金荣（2011）采用2001~2008年中国22个玉米主产区的投入与产出面板数据建立了随机前沿生产函数模型，估计了中国玉米生产的技术效率，结果表明，用工数量与产量正相关，也就是说随着劳动力投入的增加，产量也随之增加；投入的直接费用和间接费用与产量负相关，说明单纯依靠费用的增加很难增加玉米的产量，而需要改进种植技术来提高生产效率；劳均农业机械总动力对技术效率有负向影响。唐建和Vila（2016）采用1990~2013年省级面板数据，运用随机前沿生产函数，考察各省区市粮食生产中的技术效率，研究结果表明，化肥施用量、农药施用量、灌溉率、农业机械总动力与粮食产出具有显著的正相关关系，劳动投入量与粮食产出表现为负相关，且显著性水平不太高。这几个因素的贡献从大到小排序为：化肥施用量>劳动投入量>灌溉率>农药施用量>农业机械总动力。

还有不少研究构建包括生产要素和其他变量（如制度、自然灾害等）在内的计量模型估计生产要素对粮食增产的影响。谢杰（2007）采用中国1978~

2004 年的粮食生产相关投入要素数据，并考虑农业改革的政策影响，通过逐步回归和加权最小二乘回归等经典单方程计量经济学方法，构建了一个统计特征合理的中国粮食生产函数。通过对模型的分析发现：土地和化肥使用是影响粮食生产的最主要要素，并认为在土地、化肥施用已达极限的背景下，技术进步是提高我国粮食产量的新的途径。陈飞等（2010）研究发现年单位施肥量对水稻、小麦、玉米三种粮食作物的单位产量具有显著的正向影响，尤其是在2001~2008 年效果更为明显。星焱和胡小平（2013）采用 2004~2011 年的省级面板数据，采用动态面板广义矩估计方法，分析了对粮食单产影响较大的相关因素，其中，化肥施用量增加为粮食单产提高做出了重要贡献，而玉米单产提高受此影响最大。黄臻（2014）采用 1990~2008 年我国粮食生产要素投入数据，从粮食生产规模、劳动力投入、机械投入、化肥投入、农田基础设施、自然灾害的角度，基于修正的科布-道格拉斯生产函数，采用岭回归对我国粮食生产的影响因素进行计量分析，结果表明：机械投入的增加和灌溉条件的改善是粮食产量增加的重要原因，劳动力投入、化肥投入并非是粮食产量增加的推动因素，自然灾害对粮食生产仍存在较强的负面影响，粮食生产表现出规模报酬递增的情况。

国外文献根据研究的目标在模型中加入相应的生产要素变量。Lin（1992）在考察中国农村改革对农业发展的影响时，估计了土地、劳动力、资本和化肥对农业增长的影响，发现 1978~1984 年，土地对农业增产的影响为负，化肥的影响为正，且贡献最大；1984~1987 年，土地和劳动力对农业增产的影响都为负，资本的影响为正，且贡献最大。Fan 和 Pardey（1997）在考察科研投入对中国农业增产的同时，估计了土地、劳动力、化肥、动力和灌溉对农业增产的影响，研究结果表明，1965~1993 年，土地对农业增产的贡献最小，其次为灌溉，再次为劳动力，化肥对农业增产的贡献最大，动力的贡献次之。Olayide 等（2016）在考察降水对尼日利亚农业生产的影响时，加入了适应降水变化的变量——灌溉，发现灌溉对综合的农业生产、谷物生产、主要产品生产、牧业生产、渔业生产和林业生产具有显著的正向影响。Zhang 等（2017）在考察气候变化对中国农业生产的经济影响时，同样加入了灌溉变量，发现灌溉比率对水稻和玉米具有显著的正向影响，但对小麦的影响为负，且不显著。Bustos 等（2016）在考察巴西农业生产力对工业发展的影响时，分析了基因工程对农业生产力的影响，发现基因工程改良的大豆种子对大豆播种面积的扩大有着显著的正向影响，劳动节约型技术进步能够显著提高农业生产力。Mcarthur 和 Mccord（2017）考察了 75 个国家和其中的 58 个子样本国家的化肥、水资源和现代种子对谷物单产的影响，结果发现，化肥、水资源和现代种子推动了谷物单产的增长。Antonini 和 Argilés-Bosch（2017）考察了 12 个欧盟国家的 96 个地区过度集约化对农业生产力和环境成本的影响，发现劳动力和机械禀赋提升对农业生产力有着显著的正向影响。Zhang 等（2017）在考察中国农业中的机械外包聚类和劳动分工时，估计了土地、劳动力、种子、化肥、农药、机械等生产要素对小麦、稻谷和小麦产出的影响，研究结果表明，这些投入对三种粮食作物的产出均有正向影响，但劳动力没有通过显著性检验，土地的影响最大，其次是化肥，机械的影响最小。

五、关于农业生产要素替代方面

现有文献对农业生产要素替代或者投入变化的研究主要依赖生产函数的运用，其次借鉴诱导创新理论分析和解释农业生产要素替代与发展过程，而对农业生产要素替代的难易程度的分析不够系统和深入。

生产函数形式多样，在研究农业生产要素替代的文献中，国内学者多采用超越对数生产函数进行实证分析。李志俊（2014）运用超越对数生产函数，采用全国层面的 1978~2010 年时序数据，估计了农业生产中人力资本对物质资本的替代过程，发现人力资本对土地和化肥施用都有替代作用，并且认为农业机械动力对劳动力的替代程度快于化肥对土地的替代程度。李谷成等（2015）同样运用超越对数生产函数，估计了 1978~2012 年我国 13 个油菜主产区的化肥和机械投入对劳动力的替代效应。王欧等（2016）运用超越对数生产函数，采用 2003~2014 年的全国农村固定观察点农户层面数据对农业机械和劳动力之间的技术替代弹性进行了测算，发现不同粮食生产中农业机械对劳动力的替代强度呈现出明显的时空差异性。王晓兵等（2016）运用随机前沿生产函数，估计了 1984~2012 年玉米生产中劳动力与机械的 Allen-Uzawa 替代弹性。此外，尹朝静等（2014）运用可变替代弹性生产函数，采用中国 28 个省区市（不包括香港、澳门、台湾、西藏，并且将海南和重庆分别纳入广东和四川）在 1978~2010 年的农业生产数据，估计了农业资本-劳动的替代弹性。作者发现，中国的农业资本-劳动的平均替代弹性为 1.529，并且东部、中部和西部地区的替代弹性有差别。

而国外文献多采用成本函数估计农业生产要素替代（弹性）。Binswanger（1974）总结了成本函数比生产函数在估计生产参数方面具有的优势：一是成本函数在价格上是齐次的，而不用考虑生产函数齐次的属性；二是相较投入量作为生产函数的解释变量，价格作为成本函数的解释变量，是合适的外生变量；三是生产函数在估计替代弹性时，需要将系数的矩阵反转，这将增加估计误差；四是采用超越对数成本函数，可以更方便地处理不同观测单位之间的中立和非中立的效率问题或者中立与非中立的规模经济问题；五是超越对数成本函数和超越对数生产函数的对数形式都是线性的；六是成本函数估计时采用的要素价格之间的多重共线性相较投入数量之间的共线性更少。在此基础上，作者运用超越对数成本函数，采用美国 1949 年、1954 年、1959 年和 1964 年的州级横截面数据估计了农业部门生产要素的替代弹性，发现土地和化肥的替代性最强；相较劳动力，农业机械对土地的替代性更强。Dalton 等（1997）运用超越对数成本函数，估计了津巴布韦小农的投入要素替代弹性，发现劳动力、生物化学投入和资本之间存在明显的替代性。Tocco 等（2013）在梳理已有文献的基础上，认为由于投入价格假定是外生的，成本函数成为最合适的研究方法，并且超越对数成本函数是一个普遍采用的形式。Liu 等（2013）运用超越对数成本函数，采用中国河北省和山东省的农户层面的 1661 份调查数据，估计发现玉米生产中大、中和小三类农业机械投入均与劳动力存在明显的替代性。

速水佑次郎和拉坦改进的诱导性创新模型被广泛应用于分析与解释不同国家的农业发展过程（Hayami and Ruttan, 1985）。实证检验诱导创新理论的文献很多，有支持派，也有反对派。Olmstead 和 Rhode（1993）采用更新的美国州级和地区层面的数据对速水佑次郎和拉坦改进的诱导性创新模型进行了重新验证，发现速水佑次郎和拉坦采用之前美国的数据进行实证分析验证的假说还有待进一步验证，并认为应用诱导性创新模型得出的经验需要重新考虑。Liu 和 Shumway（2009）运用时间序列分析方法、直接的计量模型和非参数分析方法，采用高质量的美国州级面板数据（1960～1999 年）进行实证分析，研究结果没有支持诱导创新的理论假说。Shumway 等（2015）在不同简化形式的方程中检验研究强度和投入价格之间的关系，发现土地、劳动力、化肥和能源的创新投入有限制地支持了诱导创新理论。

国内文献主要是采用诱导创新理论来实证分析中国的农业发展过程。闵锐和李谷成（2012）借鉴希克斯-速水-拉坦-宾斯旺格的诱导性技术进步与资源替代理论，实证分析了 1978～2010 年湖北省粮食生产中农业劳动替代型技术进步和土地替代型技术进步（生物性技术进步）的特征。吴丽丽等（2015）运用速水佑次郎和拉坦提出的劳动生产率与土地生产率分析模式，采用 1978～2012 年农业内部行业层面的成本收益数据，发现我国农业生产中机械替代劳动的倾向强于化肥、种子等替代土地。

尽管很早就有学者注意到农业生产要素的替代受到限制，如郭正模（1990）论述了农业劳动力的替代受到要素功能的约束、材料的约束、效益的约束、比较利益的约束和素质的约束。但实证分析要素替代的研究还处于萌芽状态。应瑞瑶和郑旭媛（2013）通过理论分析与实证检验发现，相较于江苏省，浙江省多丘陵山区的地形特征不利于农业机械作业，从而导致了农业机械对劳动力替代的弹性较小。郑旭媛和徐志刚（2015）进一步完善了地形条件对农业机械替代劳动约束的理论分析，并采用 1993～2010 年的省级面板数据和遥感数据采集的耕地坡度数据，构建了一个不可观测效应综列数据模型并进行了实证检验。杨宇和李容

(2015)构建了资本替代劳动力受到土地面积、要素市场发育程度和生产组织形式三方面约束的理论分析框架，并参照了速水佑次郎和拉坦的实证研究——要素比例与要素价格比率关系的分析范式，利用四川、重庆、贵州、江苏、浙江和广东六省市787份有效问卷进行实证检验。

六、文献述评

耕地质量评价的文献丰富，但耕地质量影响粮食生产的实证分析存在如下不足之处：①采用不同的土地质量数据得到了不完全一致的结果，权威的土地质量数据对于实证分析耕地质量对粮食生产的影响是很重要的；②对我国国家和省级层面的实证分析较少，开展国家和省级层面的研究有助于从总体上厘清耕地质量对粮食生产的影响；③相较生产要素，耕地质量较少用来分析粮食生产，此外，不同研究考察生产要素对粮食生产的影响结论存在不一致性，如农业机械投入对粮食生产的影响。

耕地的生产性功能评价研究集中在耕地生产力评价方面。在评价耕地生产力时，已有研究多采用作物-机理模型（代表性的为农业生态区域法模型）测算某一区域耕地（土地）的生产力，还有研究仅从粮食的直接加总视角评价和分析耕地生产力。比较这两种方法，不难发现，前者计算过程复杂，技术要求高；而后者计算过程相对简单，但没有全面反映耕地生产力水平。

国内学者多采用超越对数生产函数考察农业生产中的要素替代弹性，而国外学者多采用超越对数成本函数考察农业生产中的要素替代弹性。然而，由于普遍存在替代弹性公式误用，国内文献基于超越对数生产函数估计的替代弹性不足为信（郝枫，2015）。此外，尽管利用生产函数可以估计出要素的替代弹性，但存在着替代弹性估计高度依赖技术设定、时间和地区差异明显等一些缺点（郝枫和盛卫燕，2014），并且运用生产函数来估计要素替代弹性，忽略了农业生产要素替代的具体过程。

诱导创新理论从生产要素相对价格变化视角考察要素替代，相较生产函数，诱导创新理论更加关注要素替代的过程。速水佑次郎和拉坦改进的诱导性创新模型关注了自然资源条件对生产要素价格诱导要素替代的影响，即自然资源条件通过影响生产要素价格而影响生产要素替代过程（Hayami and Ruttan，1985），基本的假设前提是要素价格完全反映了资源条件的差异。Olmstead 和 Rhode（1993）、Liu 和 Shumway（2009）在采用美国州级数据验证速水佑次郎和拉坦采用国家层面数据得到的结论时发现了不一致的结果，这表明一国内部的价格可能没有完全反映出自然资源条件的差异。采用诱导性创新模型分析农业生产要素替代需要进一步考虑要素替代实现过程的难易程度（郑旭媛和徐志刚，2016）。

第三节 逻辑思路与研究内容

一、逻辑思路

系统分析耕地质量禀赋对粮食生产的影响，必须考虑是否加入生产要素[①]投入。本书的逻辑思路详见图 1-1，从考虑生产要素投入和不考虑生产要素投入两个方面开展研究。不考虑生产要素投入方面，主要是采用耕地国家利用等别与耕地产能（标准粮产量）之间的对应关系，分析耕地质量禀赋对耕地产能的影响。考虑生产要素投入方面，构建耕地质量禀赋约束下生产要素投入影响耕地产能（效率）机理的分析框架，分析耕地质量禀赋对耕地产能（效率）的影响。耕地质量禀赋约束下生产要素投入对耕地产能（效率）的影响可分解为过程约束和结果约束：过程约束，即耕地质量禀赋约束生产要素投入过程，其实也是生产要素替代过程，反映的是约束替代效应；而结果约束，即耕地质量禀赋与生产要素投入相互作用共同影响耕地产能（效率），反映的是交互效应。

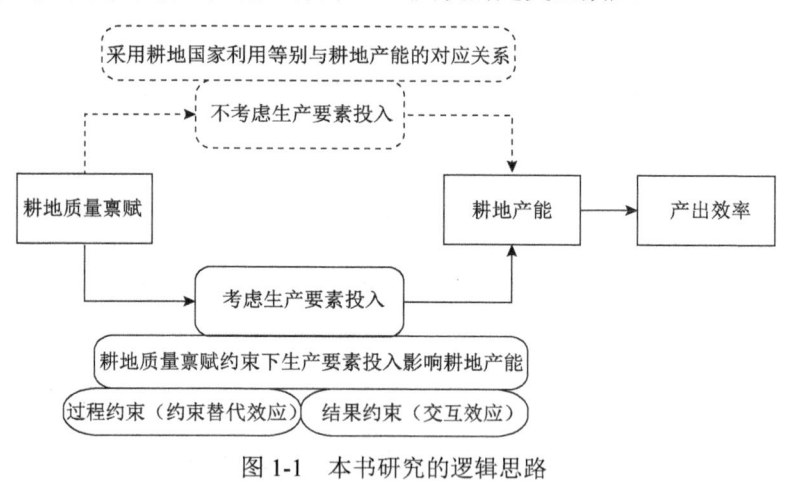

图 1-1 本书研究的逻辑思路

二、研究内容

本书的研究内容包括四个方面，具体如下。

（1）考察耕地质量禀赋对耕地产能的影响。首先从全国、省级、地市级和地块层面分析耕地质量禀赋差异；其次利用耕地国家利用等别与标准粮产量之间的对应关系，考察耕地质量禀赋对耕地产能的影响，包括耕地质量差异对耕地产能的影

[①] 本书中生产要素的内涵不包括耕地质量，详细的阐述见第二章第三节。

响、考虑耕地质量的耕地数量变化对耕地产能的影响，以及耕地质量变化对耕地产能的影响三个方面。

（2）界定耕地产出效率并且评价我国耕地产出效率。借鉴生态系统中能量流动的基本原理，从粮食作物生产潜力的视角界定和测算耕地产出效率，从而进一步分析全国耕地产出效率在2005~2014年的变化特征和省际差异。

（3）考察耕地质量禀赋与生产要素投入影响耕地产出效率的约束替代效应。一是先分析耕地质量禀赋（地形坡度）约束农业机械替代劳动的过程，后估计农业机械投入对耕地产出效率的影响；二是先分析耕地质量禀赋（排灌条件）先约束化肥替代土地诱导采用改良种子技术的过程，后估计种子技术对耕地产出效率的影响。采用2005~2014年的省级层面数据进行实证分析。

（4）考察耕地质量禀赋与生产要素投入影响耕地产出效率的交互效应。一是分析耕地质量禀赋（土壤肥力）与化肥投入对耕地产出效率的交互影响；二是分析耕地质量禀赋（地形坡度）与农业机械投入对耕地产出效率的交互影响。采用2013年河南省地块层面的数据进行实证分析。

第四节　研究方法与技术路线

一、研究方法

（一）文献研究方法

本书采用文献研究方法对与本书相关的成果进行了搜集和凝练。首先对耕地质量评价、耕地生产力评价、土地质量和地形条件对粮食生产的影响、生产要素对粮食产出的影响，以及农业生产要素替代等方面的相关文献进行综述。其次梳理本书的相关理论，包括能量流动与作物生产原理、土地肥力理论、土地报酬规律、生产要素理论，以及诱导创新理论和价格理论。最后对本书实证分析中选取的计量经济学方法，包括不可观测效应模型、基于面板数据的似不相关回归模型和联立方程组、空间自回归模型、空间误差模型与带空间自回归误差项的空间自回归模型估计方法进行分析和整理。

（二）逻辑推理方法

本书采用逻辑推理方法界定核心术语的概念和耕地质量禀赋约束下生产要素投入对耕地产出效率的影响机制。借鉴生态系统中能量流动原理界定耕地产出效率的概念及计算流程。借鉴价格理论和诱导创新理论分析价格相对上升诱导生产要素替代及其受到耕地质量禀赋约束的过程，进而分析耕地质量禀赋约束下生产要素投入影响耕地产出效率的约束替代效应和交互效应。最后针对研究结果，从路径和保障两个维度构建耕地产出效率提升能力建设的框架。

（三）描述性统计分析方法

本书对我国耕地质量禀赋、耕地产能、产出效率、生产量及生产力进行描述性统计分析，制作出相应的图表，揭示出这些数据的变化态势。通过对耕地质量禀赋进行描述性分析，了解我国不同空间尺度耕地质量的差异，进而考察我国耕地产能的差异。通过对我国耕地生产量、生产力和产出效率进行描述性统计分析，考察我国耕地产出效率的时序变化特征和空间分布特征。

（四）计量经济学方法

本书采用计量经济学方法对研究假说进行实证检验。采用不可观测效应模型的固定效应方法估计：一是劳动力成本（价格）上升对农业机械投入增加的影响，二是地形坡度对农业机械替代劳动的影响，三是土地成本（价格）上升对化肥投入增加的影响，四是化肥替代土地对采用改良种子技术的影响，五是排灌条件对化肥替代土地诱导采用改良种子技术的影响。采用基于面板数据的似不相关回归可行广义最小二乘法（feasible generalized least squares，FGLS）进行估计：一是土地成本（价格）上升对化肥投入增加的影响，二是化肥替代土地对采用改良种子技术的影响，以及排灌条件对这一过程的影响。采用基于面板数据的联立方程模型的三阶段最小二乘法（three-stage least squares，3SLS）估计方法从整体上分析了耕地质量禀赋与生产要素投入影响耕地产出效率的约束替代效应。采用空间自回归模型、空间误差模型和带空间自回归误差项的空间自回归模型的广义空间二阶段最小二乘法（generalized spatial two-stage least squares，GS2SLS）估计方法分析了耕地质量禀赋与生产要素投入影响耕地产出效率的交互效应。

二、技术路线

按照"提出问题—分析问题—解决问题"的行文框架，本书针对不同的研究部分设计了技术路线，具体详见图 1-2。通过阐述与本书主题相关的现实背景、政策背景和学术背景而提出本书拟解决的问题。分析问题为探究耕地质量禀赋对粮食生产的影响，包括考虑生产要素投入和不考虑生产要素投入两个方面。不考虑生产要素投入方面，通过采用耕地国家利用等别和标准粮产量之间的对应关系，分析耕地质量禀赋对耕地产能的影响，包括耕地质量差异对耕地产能的影响、考虑耕地质量的耕地数量变化对耕地产能的影响，以及耕地质量变化对耕地产能的影响三个方面。考虑生产要素投入方面，考察耕地质量禀赋约束下生产要素投入对耕地产出效率的影响机制，包括耕地质量禀赋与生产要素投入影响耕地产出效率的约束替代效应和交互效应。前者借鉴诱导创新理论进行分析，分别采用省级面板数据进行固定效应估计和联立方程组的 3SLS 估计；后者借鉴已有相关研究成果进行理论梳理，采用差异化更小的地块层面的数据构建 Cliff-Ord 模型，并采用 GS2SLS 进行估计。在分析耕地质量禀赋约束下生产要素投入对耕地产出效率的影响机制之前，从粮食作物生产潜力的视角测算耕地产出效率。解决问题是针对研究结论中耕地质量禀赋（与生产要素投入）影响耕地产出效率的不足之处，从路径和保障措施两个方面构建耕地产出效率提升能力建设的框架。

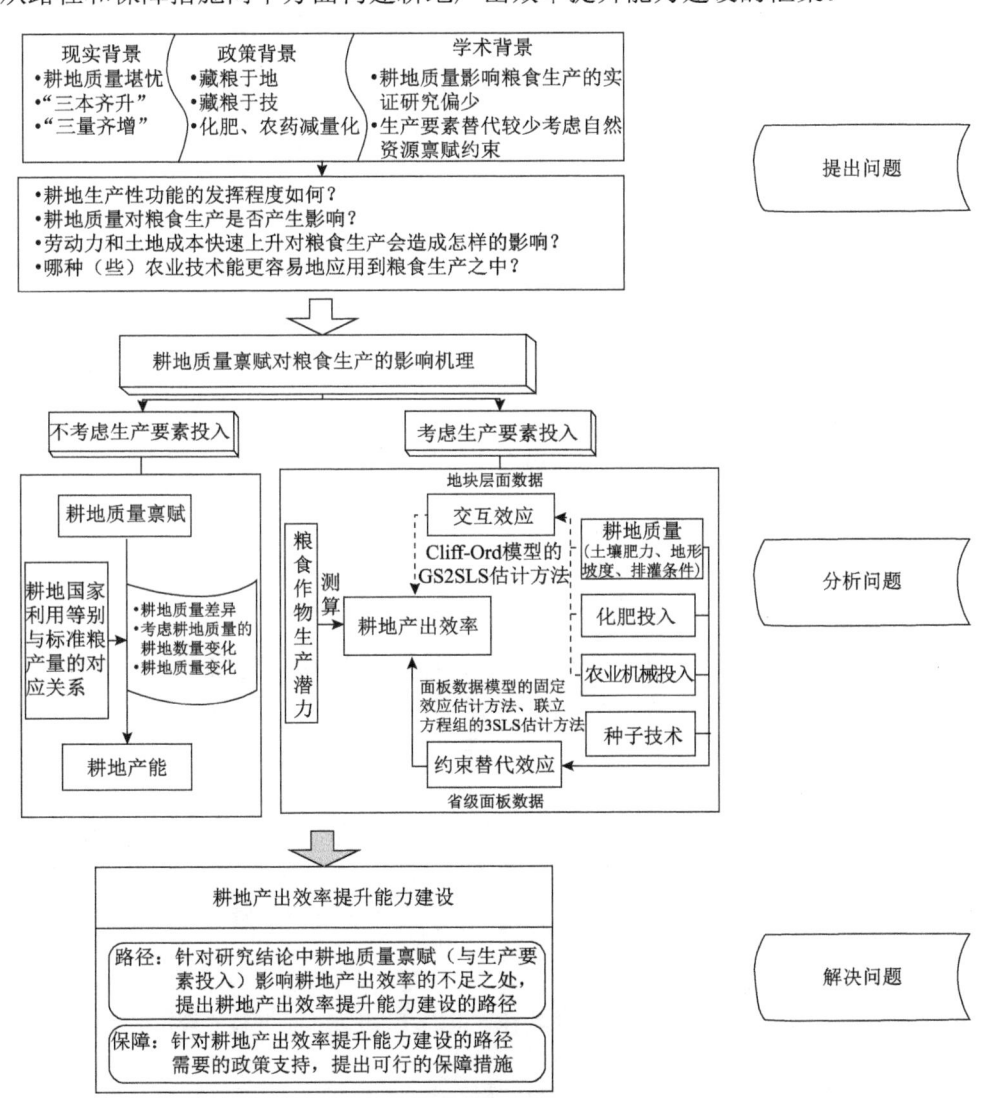

图 1-2　本书研究的技术路线

第二章 耕地质量与产出效率的基本内涵

第一节 基 础 理 论

一、能量流动与作物生产原理

能量，是生态系统的驱动力。地球上所有的生态系统，包括农业生态系统，最初的能量都来源于太阳。除了太阳辐射能之外，其他进入生态系统的任何形式的能量都是辅助能。辅助能对生态系统中生物的生存、光合产物的形成、物质循环等起着一定的辅助作用。以本书为例，粮食生产除了需要太阳能之外，还需要自然辅助能（如降水、风等）和人工辅助能（如化肥、动力等），详见图 2-1，然而，这些能量并不都被粮食作物所利用。

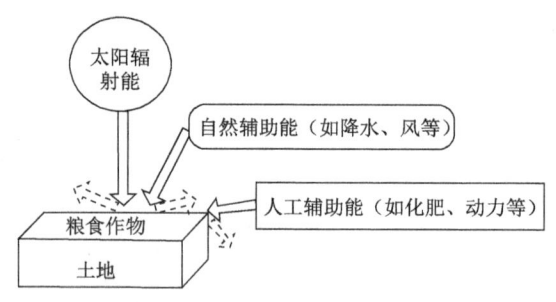

图 2-1 能量流动与粮食生产

实线箭头为能量输入；虚线箭头为能量耗散，即能量未被利用

在生态系统中，能量一直处于流动状态。生态系统中的能量流动是指绿色植物（生产者）通过光合作用把太阳能转化为化学能储藏在有机物质中，再通过其他生物（初级消费者和次级消费者）的取食与被取食的关系，以及生物体的形成与分解关系使能量源源不断地进入生态系统，从而被吸收、固定、传递与转化的运动状态。能量流动形成生物生产。生态系统中的能量流动符合热力学的两个定律，即能量守恒[①]（热力学第一定律）和能量转换定律[②]（热力学第二定律）。耕地生产量、生产力和产出效率的概念都与能量流动有关，生态系统中能量流动原理为本书界定耕地

[①] 能量可以从一个物体传递到另一个物体，也可以与机械能或其他能量互相转换，但是在转换过程中，能量的总值保持不变。

[②] 不可能把热量从低温物体传到高温物体而不产生其他影响；不可能从单一热源取热使之完全转换为有用的功而不产生其他影响；不可逆热力过程中熵的微增量总是大于零。

生产力和产出效率的概念及分析耕地产出效率变化提供了理论基础。

二、土地肥力理论

从土地肥力理论来看，土地肥力是土地质量的核心指标，从自然禀赋与人类利用两重角度来看，土地肥力可分为土地自然肥力与土地人工肥力。土地自然肥力是土地系统在植物生活过程中，满足并调节植物对大气中的光能、热量、湿度、空气，以及植物对土壤中的水分、养分、热量和空气的需求的能力。土地自然肥力又是土壤肥力与气候肥力的有机结合，而土壤肥力是伴随着土壤的发育而形成的，是自然因素起作用而天然形成的肥力；气候肥力作为一种生产力，是通过绿色植物的生产而表现出来的，气候肥力的大小是气候肥力因子共同作用的结果，人类只能通过改变农作物的生态特性和合理、充分地利用气候肥力来提高农业生产力。

随着人口增加，人类对土地的需求逐步扩大，依靠土地的自然肥力来生产农产品已远远不能满足需要，迫使人类不得不对土地进行劳动投入以提高土壤肥力。这种通过人的生产活动所给予土地的肥力，是通过人类对土地施与的各项人工措施，如平整土地、修筑农田水利设施和公路、耕作、施肥等形成的，被斯密（1972）命名为"人工肥力"。"其中有的是比较短期的，如化学性质的改良、施肥等；有的是比较长期的，如修缮排水渠、建设灌溉工程、平整土地、建造经营建筑物等""已耕地的肥力，首先取决于它的自然肥力……，另一部分则是依靠耕种、依靠投资的人工产物"。由此可见，人工肥力不是由自然界某些因素作用天然形成的，而是由人类生产活动、人类对自然土壤所施与的各项人工措施而形成的。但人工肥力的形成以自然肥力为基础，是在自然肥力的基础上"加工"而成的。人工肥力分为直接人工肥力和间接人工肥力。直接人工肥力系直接参与农产品生产所投入的劳动，如肥料、人工、种子、农药等，其大部分直接被农作物吸收，体现在当季的农产品的产值中。间接人工肥力系间接为农业生产服务投入的劳动形成的肥力，它们一般以折旧的形式体现在多年的产值中，而其剩余部分已与土地紧密联于一体而不可分割，间接地提高了土地的原有肥力。自然肥力是由相对稳定的自然土壤条件作用的结果，具有相对稳定性，而人工肥力则是易变的。

三、土地报酬规律

土地的基本功能是生产功能，也就是土地能够提供人类所需的农产品。土地所提供的实物报酬存在一定的规律性。17世纪中叶，英国古典政治经济学家配第（2011）最早注意到土地报酬递减现象，他发现一定面积的土地生产力存在最大限度,这一限度被超过之后,土地生产物的数量就不可能随着劳动的增加而增加。英国古典经济学家威斯特(1992)首次提出了"土地报酬递减规律",该规律是指在技术不变、其他要素不变的前提下,对相同面积的土地不断追加某种要素的投入所带来的报酬的增量(边际报酬)迟早会出现下降。此后,土地报酬递减规律的内涵被扩大到一切生产事业和消费活动的领域,统称为"报酬递减现象"。

一般而言,土地报酬变化经历着三个阶段,详见图2-2。第一阶段:投入量从原点到 B 点。这一阶段平均产量曲线达到最高点 E 点。在此阶段内,边际产量曲线先达到了最高点 D 点,与之对应的投入量为 A,A 称为转折点。从投入量原点到 A 点,土地边际报酬处于递增阶段,边际产量曲线高于平均产量曲线,总产量曲线的生产弹性大于1。之后,土地边际报酬处于递减阶段,边际产量曲线低于平均产量曲线,总产量曲线的生产弹性小于1。第二阶段:投入量从 B 点到 C 点。这一阶段边际产量曲线降到 O 点,而此时总产量曲线达到最高点 G 点。尽管这一阶段总产量曲线还在上升,但土地边际报酬递减,平均产量曲线下降,并且位于边际产量曲线上方。第三阶段:投入量大于 C 点。土地边际报酬为负值,总产量曲线开始下降,生产弹性小于0;而平均产量曲线继续下降。

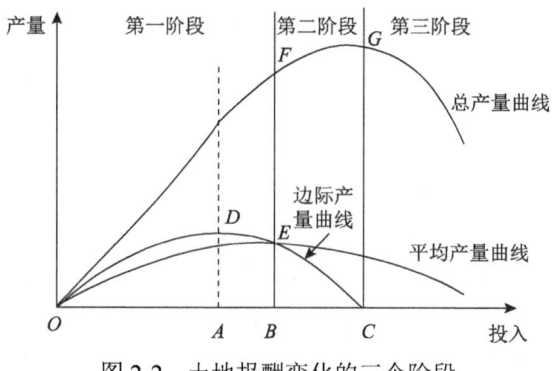

图2-2 土地报酬变化的三个阶段

第一阶段由于投入的可变资源不充分,表现在数量上是可变资源少而土地相对较多,产出效果反映在报酬上虽然有利可图,生产力上升也很快,但资源生产潜力的发挥还很不充分,这不能被视为合理的资源利用和生产阶段。与之相反,第三阶段在投入资源比例上,可变资源投入过多,超过了土地的受容力,产出效果反映在报酬上就出现了负值或者全面下降,这也是不合理的资源利用和生产阶段。只有在第二阶段,投入的可变资源和土地的配合比例合理,并且每次增加的投入都能带来总产量(总报酬)的增加,这是合理的资源利用和生产阶段。本书主要借鉴土地报酬递减规律考察耕地质量禀赋(土壤肥力)与化肥投入对耕地产出效率的交互效应,具体见第七章。

四、生产要素理论

生产要素理论是经济学的主要理论，也是技术经济学的基本理论。当代多数学者认为，虽然配第（2011）并没有明确提出生产要素的概念，但他的被后人反复引用的名言"土地为财富之母，而劳动则为财富之父和能动的要素"表明，配第实际上已经提出了"生产要素二元论"，即生产要素包括土地和劳动。其后，出生于爱尔兰的法国经济学家坎蒂隆（1986）继承了配第（2011）的"生产要素二元论"，在其著作《商业性质概论》开头的第一句话就提出"土地是所有财富由以产生的源泉或质料。人的劳动是生产它的形式；财富自身不是别的，只是维持生活、方恒生活和使生活富裕的资料"。法国经济学家萨伊（1963）指出"事实已经证明，所生产出来的价值，都是归因于劳动、资本和自然力这三者的作用和协力，其中以能耕种的土地为最重要因素但不是唯一因素。除了这些外，没有其他因素能生产价值或能扩大人类的财富"。因此，萨伊把土地、劳动和资本归结为生产的三个要素。19世纪中叶英国影响最大的经济学家穆勒（1991）继承了萨伊的观点，把生产要素归结为土地、劳动和资本，只是他比前人更详尽地、在更一般的形式上讨论了各种生产要素存在的方式、性质和条件。

19世纪末20世纪初，西方最著名的经济学家当属英国"剑桥学派"创始人——阿弗里德·马歇尔，他的《经济学原理》曾被西方经济学界看作是划时代的著作。马歇尔（1965）在这本书的第四篇里专门论述了生产要素，他指出"生产要素通常分为土地、劳动和资本三类。土地是指大自然为了帮助人类，在陆地、海上、空气、光和热各方面所赠予的物质和力量。劳动是指人类的经济工作——不论是用手还是用脑。资本是指为了生产物质货物，为了获取通常被算作收入一部分的利益而储备的一切设备"。同时，马歇尔（1965）认为，资本大部分是由知识和组织构成的，由于知识和组织的公有与私有区别日益重要，有时把组织分开来算作一个独立的生产要素似乎最为妥当。由此可见，马歇尔主张把组织作为一个独立的生产要素从资本要素中分离出来，当成第四生产要素。从这本著作后续章节对组织要素的讨论可以看出，马歇尔（1965）所说的组织指的是资本家对企业的管理和监督。因此，后来也有人把"组织"要素视为企业家的经营和管理能力，也就相当于现在的术语"企业家才能"。马歇尔（1965）认为，工资、利息和利润分别是劳动、资本与"组织"的均衡价格，而地租则是使用土地的代价，生产要素在某种意义上只有两个，就是自然与人类。资本与组织是人类在自然的帮助下，在人类预测将来和甘愿为将来做准备的心理指导下进行工作的结果。

美国的加尔布雷思（2010）首先注意到了知识的决定性作用，提出了著名的"权力分配"的理论。他的这一理论的基石是他的权力转移论，而引起企业公司内权力转移的根本因素便是知识。加尔布雷思（2010）认为，在任何社会中，权力总是与"最难获得或最难替代的生产要素"联系在一起的，谁拥有这种生产要素的供给，谁就拥有权力。在封建社会，土地是最重要的生产要素，地主是这一要素的供给者，所以地主便拥有权力；到了资本主义社会，资本代替土地成为最重要的生产要素，权力也就相应地转移到了资本家的手里；而在现代社会中，由于工业的不断发展和科学技术的迅速进步，企业需要的专门知识越来越复杂，专门知识已成为决定企业成败的决定性生产要素。于是，权力也就从资本家手中逐渐地转移到了一批拥有现代工业技术所需要的各种知识、技能的人的手中，这些人被称作"技术结构阶层"，它包括经理、科学家、工程师、工厂经营管理人员、律师等。由于权力转移，现代公司的结构发生了重大的变化，加尔布雷思（2010）看到了知识是现代社会中"最难获得或最难替代的生产要素"。

贝克尔（1987）认为，人力资本是通过人力投资形成的资本，用于增加未来货币与物质收益的人力资源的"知识、技能和体能"。按存在于人体的形式划分，人力资本可分为四种，即教育资本、技术和知识资本、健康资本及迁移与流动资本。在论及生产率的决定因素时，曼昆（2017）将其归结为物质资本、人力资本、自然资源和技术知识，把人力资本从资本要素中分离出来作为现代经济社会一个独立的生产要素。

除了以上关于生产要素的论述外，还有学者将信息、技术、管理、教育资源、知识型劳动力、金融、创新能力、核心技术、制度、政府行为、经济政策甚至宏观经济管理等都当作生产要素看待。

五、诱导创新理论和价格理论

诱导创新理论来源于希克斯传统，这一传统主要关注相对资源稀缺变化引起相对要素价格变化而诱导投入要素向节约偏向（Hicks，1932），这意味着，如果一种生产要素的价格相对于其他要素上升，就会诱发减少这种要素相对使用量的一系列技术变革[①]。诱导创新理论借鉴了价格理论的分析范式，价格理论是以价格为导向研究资源在不同用途中的配置问题，这是因为价格有三种功能：传递信息，为资源使用者提供激励使其接受信息的引导，为资源所有者提供激励使其遵循信息（弗里德曼，2011）。

在此基础上，速水佑次郎和拉坦构建了一种更完善的诱导性创新模型，该模型勾画出了资源禀赋、文化禀赋及技术与制度之间的一般均衡关系（Hayami and Ruttan，1985；速水佑次郎和拉坦，2014）。他们认为，技术与制度变革是内生

[①] 原文为"A change in the relative prices of the factors of production is itself a spur to invention, and to invention of a particular kind—directed to economizing the use of a factor which has become relatively expensive"（Hicks，1932）。

的，是由经济力量诱导的，这些经济力量与经济发展过程中的产品需求、初始资源禀赋和资源积累密切相关。他们构建的农业中诱导性技术变革模型考虑了与生物技术和机械技术创新相关的要素替代性与要素互补性。生物技术的创新主要来源于土地成本上升快于化肥成本，诱发化肥替代土地，在这一过程中，对具有化肥反应的、高产的作物品种被研发出来。机械技术的创新主要来源于劳动力工资上升快于动力价格，诱发动力替代劳动力，在这一过程中，机械技术得以进步。

为了进一步理解 Hayami 和 Ruttan（1985）构建的农业中诱导性技术变革模型，本书以农业机械技术进步过程和生物技术进步过程为例展开分析。首先考察农业机械技术进步过程。如图 2-3（a）所示，I_0 代表零期创新可能性曲线，它是一系列弹性的等产量曲线。当农业机械与劳动力的价格比率为 bb 时，某种技术（如机械）i_0 被发明，此时最小成本均衡点为 P 点。在此点上，土地、劳动力、机械动力实现了最优组合。为使劳动力能耕种更大面积的土地，要求劳动力拥有与之相匹配的机械动力。这意味着土地与机械动力之间存在着互补关系，可以用一条直线（A, M）表示。当劳动力相对于土地变得更为稀缺，劳动力-土地的价格比率从零期的 bb 下降到第一期的 cc 时，一种新技术便会沿着第一期创新可能性曲线（I_1）被开发出来，这个新技术使单位劳动力可以使用更大数量的机械动力来耕种更大面积的土地。因此，随着劳动力节约型技术的不断采用，农户在劳动力、农业机械与土地的组合上发生着变化。

同理，生物技术进步过程可以用图 2-3（b）表示。图 2-3（b）中的 I_0^* 代表一系列缺乏弹性的化肥-土地组合下的等产量曲线。当化肥-土地的相对价格从零期的 b^*b^* 下降到第一期的 c^*c^* 时，一种新技术沿着第一期创新可能性曲线（I_1^*）被

（a）农业机械技术进步过程　　　　　　（b）生物技术进步过程

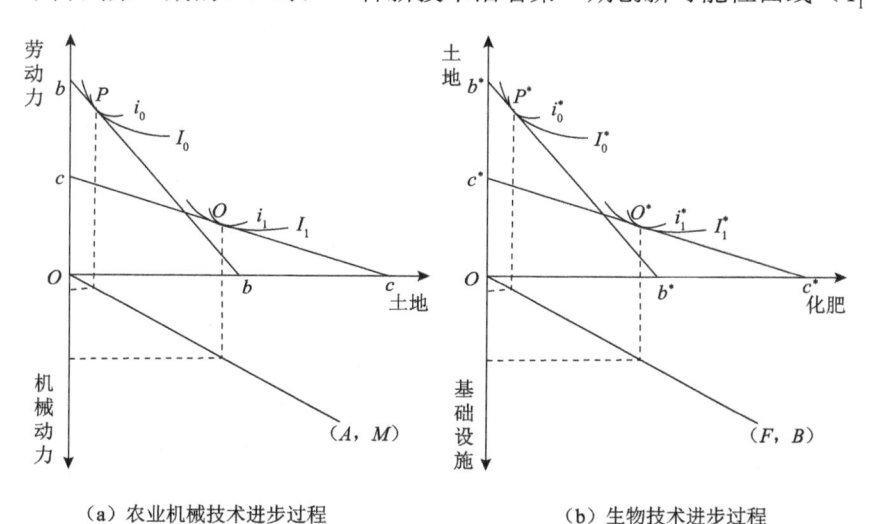

图 2-3　诱导性农业技术进步过程

开发，这个新技术使单位化肥可以生产更多零期土地面积的产量，促进化肥替代土地。但一般而言，化肥替代土地的技术的进步，要求有更好的控制水和管理土地的条件，这意味着化肥和土地配套基础设施（如排灌系统）之间存在一种互补关系，如线性关系（F, B）所示。

借鉴速水佑次郎和拉坦提出的农业中诱导性技术变革分析框架，本书系统分析了诱导性农业机械替代劳动的过程及其受到耕地质量禀赋（地形坡度）约束的情景，以及诱导性化肥替代土地的过程和化肥替代土地诱导采用改良种子技术的过程及其受到耕地质量禀赋约束（排灌条件）的情景，具体见第六章。

第二节 耕地质量的基本内涵

一、耕地质量的概念

在界定耕地质量的概念之前，我们有必要了解土地质量和土壤质量的概念。这两个术语已有成熟的概念，并且这三者有一定的相似之处。

被广泛采纳的土地质量的概念来自联合国粮食及农业组织，联合国粮食及农业组织（1976）将土地质量定义为：以一种区别于其他的方式影响某一特定土地利用适宜程度的土地综合属性[①]。从概念中不难发现，土地质量的优劣，取决于它的用途。

土壤质量，即土壤健康，常用的定义是 Doran 和 Parkin（1994）提出的，是指在生态系统边界范围内土壤维持生物生产力、维护环境质量、促进植物和动物健康的能力[②]，土壤质量是土地质量的基础。

在我国，耕地质量备受政府和学者的关注。然而，不同政府部门和学者对"耕地质量"这一术语的定义还没有达成共识。农业部门对耕地质量的定义是"耕地满足作物生长和清洁生产的程度，包括耕地地力和耕地环境质量两方面"[③]。原国土部门尽管没有对耕地质量进行明确定义，但明确了耕地质量等别的评定，即"依据全国统一制定的标准耕作制度，以指定作物的光温（气候）生产潜力为基础，通过对土地自然质量、土地利用水平、土地经济水平逐级订正，综合评定农

[①] 原文为"A complex attribute of land which acts in a manner distinct from the actions of other land qualities in its influence on the suitability of land for a specified kind of use"（FAO，1976）。

[②] 原文为"…capacity of a soil to function within ecosystem boundaries to sustain biological productivity, maintain environmental quality, and promote plant and animal health"（Doran and Parkin，1994）。

[③] 详细请参考：《耕地地力调查与质量评价技术规程》（NY/T 1634—2008）。

用地质量等别"①，这表明原国土部门对耕地质量的界定侧重耕地的综合生产能力。不同学者，如沈仁芳等（2012）、杜国明等（2016）系统梳理了已有文献对耕地质量的定义，并提出了各自对耕地质量的定义和理解。本书认为，耕地质量是土地质量的一个具体方面，将其定义为：耕地具有的影响农作物生产的综合属性。

《农用地质量分等规程》（GB/T 28407—2012）是我国第一部评价耕地质量的国家级的规程。国土资源部农用地质量与监控重点实验室从2014年开始，每年出版一份《中国农用地质量发展研究报告》，其已经成为了解我国耕地质量状况的权威资料。考虑到研究的需要和数据的可获取性原则，本书采用《农用地质量分等规程》（GB/T 28407—2012）评定得到的耕地国家自然等别、耕地国家利用等别和耕地国家经济等别②来测度耕地质量。在具体分析过程中，在不考虑生产要素投入考察耕地质量禀赋对粮食生产的影响时，采用耕地国家利用等来测度耕地质量禀赋，因为耕地国家利用等的划定考虑耕地的利用水平；在考虑生产要素投入考察耕地质量禀赋对粮食生产的影响时，采用耕地国家自然等来测度耕地质量禀赋。以下内容是对后者进行的更加详细的论述。

耕地质量可以划分为耕地的土壤肥力和耕地的利用条件两个方面，其中，耕地的土壤肥力是基础，耕地的利用条件是助力。耕地质量中的利用条件：一是机械作业条件（包括机耕、机播、机收等）；二是排灌条件（即排水和灌溉）。前者侧重于地形坡度，而后者既和地形坡度有关，也和水源距离及土壤类型有关。在本书中，耕地质量优表明土壤肥力高、地形坡度小和排灌条件好。

地形和气候是影响耕地质量最主要的因素，这两者共同作用于土壤肥力和利用条件。耕地的土壤肥力和利用条件之间有一定的联系，又有一定的差别③。耕地质量中的土壤肥力主要受到包括土壤条件（土壤质地、土壤类型、土层厚度、有机质含量、土壤渗透性、地下水位、土壤含盐量、土壤pH值等）、气候条件（≥10℃年积温、光照、年无霜期、气温、降水量等）和生态环境条件（水土流失、污染程度、植被状况等）在内的影响。耕地质量中的利用条件主要受到地貌条件，

---

① 详细请参考：《农用地质量分等规程》（GB/T 28407—2012）。
② 分别对应农用地自然等（在全国范围内，按照标准耕作制度，在一定的光温、气候资源条件和土地条件下，根据规定的方法和程序进行的农用地质量综合评定，划分出的农用地质量等别）、农用地利用等（在全国范围内，按照标准耕作制度，在一定的自然条件和平均土地利用条件下，根据规定的方法和程序进行的农用地质量综合评定，划分出的农用地质量等别）和农用地经济等（在全国范围内，按照标准耕作制度，在一定的自然条件、平均土地利用条件、平均土地经济条件下，根据规定的方法和程序进行的农用地质量综合评定，划分出的农用地质量等别）。
③ 例如，土壤肥力高的耕地，地形平坦，利用条件优；而地形平坦、利用条件优的耕地，其土壤肥力不一定高。为了分析的需要，本书重点突出土壤肥力和利用条件的差异性。

包括海拔高度、地形起伏度、坡向等的影响。无论是土壤肥力还是利用条件都具有稳定性和易变性的特性。提高耕地质量，就是通过人工力量改变那些易变的耕地特性，如平整土地、完善农田水利设施、减少污染、改良土壤的不良质地和结构等。

在具体分析中，本书进一步将耕地质量分解为三个方面：一是土壤肥力，二是地形坡度，三是排灌条件。本书假定，耕地质量优等同于土壤肥力高、地形坡度小和排灌条件好。这三个方面之间相互影响，但各有侧重点，与生产要素对应如下：土壤肥力对应化肥，地形坡度对应机械，而排灌条件对应改良种子技术。

二、耕地质量的等别

我国很早就开始注重区分土地质量，依据农用地质量厘定土地价格或赋税的标准。《管子·地员》篇是迄今世界上最早的有关农用地分类和评价的著作，认为"九州之土，为九十物。每州有常，而物有次"。另据《尚书·禹贡》记载，"厥赋惟上上错，厥田惟中中……厥田惟中下，厥赋贞……厥田惟上下，厥赋中上……厥田惟上中，厥赋中中……厥田唯下下，厥赋下上，上错……厥田惟下中，厥赋上下……厥田惟中上，厥赋错上中……厥田惟下上，厥赋下中，三错……厥田惟上上，厥赋中下"。《周礼·地官司徒·遂人/土均》也有类似的表述，"以土宜教氓稼穑……以土均平政。辨其野之士：上地、中地、下地、以颁田里"。

20世纪80年代初，耕地质量等级评价被提到议事日程。原农牧渔业部、全国农业区划委员会组织全国第二次土壤普查工作，提出了在土壤普查工作中对土壤的生产能力进行分级，并制定了八级土地分级标准。1984年农牧渔业部土地管理局在部署全国土地资源详查的同时，在全国组织了13个县开展土地资源评价试点，采用了土地因素指标评价、数理分析等方法，拟订了《县级土地评价技术规程（试行草案）》。1989年国家土地管理局拟订了《农用地分等定级规程（征求意见稿）》，在全国组织7个试点县开展分等定级；1998年国土资源部编制了《农用地分等定级规程（讨论稿）》；2003年8月国家正式颁布了《农用地分等规程》（TD/T 1004—2003）、《农用地定级规程》（TD/T 1005—2003）和《农用地估价规程》（TD/T 1006—2003）三个行业规范标准。2012年，作为我国第一部评价耕地质量的国家级的规程，《农用地质量分等规程》（GB/T 28407—2012）颁布实施。

1989年8月，国家土地管理局制定了《农用土地分等定级规程（征求意见稿）》，并陆续在黑龙江、山西、四川、湖北、江苏、河北等省选择了有代表性的7个试点县（市）进行了农用土地分等定级试点工作。同期，国家土地管理局还与联合国粮食及农业组织合作，立项开展了中国土地人口承载力的研究。1995 年中国农业科学院农业自然资源和农业区划研究所以县级为单位对全国耕地进行了分区评价，并给出了每个县级单位的耕地质量指数值。1996 年，农业部颁布了行业标准《全国耕地类型区、耕地地力等级划分》（NY/T 309—1996），将全国划分为七个耕地类型区、十个耕地地力等级。

1998 年在总结试点经验的基础上，国土资源部召开了农用地分等定级技术研讨会，邀请地理、土壤、土地学界的专家对《农用土地分等定级规程（征求意见稿）》进行了修订，编制了《农用地分等定级规程（讨论稿）》，与会代表一致认为，修订后的《农用地分等定级规程（讨论稿）》虽然在思路上依据土地生产潜力理论是正确的，但还需要不断完善，特别是《农用地分等定级规程（讨论稿）》只注重对农用地分等的技术规范，而忽视了对农用地级别划分的技术路线的规范。1999 年国土资源大调查工程项目启动，加速了农用地分等、定级、估价等规程的补充、修订与完善工作。在多次研讨和征求意见的基础上，2001 年 1 月《农用地分等定级规程》通过验收，2001 年 3 月《农用地估价规程》通过验收。同年 4 月在北京召开了全国性的两个规程的研修班，确定了在全国 17 个省区开展农用地分等试点工作，98 个县市开展农用地定级估价试点工作。2002 年 5 月国土资源部土地利用管理司在南京召开了"全国农用地分等定级与估价工作经验交流暨技术方案研讨会"，来自全国 17 个省区的试点工作单位及有关高校的专家学者 100 多人参加了会议，会议交流了各地开展农用地分等定级估价工作的体会与技术方案，并对两个规程进行了认真的讨论，为今后农用地分等、定级与估价规程的进一步修订和完善及在全国范围开展此项工作打下坚实的基础。

《农用地质量分等规程》（GB/T 28407—2012）计算农用地自然等指数的步骤大致可以分为两步。

第一步，采用几何平均法或加权平均法，计算各分等单元各指定作物的耕地自然质量分，具体计算方法如下。

（1）几何平均法的计算公式如下。

$$C_{ij} = \frac{\left(\prod_{k=1}^{m} f_{ijk}\right)^{\frac{1}{m}}}{100} \qquad (2\text{-}1)$$

式中，C_{ij} 为第 i 个分等单元内第 j 种指定作物的耕地自然质量分；i 为分等单元编号；j 为指定作物编号；k 为分等因素编号；m 为分等因素的数目；f_{ijk} 为第 i 个分等单元内第 j 种指定作物第 k 个分等因素的指标分值，取值为（0~100]。

(2) 加权平均法的计算公式如下。

$$C_{ij} = \frac{\sum_{k=1}^{m} w_k \times f_{ijk}}{100} \tag{2-2}$$

式中，w_k 为第 k 个分等因素的权重。

农用地质量分等因素由各地经分析论证后确定，可以从以下几个方面确定：①地貌，地貌类型、海拔、坡度、坡向、坡型、地形部位等；②水文，水源类型（地表水、地下水）、水量、水质等；③土壤，土壤类型、土壤表层有机质含量、表层土壤质地、有效土层厚度、土壤盐碱状况、剖面构型、障碍层特征、土壤保水供水状况、土壤中砾石含量、地表岩石露头度等；④农田基本建设，灌溉条件（水源保证率、灌溉保证率）、排水条件、田间道路条件、田块大小、平整度及破碎程度等。

第二步，计算分等单元自然等指数。其中，第 j 种指定作物的自然等指数由下式计算：

$$R_{ij} = \alpha_{tj} \times C_{ij} \times \beta_j \tag{2-3}$$

式中，R_{ij} 为第 i 个分等单元内第 j 种指定作物的自然等指数；α_{tj} 为第 j 种作物的光温（气候）生产潜力指数［详见《农用地质量分等规程》（GB/T 28407—2012）附录 D（规范性附录）全国各省作物生产潜力指数速查表］；C_{ij} 为第 i 个分等单元内第 j 种指定作物的耕地自然质量分；β_j 为第 j 种作物的产量比系数（由省级土地行政主管部门负责分区确定产量比）。

耕地自然等指数由下式计算而得到：

$$R_i = \begin{cases} \sum R_{ij} & （一年一熟、两熟、三熟时） \\ (\sum R_{ij})/2 & （两年三熟时） \end{cases} \tag{2-4}$$

式中，R_i 为第 i 个分等单元的自然等指数。其他符号的含义同上。

农用地自然等指数是连续的数值，如河南省耕地自然等指数范围是[0, 3400]。而农用地自然等是采用等间距方法对农用地自然等指数进行划分和等级确定，如河南省采用 200 的分等间距划分耕地自然等指数。我国耕地国家自然等别为 15 个等别，1 等耕地质量最好，15 等耕地质量最差。就耕地质量自然等数值本身的特点而言，短期之内耕地质量自然等变化会很小，这也意味着提升耕地质量自然等只能是小级别的，如《全国农业现代化规划（2016—2020 年）》提到"力争到'十三五'末全国耕地质量提升 0.5 个等级（别）以上"。

由《农用地质量分等规程》（GB/T 28407—2012）中农用地自然等指数的计

算方法可知，耕地质量是光温（气候）生产潜力指数、耕地自然质量分和产量比系数的函数。光温（气候）生产潜力指数和耕地自然质量因素中的水文与土壤共同反映了本书采用的土壤肥力变量；而耕地自然质量因素中地貌、水文和农田基本建设反映了本书采用的利用条件变量，其中地形坡度可以表征机械作业条件，地形坡度、水文和农田基本建设共同表征排灌条件。

第三节 耕地产出效率的基本内涵

一、耕地产能的界定

《农用地产能核算技术规范》明确定义了农用地产能的概念，即农用地产能是指在一定地域、一定时期和一定的经济、社会、技术条件下所形成的农用地生产能力，分为农用地理论产能、可实现产能和实际产能。农用地产能核算的最终结果为不同类型产能的单位农用地面积标准粮单产和总产。其中，农用地理论产能为在农业生产条件得到充分保证，光、热、水、土等环境因素均处于最优状态时，技术因素所决定的农作物所能达到的最高产量；农用地可实现产能为在农业生产条件得到基本保证，光、热、水、土等环境因素均处于正常状态、技术条件可以满足时，由政策、投入等因素决定的正常年景下农作物能够达到的最高产量；农用地实际产能是指目前已经实现的产能，即某年农作物已经达到的平均产量，数据主要来源于农业统计部门对农作物产量的统计调查；农用地产能单产为单位面积的产能，是农用地产能的基础，其层次划分的越多，农用地产能核算的结果也就越相对准确；农用地产能总产为分等单元和各级行政区（省、市、县、乡）或跨行政区（流域、地区、经济区、自然区等）内农用地产能总和。

本书中耕地产能的概念界定和核算，完全借鉴了《农用地产能核算技术规范》，具体的计算过程详见第四章。

二、耕地生产量和生产力的界定与评价

在生态学语境中，生产量和生产力两个概念有时相互使用，有时也做区分。在区分时，生产量为产出总量的意思，而生产力为产出强度的意思，即单位面积产出量，本书区分生产量和生产力两个概念。

生产量在生态学中的概念可表述为：一个个体、种群或者生态系统在单位时间内所生产出的有机质数量或者固定的能量，单位为 $g \cdot a^{-1}$ 或者 $J \cdot a^{-1}$。据此，本书将耕地生产量定义为：每年耕地上农作物的产出量。可以将其进一步细化为耕地上某一农作物的生产量，如小麦生产量。需要说明的是，耕地的产出量为农产品，而生态学语境中

的产出量既包括农产品,又包括根部和不能食用的地上部分(如水稻的秸秆)。

生产力在生态学中的概念可表述为:一个个体、种群或者系统在单位时间内、单位面积内所产出的有机质数量或者积累的能量,单位为 $g \cdot m^{-2} \cdot a^{-1}$ 或者 $J \cdot m^{-2} \cdot a^{-1}$。据此,本书将耕地生产力定义为:每年耕地上单位面积农作物的产出量。可以将其进一步细化为耕地上某一农作物的生产力,如玉米生产力。

耕地生产量和生产力共同反映了土地生产性功能。耕地生产量可表述为耕地总生产力,耕地生产量和耕地生产力类似于粮食总产与单产的关系。核算耕地生产量和生产力,首先得区分耕地上农作物的种类。在20世纪80年代之前,我国有一段时间对耕地利用实施"以粮为纲"的政策,尽管现在已不再提这一口号,但在保障粮食安全的背景下,国家的耕地利用政策还是以粮食生产为核心。随着经济社会的发展,我国的农业(种植业)结构已经发生了变化(梁书民,2006;邹金浪等,2015;钟甫宁等,2016),以粮食生产单一指标评价耕地生产量和生产力不全面。因此,需要全面统计农作物以科学界定和测算耕地生产量与生产力。

联合国粮食及农业组织对农作物(作为食物的农作物)的统计包括:谷物类,块根和块茎作物类,豆类,油籽、油果和油仁作物,蔬菜和瓜类,糖料作物,水果、浆果。我国对农作物的统计略有差异,《中国农村统计年鉴》中农作物的统计分类包括:粮食、油料、棉花、麻类、糖料、烟叶、药材、蔬菜和瓜类、其他农作物。《全国农产品成本收益资料汇编》中农作物的统计主要包括:粮食、油料、棉花、烟叶、糖料、蔬菜。

本书对耕地上农作物种类的划分借鉴《中国农村统计年鉴》的划分方法。《中国农村统计年鉴》统计农产品产量时将农作物划分为八大类,分别是粮食作物、油料、棉花、麻类、糖料、烟叶、蔬菜和瓜果类。粮食作物包括谷物、豆类和薯类三小类,谷物包含稻谷、小麦、玉米、谷子、高粱和其他谷物,豆类包含大豆和杂豆,薯类包含马铃薯;油料包括花生、油菜籽、芝麻、胡麻籽和向日葵五小类;麻类包括黄红麻、苎麻、大麻和亚麻四小类;糖料包括甘蔗和甜菜两小类;烟叶包括烤烟。

三、耕地产出效率的内涵及其与生产效率的辨析

生态学中,"效率"这一术语常用于生态系统能量流动的分析。生态系统中能量的传递和转化都遵循着热力学定律,能量在生态系统的流动过程中不断递减。同一能流参数①在不同营养级②之间的比值或者不同能流参数在同一营养级内部的比值称为效率,通常以百分数表示。前者度量营养级之间的转化效率和能流通道的大小,后者度量一个物种利用食物能量的效率和同化能量的有效程度。

---

① 能流参数主要为摄取量、同化量、呼吸量和生产量四个。
② 营养级(trophic level),是指生物在食物链之中所占的位置。

人类在耕地上种植农作物的本质是通过栽培绿色植物转化和储存太阳能,这是在生态系统中获取营养(生物量)能量的过程(Vitousek et al., 1986; Haberl et al., 2002)。因此,本书将耕地产出效率定义为:耕地上粮食作物生产力接近其光温生产潜力[①]的程度。这一定义反映了粮食作物转化太阳能获取能量的程度。结合耕地产能的定义,本书将耕地产出效率表示为耕地实际产能接近其理论产能的过程,这里的理论产能特指粮食作物的光温生产潜力,其数学公式可表示为 $E = \dfrac{y}{Y} \times 100$。其中,$E$ 为耕地产出效率;y 为粮食的实际生产力,即产量;Y 为粮食的光温生产潜力。粮食作物的实际生产力、光温生产潜力及耕地产出效率的计算详见第五章。

接下来,本书简要介绍经济学中"效率"概念。经济学中,不同学者对"效率"的定义是有差异的。回顾效率的研究史,不难发现,人们关注效率,是因为资源具有稀缺性。如何应对稀缺性,根本的途径就是以最小的投入获得最大的产出或者是以最低的成本获得最高的收入,以实现资源利用产生最大化的效益。技术效率、配置效率等的研究都是以此为目标的。Farrel(1957)对生产效率做了一个较完整的理论分析,提出的技术效率与本书分析的耕地产出效率的概念有相似之处。本书在此予以区分,将技术效率和生产可能性边界的概念联系在一起。生产可能性边界,指的是在一定的生产要素投入下可能达到的最大产出。不同的生产要素投入对应不同的产出,所有产出所形成的曲线便是生产可能性边界。但是,并不是所有企业都可以达到最大产出。技术效率便是用来衡量一个企业在等量生产要素投入的条件下,其产出离最大产出的距离,距离越大,则技术效率越低。

图 2-4 为一定土地规模下的实际生产曲线、生产可能性边界和潜在生产力之间差异的示意图。横坐标的投入是一个综合的概念,类似于 Schultz(1964)阐述的生产要素,既包括投入品(如化肥、农药等),也包括技术变化(如施肥技术、种子改良等)[②]。随着投入的优化,生产可能性边界和实际生产曲线逐渐接近潜在生产力,其中,生产可能性边界先于实际生产曲线接近潜在生产力。在某一投入水平 x_2 上,点 D 和 E 之间的距离为粮食生产技术效率(即生产可能性边界与实际生产曲线之间的垂直落差),而点 D 和 F 之间的距离为耕地产出效率(即潜在生产力与实际生产曲线之间的垂直落差)。而在 x_1 投入水平上,点 B 和 C 之间的距离为耕地产出效率。当生产可能性边界和潜在生产力一样,即点 E 和 F 重

---

① 在农业生产条件得到充分保证,水分、CO_2 供应充足,其他环境条件适宜的情况下,理想作物群体在当地光、热资源条件下,所能达到的最高产量。

② 西奥多·W. 舒尔茨在其著作《改造传统农业》中详细论述了技术变化是通过生产要素体现出来的(Schultz, 1964)。

合时，此时粮食生产技术效率和耕地产出效率相同。

此外，还必须区别生产率这一概念。生产率是指每单位投入的产出，而产出为实际的产出。通常情况之下，生产率这一术语一般限于劳动生产率。

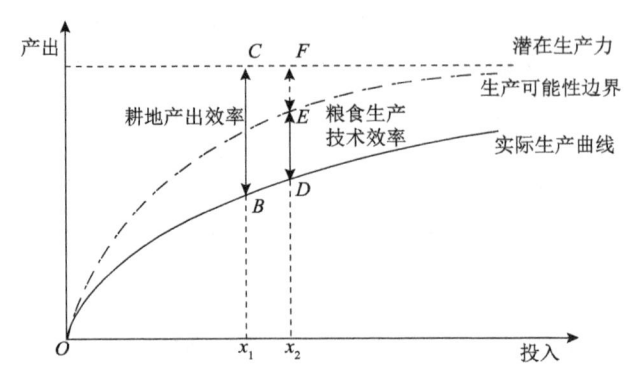

图 2-4　一定土地规模下的实际生产曲线、生产可能性边界和潜在生产力变化曲线

四、生产要素的界定

分析粮食生产过程，或者耕地产出效率过程，必须详细考察生产要素投入。本书中生产要素的概念是指用于生产过程的社会资源。这些资源通常分为三个主要类别，即土地、劳动和资本，但还可以包括企业家才能。本书中，耕地质量禀赋约束下的生产要素的范畴不包括耕地质量，而主要包括化肥、农业机械和种子，分别对应耕地质量中的土壤肥力、地形坡度和排灌条件，这主要是为了分析的需要。此外，在粮食生产中，化肥、农业机械和种子是最重要的投入要素，化肥提供了农作物生长需要的营养元素，是提高农作物单位面积产量的重要保障。我国当前务农劳动力成本迅速上升，机械投入替代劳动是粮食生产的必然趋势。"藏粮于技"战略中的一个重要举措是研发和利用改良种子技术。因此，本书将重点考察耕地质量禀赋约束下的化肥、农业机械和种子技术对粮食生产、耕地产出效率的影响机理。本书是从需求角度分析生产要素的配置及其对耕地产出效率的影响的。此外，本书中涉及的生产要素还包括劳动力和农药。

第三章 耕地质量禀赋：基于不同空间尺度的比较

第一节 国家层面耕地质量禀赋[①]

一、我国耕地国家自然等别

《中国农用地质量发展研究报告（2015）》显示，我国耕地国家自然等别为9.42等，高于平均自然等（即1～9等）耕地面积占全国耕地评定总面积的46.9%，低于平均自然等（即10～15等）耕地面积占全国耕地评定总面积的53.1%，这表明，我国耕地国家自然等别总体偏低。我国耕地国家自然等别以6～13等为主，其面积占全国耕地评定总面积的83.7%，其中耕地国家自然等别为10等的耕地面积占比最大，比重为14.7%，详见图3-1。

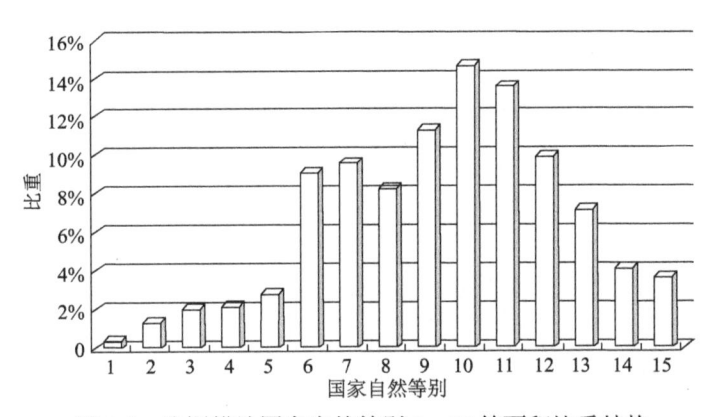

图3-1 我国耕地国家自然等别1～15等面积比重结构

耕地按照国家自然等别1～4等、5～8等、9～12等和13～15等依次划分为优等地、高等地、中等地与低等地。全国自然等别中优等地、高等地、中等地与低等地构成情况详见图3-2。

如图3-2所示，优等地面积占全国耕地评定总面积的比重最低，仅为5.8%；而中等地面积占全国耕地评定总面积的比重最高，为49.5%；高等地面积占全国耕地评定总面积的比重排第二，为29.8%；低等地面积占全国耕地评定总面积的

[①] 本节耕地质量等别数据来源于《中国农用地质量发展研究报告（2015）》（国土资源部农用地质量与监控重点实验室，2016）中的表1-1～表1-3、图1-2～图1-4。

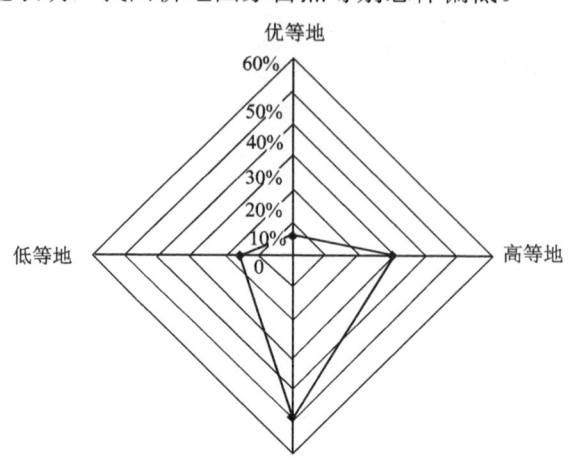

比重为14.9%。这表明，我国耕地国家自然等别总体偏低。

图3-2 全国耕地优、高、中、低自然等别面积比重结构

二、我国耕地国家利用等别

《中国农用地质量发展研究报告（2015）》显示，我国耕地国家利用等别为9.97等，比平均国家利用等别略低，高于平均利用等（即1～9等）耕地面积占全国耕地评定总面积的39.8%，低于平均利用等（即10～15等）耕地面积占全国耕地评定总面积的60.2%，这表明，我国耕地国家利用等别总体偏低。我国耕地国家利用等别以7～13等为主，其面积占全国耕地评定总面积的78.5%，其中耕地国家利用等别为11等的耕地面积占比最大，比重为15.2%，详见图3-3。

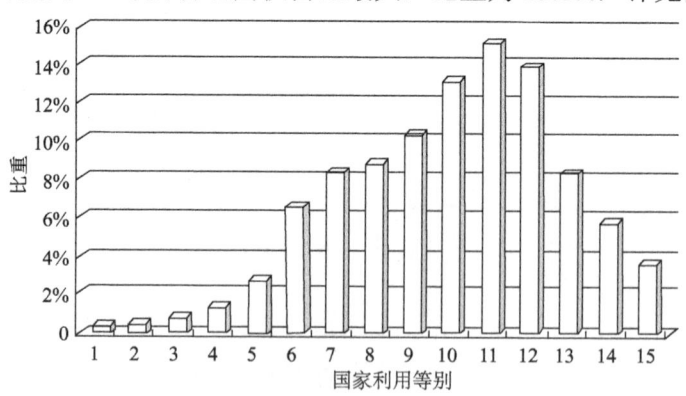

图3-3 我国耕地国家利用等别1～15等面积比重结构

耕地按照国家利用等别1～4等、5～8等、9～12等和13～15等依次划分为优等地、高等地、中等地与低等地。全国国家利用等别中优等地、高等地、中等地与低等地构成情况详见图3-4。

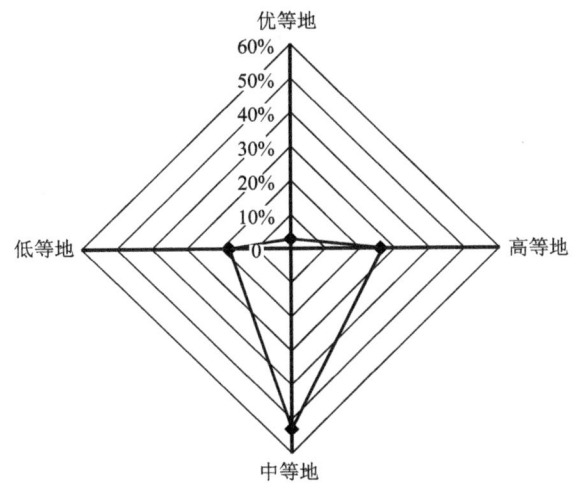

图 3-4 全国耕地优、高、中、低国家利用等别面积比重结构

如图 3-4 所示，优等地面积占全国耕地评定总面积的比重最低，仅为 2.9%；而中等地面积占全国耕地评定总面积的比重最高，为 52.9%；高等地面积占全国耕地评定总面积的比重排第二，为 26.5%；低等地面积占全国耕地评定总面积的比重为 17.7%。这表明，我国耕地国家利用等别总体偏低。

三、我国耕地国家经济等别

《中国农用地质量发展研究报告（2015）》显示，我国耕地国家经济等别为 10.19 等，比平均经济等别略低，高于平均经济等（即 1~10 等）耕地面积占全国耕地评定总面积的 50.3%，低于平均经济等（即 11~15 等）耕地面积占全国耕地评定总面积的 49.7%，这表明，我国耕地国家经济等别还是总体不高。我国耕地国家经济等别以 7~14 等为主，面积占全国耕地评定总面积的 87.2%，其中耕地国家经济等别为 11 等的耕地面积占比最大，比重为 15.4%，详见图 3-5。

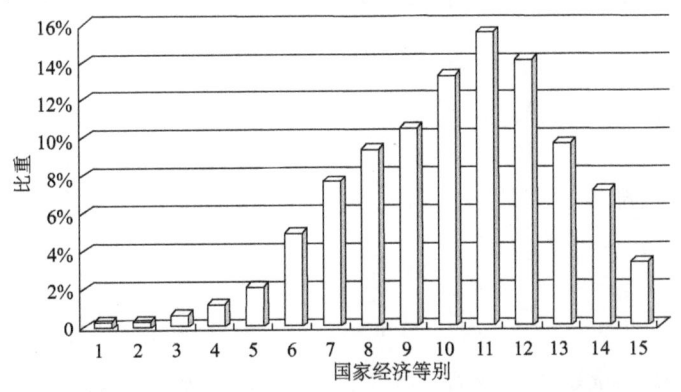

图 3-5 我国耕地国家经济等别 1~15 等面积比重结构

耕地按照国家经济等别 1~4 等、5~8 等、9~12 等和 13~15 等依次划分为优等地、高等地、中等地与低等地。全国经济等别中优等地、高等地、中等地与低等地构成情况详见图 3-6。

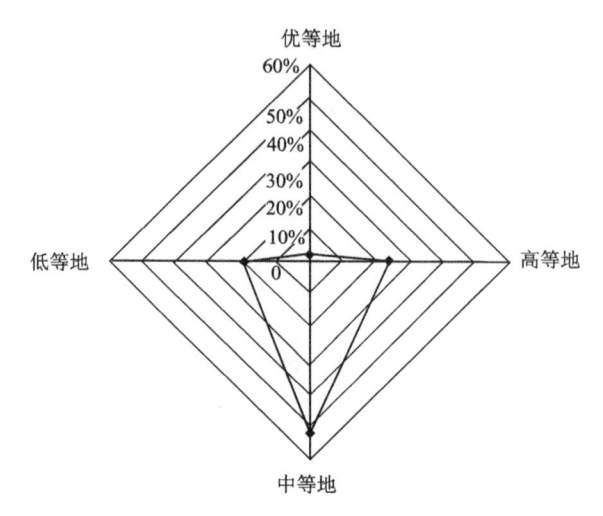

图 3-6　全国耕地优、高、中、低国家经济等别面积比重结构

如图 3-6 所示，优等地面积占全国耕地评定总面积的比重最低，仅为 2.5%；而中等地面积占全国耕地评定总面积的比重最高，为 53.2%；高等地面积占全国耕地评定总面积的比重排第二，为 24.1%；低等地面积占全国耕地评定总面积的比重为 20.2%。这表明，我国耕地国家经济等别总体偏低。

第二节　省级层面耕地质量禀赋差异[①]

一、耕地国家自然等别的省际差异

我国 31 个省区市（不含港澳台地区）耕地国家自然等别分布情况详见图 3-7。广东耕地国家自然等别最高，为 3.72 等；内蒙古耕地国家自然等别最低，为 14.00 等。东中部省区市的耕地国家自然等别较高，尤其是南方的东中部省区市；西部和东北部省区市的耕地国家自然等别较低，尤其是北方的西部和东北部省区。

[①] 本节的耕地质量等别数据来源于《中国农用地质量发展研究报告（2015）》（国土资源部农用地质量与监控重点实验室，2016）中的图 1-6、图 1-8、图 1-10 和图 1-12。

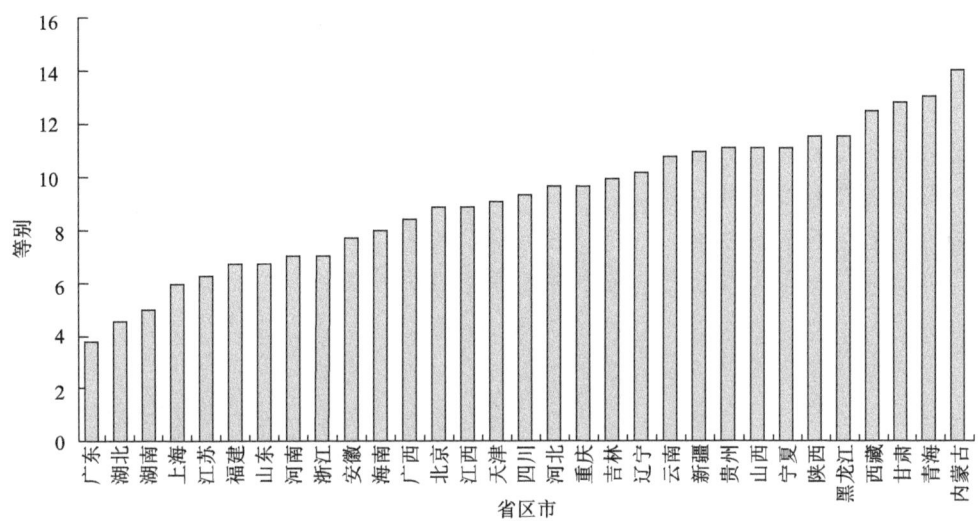

图 3-7 我国 31 个省区市耕地国家自然等别分布情况

二、耕地国家利用等别的省际差异

我国 31 个省区市（不含港澳台地区）耕地国家利用等别分布情况详见图 3-8。与耕地国家自然等别的省域分布相似，东中部省区市的耕地国家利用等别较高，尤其是南方的东中部省区市；西部和东北部省区市的耕地国家利用等别较低，尤其是北方的西部和东北部省区。湖北耕地国家利用等别最高，为 4.67 等；内蒙古耕地国家利用等别最低，为 14.04 等。

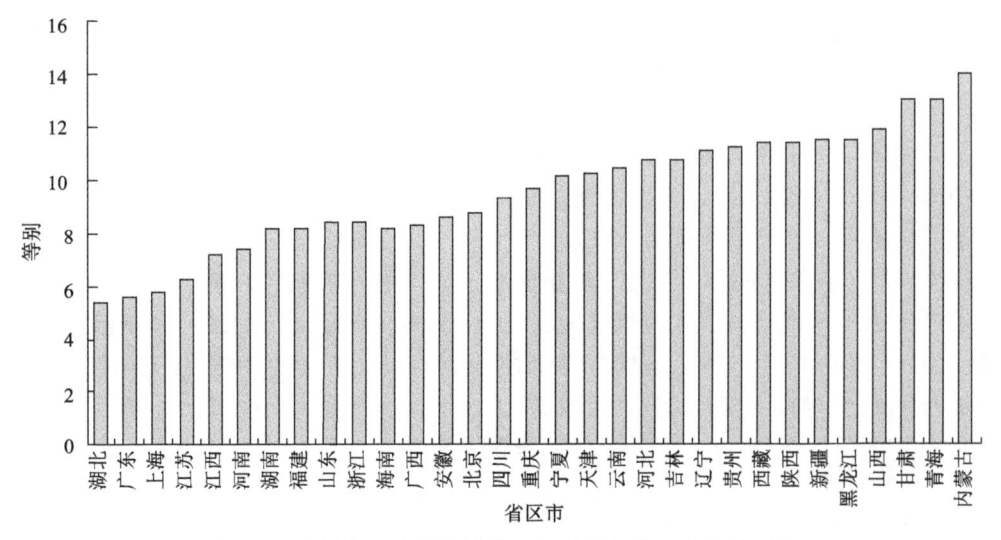

图 3-8 我国 31 个省区市耕地国家利用等别分布情况

三、耕地国家经济等别的省际差异

我国 31 个省区市（不含港澳台地区）耕地国家经济等别分布情况详见图 3-9。湖北耕地国家经济等别最高，为 5.47 等；内蒙古耕地国家经济等别最低，为 13.83 等。东中部省区市的耕地国家经济等别较高，尤其是南方的东中部省区市；西部和东北部省区市的耕地国家经济等别较低，尤其是北方的西部和东北部省区。这一分布规律与耕地国家自然等别和耕地国家利用等别的省际分布基本一致。

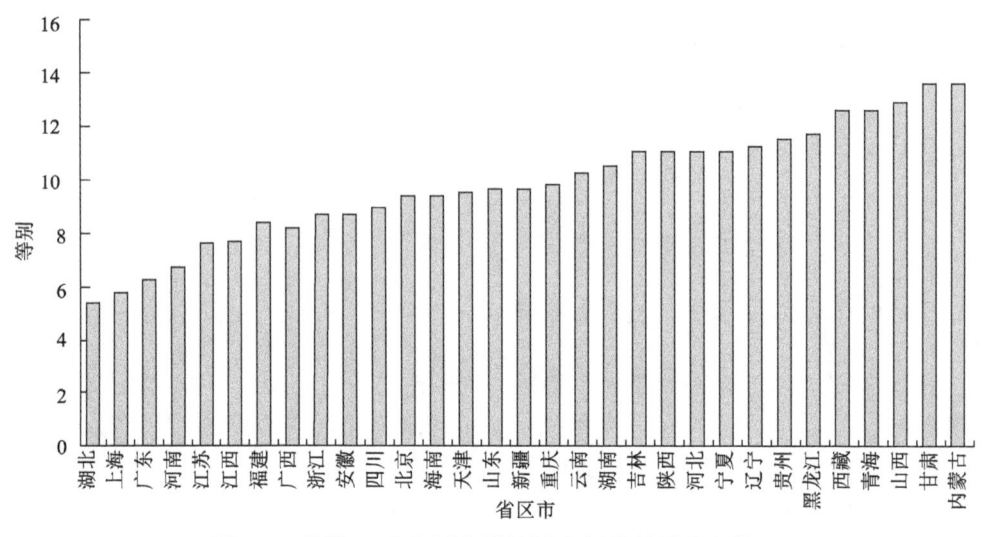

图 3-9 我国 31 个省区市耕地国家经济等别分布情况

第三节 地市级层面耕地质量禀赋差异：以江苏省为例[①]

江苏省位于中国大陆东部沿海，介于东经 116°18′~121°57′，北纬 30°45′~35°20′。地理上跨越长江、淮河南北，气候、植被同时具有南方和北方的特征。江苏省东临黄海，与上海、浙江、安徽、山东接壤。江苏省与上海、浙江、安徽共同构成的长江三角洲（简称长三角）城市群已成为国际六大世界级城市群之一。江苏人均 GDP、地区发展与民生指数（development and life index，DLI）均居全国省域第一。与此同时，江苏省还是我国粮食主产省份。以 2014 年为例，江苏省谷物总产量为 3386.3 万 t，位列全国第五位；其中，稻谷总产量为 1912 万 t，位列全国第四位；小麦总产量为 1160.4 万 t，位列全国第五位。

[①] 本节的耕地质量等别数据来源于《江苏省农用地资源分等研究》（周生路等，2004）中的图 7-8~图 7-20。

江苏省 13 个地级市耕地国家自然等别、利用等别和经济等别分布情况详见图 3-10。整体而言，苏南的耕地质量更优，其次为苏中，再次为苏北[①]。江苏省耕地质量最优的 3 个地级市依次为苏州市、常州市和无锡市。耕地国家自然等别最劣的 3 个地级市依次为盐城市、淮安市和宿迁市；耕地国家利用等别和经济等别最劣的 3 个地级市均依次为盐城市、淮安市和南通市。

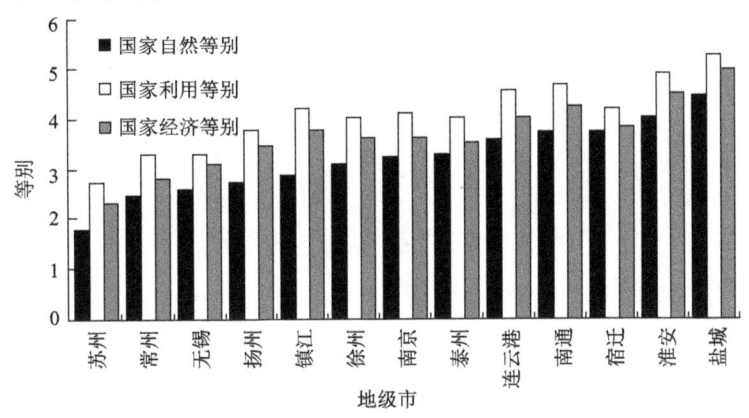

图 3-10　江苏省各地级市耕地国家自然等别、利用等别和经济等别分布情况

第四节　地块层面耕地质量禀赋差异：以河南省为例[②]

河南省位于中国大陆中部地区，界于北纬 31°23′~36°22′，东经 110°21′~116°39′，东接安徽、山东，北界河北、山西，西连陕西，南临湖北。河南省地处沿海开放地区与中西部地区的接合部，是我国经济由东向西梯次推进发展的中间地带。河南省是中国重要的经济大省，2016 年 GDP 稳居中国第五位、中西部地区首位。作为粮食主产区，河南省的粮食产量居全国第二位，小麦产量为全国最高。以 2014 年为例，河南省谷物总产量为 5604.6 万 t（仅次于黑龙江省），占全国总产量的 10.05%；河南省小麦总产量为 3329.0 万 t，占全国总产量的 26.38%。可见，河南省对确保我国"谷物基本自给、口粮绝对安全"的作用巨大。

河南省 2013 年地块层面的耕地国家自然等别、利用等别和经济等别的不同等别面积比重详见图 3-11。由图 3-11 可知，河南省耕地质量国家等别以 7 等、6 等和 8 等为主，其中这三个等别中国家自然等别耕地面积占耕地评定总面积的 92.30%，这三个等别中国家利用等别耕地面积占耕地评定总面积的 83.39%，而这三个等别中国家经济等别耕地面积占耕地评定总面积的 83.89%。

---

① 苏南包括常州、无锡、苏州、南京、镇江 5 个地级市；苏中包括扬州、泰州、南通 3 个地级市；苏北包括徐州、连云港、宿迁、淮安、盐城 5 个地级市。
② 本节的耕地质量等别数据来源于河南省土地整理中心。

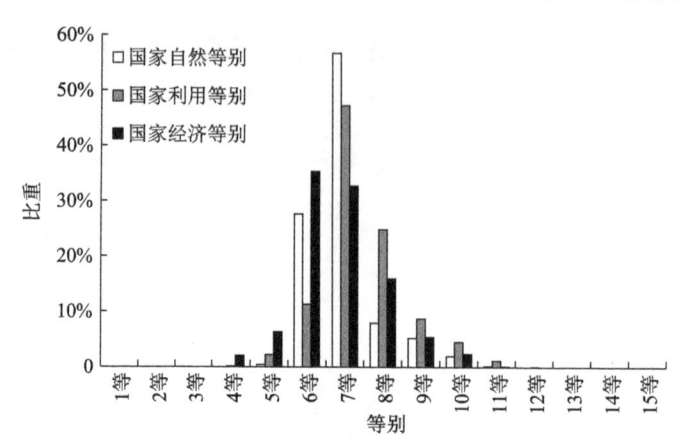

图3-11 河南省耕地国家自然等别、利用等别和经济等别的不同等别面积比重

就空间分布而言，河南省耕地国家自然等别较低的地块集中在其西部和西北部，即豫西山地丘陵地区和太行山山地丘陵地区；河南省耕地国家自然等别较高的地块主要分布于其北部和南部地区，即豫北山前平原地区、豫东北低洼平原地区和淮南山地丘陵地区；黄淮平原地区和南阳盆地地区的地块国家自然等别主要为中等地。

河南省耕地国家利用等别较低的地块集中在其西部、西北部和西南部，即豫西山地丘陵地区、太行山山地丘陵地区和南阳盆地地区；河南省耕地国家利用等别较高的地块主要分布于其北部地区，即豫北山前平原地区和豫东北低洼平原地区。

河南省耕地国家经济等别较低的地块集中在其西部、西北部和西南部，即豫西山地丘陵地区、太行山山地丘陵地区和南阳盆地地区；河南省耕地国家经济等别较高的地块主要分布于其北部和东部地区，即豫北山前平原地区、豫东北低洼平原地区和豫东平原地区。

第五节 本 章 小 结

本章从国家层面、省级层面、地市级层面和地块层面分析了耕地质量禀赋差异。我国耕地质量等别总体偏低，以中等地为主。就省域分布而言，东中部省区市的耕地质量禀赋较高，尤其是南方的东中部省区市；西部和东北部省区市的耕地质量禀赋较低，尤其是北方的西部和东北部省区。江苏省耕地质量禀赋较高的地级市在苏南，而耕地质量禀赋较低的地级市在苏北。河南省耕地质量禀赋较低的地块集中在西部（包括西北和西南）丘陵山区；而耕地质量禀赋较高的地块集中在豫北山前平原地区和豫东北低洼平原地区。此外，豫东平原地区地块的耕地国家经济等别高于其自然等别和利用等别，淮南山地丘陵地区地块的耕地国家自然等别高于其利用等别和经济等别。

第四章　耕地质量禀赋对产能的影响

第一节　耕地质量差异对产能的影响：以江苏省为例[①]

一、江苏省各地区标准粮可实现单产

（一）标准粮可实现单产的计算方法

农用地分等工作中确定的标准粮产量客观反映了不同等别耕地在较优状态下的生产能力，其产量大小体现了不同等别耕地利用质量的优劣，本书利用农用地分等成果中建立的全国耕地国家利用等别与标准粮产量的对应关系（表4-1），计算出各地区标准粮产量以反映各地耕地利用质量的综合水平，从而使各地耕地质量水平在横向之间具有可比性。标准粮产量越高，说明该地区耕地质量越好，耕地综合生产能力越强。

表4-1　耕地国家利用等别与标准粮产量的对应关系

国家利用等别	标准粮产量/（kg·hm^{-2}）	国家利用等别	标准粮产量/（kg·hm^{-2}）	国家利用等别	标准粮产量/（kg·hm^{-2}）
1	22 500	6	15 000	11	6 750
2	21 000	7	13 500	12	5 250
3	19 500	8	12 000	13	3 750
4	18 000	9	10 500	14	2 250
5	16 500	10	8 250	15	750

本书按照国家15个等别的划分方法，汇总得到各地区各国家利用等别耕地面积，并计算各等别耕地所占比例，然后根据式（4-1）得到各地区标准粮可实现单产。

$$LB_i = \sum LD_{ij} \times BC_j \tag{4-1}$$

式中，LB_i为i地区标准粮可实现单产（kg·hm^{-2}）；LD_{ij}为i地区j等别耕地所占比例；BC_j为j等别耕地对应的标准粮产量（kg·hm^{-2}）。

[①] 本节主要内容已在《农业工程学报》上发表，参见陈伟和吴群（2013）。

（二）数据来源

这里的数据来源是对本小节所有数据的一个总体介绍。农用地分等、农作物光温生产潜力等数据来源于《中国耕地质量等级调查与评定》（全国卷、江苏卷）；耕地面积、粮食产量等数据来源于《江苏统计年鉴2011》及江苏省13个地级市2011年的统计年鉴。本章以江苏省为研究对象，考虑到部分市辖区耕地面积较小，为保证评价单元数据的一致性，将地级市的市辖区合并为一个评价单元，将地级市所辖县市分别作为评价单元，共评价13个地级市市区和其中50个县级行政区的耕地利用情况。

（三）江苏省标准粮可实现单产的计算结果

本书通过计算得到2010年江苏省13个地级市市区和50个县级行政区的标准粮可实现单产，详细见表4-2第2列。江苏省各地区标准粮可实现单产介于13 605.87kg·hm^{-2}～16 500.00kg·hm^{-2}，标准粮可实现单产最高的是扬中，最低的是盱眙。从表4-2第2列可以看出，江苏省标准粮可实现单产较高的地区主要分布在沿江及环太湖区域，苏中、苏北沿海县市标准粮可实现单产相对较低。整体而言，苏南地区标准粮可实现单产高于苏中和苏北地区。

表4-2 2010年江苏省13个地级市市区和50个县级行政区的标准粮可实现单产、标准粮实际单产和可实现产能利用强度情况

地区	标准粮可实现单产/（kg·hm^{-2}）	标准粮实际单产/（kg·hm^{-2}）	可实现产能利用强度
南京市区	15 062.15	14 193.87	94.24%
高淳	15 487.33	14 613.47	94.36%
溧水	15 311.29	14 413.16	94.13%
无锡市区	15 474.33	16 105.51	104.08%
宜兴	15 079.37	16 213.29	107.52%
江阴	16 046.15	15 606.61	97.26%
徐州市区	15 451.15	14 801.72	95.80%
沛县	15 153.70	16 357.07	107.94%
新沂	14 886.37	15 513.19	104.21%
邳州	15 418.13	15 681.90	101.71%
睢宁	14 734.87	14 195.37	96.34%
丰县	15 401.47	14 437.09	93.74%
常州市区	15 136.67	16 253.38	107.38%

续表

地区	标准粮可实现单产/（kg·hm^{-2}）	标准粮实际单产/（kg·hm^{-2}）	可实现产能利用强度
金坛	15 440.33	16 149.96	104.60%
溧阳	15 108.46	15 734.86	104.15%
苏州市区	16 382.26	15 020.16	91.69%
昆山	15 666.08	16 403.13	104.70%
常熟	15 842.43	16 179.34	102.13%
张家港	16 116.50	16 059.29	99.65%
太仓	16 425.56	16 262.74	99.01%
吴江	16 329.82	16 088.16	98.52%
南通市区	14 897.16	16 397.21	110.07%
海安	14 825.10	19 012.14	128.24%
如东	14 786.95	16 833.81	113.84%
如皋	14 503.92	14 763.57	101.79%
启东	14 675.84	14 805.18	100.88%
海门	14 795.84	14 517.19	98.12%
连云港市区	15 785.46	16 172.44	102.45%
灌南	14 460.96	15 982.33	110.52%
灌云	15 014.12	16 096.35	107.21%
赣榆	14 680.06	15 707.74	107.00%
东海	14 778.82	15 652.72	105.91%
淮安市区	16 412.46	15 369.45	93.65%
盱眙	13 605.87	15 522.68	114.09%
涟水	14 799.83	16 223.74	109.62%
金湖	14 731.81	15 470.37	105.01%
洪泽	15 625.74	15 767.27	100.91%
盐城市区	14 917.64	16 518.64	110.73%
大丰	14 117.66	17 844.35	126.40%
射阳	13 858.25	16 908.35	122.01%
东台	14 438.00	17 523.18	121.37%
阜宁	14 422.43	16 147.72	111.96%
建湖	14 658.53	16 233.58	110.74%

续表

地区	标准粮可实现单产/(kg·hm^{-2})	标准粮实际单产/(kg·hm^{-2})	可实现产能利用强度
滨海	14 732.90	15 843.80	107.54%
响水	14 393.46	15 358.02	106.70%
扬州市区	15 370.29	13 120.84	85.36%
宝应	15 035.57	15 302.74	101.78%
高邮	16 177.19	15 602.60	96.45%
江都	14 880.35	13 661.74	91.81%
仪征	14 661.39	11 665.49	79.57%
镇江市区	14 958.57	15 250.91	101.95%
扬中	16 500.00	17 184.67	104.15%
丹阳	16 015.21	16 006.80	99.95%
句容	14 174.71	13 768.93	97.14%
泰州市区	14 728.45	17 599.63	119.49%
泰兴	14 576.78	17 806.97	122.16%
姜堰	14 673.30	17 661.09	120.36%
靖江	15 000.00	17 115.57	114.10%
兴化	15 691.73	17 185.37	109.52%
宿迁市区	15 305.48	15 095.91	98.63%
沭阳	15 049.82	15 491.75	102.94%
泗阳	14 939.11	15 122.21	101.23%
泗洪	14 966.65	14 126.93	94.39%

二、江苏省各地区标准粮实际单产

（一）标准粮实际单产的计算方法

在得到标准粮可实现单产的基础上，本书根据农用地质量评定时研究区域选择的指定作物和基准作物（以两种指定作物为例），首先计算指定作物与基准作物间的标准粮换算系数，其次根据式（4-2）计算各地区标准粮实际单产。

$$SB_i = ZDA_i \times WIA_i + ZDB_i \times WIB_i \tag{4-2}$$

式中，SB_i 为 i 地区标准粮实际单产（kg·hm^{-2}）；ZDA_i 为 i 地区第 1 种指定作物的实际单产（kg·hm^{-2}）；WIA_i 为 i 地区第 1 种指定作物的标准粮换算系数；ZDB_i 为 i 地区第 2 种指定作物的实际单产（kg·hm^{-2}）；WIB_i 为 i 地区第 2 种指定作物的标准粮换算系数。江苏省农用地质量评定的标准耕作制度为一年两熟,水稻、小麦为指定作物,水稻为基准作物。这两种作物能够较为恰当、准确地反映出农用地的属性,水稻和小麦是江苏省的主要粮食作物,播种面积较稳定,并且两者生长期内累积的光、温条件基本相当。i 地区小麦的标准粮换算系数 $WIA_i=RP_i/WP_i$,WP_i 为 i 地区冬小麦的光温生产潜力,RP_i 为 i 地区早稻的光温生产潜力。本书通过计算得到各地区小麦的标准粮换算系数:苏南主要在 1.4~1.5,苏中主要在 1.3~1.4,苏北主要在 1.2~1.3。由于水稻为基准作物,各地区水稻的标准粮换算系数 $WIB_i=1$。

(二) 江苏省标准粮实际单产的计算结果

本书通过计算得到江苏省 13 个地级市市区和 50 个县级行政区的标准粮实际单产,详见表 4-2 第 3 列。江苏省标准粮实际单产介于 11 665.49kg·hm^{-2}~19 012.14kg·hm^{-2},标准粮实际单产最大的是海安,最小的是仪征。从表 4-2 第 3 列上可以看出,江苏省标准粮实际单产的分布与可实现单产的分布差异较大,标准粮实际单产较高的地区主要分布在苏中、苏北沿海地区,而苏南各地标准粮实际单产相对较低。

三、江苏省各地区耕地可实现产能利用强度

(一) 耕地可实现产能利用强度的计算方法

由于各地耕地质量存在差异,粮食单产指标不能客观反映耕地生产能力的实现程度,本书用标准粮实际单产与标准粮可实现单产构建的耕地可实现产能利用强度指标能够客观反映各地区耕地可实现产出能力的发挥程度,从而可以实现耕地质量差异前提下的耕地集约利用可比性。耕地可实现产能利用强度的计算如下:

$$SL_i=SB_i/LB_i\times 100\% \qquad (4-3)$$

当 $SL_i \geq 100\%$ 时,表明该地区在当前耕地质量和利用水平下,粮食的实际产出能力超过或等于可实现产出能力,耕地利用情况较优;当 $SL_i<100\%$ 时,表明该地区在当前耕地质量和利用水平下,粮食的实际产出能力低于可实现产出能力,耕地利用水平一般。由于考虑了不同的指定作物和基准作物的产出关系,可实现产能利用强度也从产出角度消除了种植结构对耕地产出能力的影响。耕地可实现产能利用强度在不同年份是有差异的,随着标准粮实际产能和可实现产能的变化而变化。

（二）江苏耕地可实现产能利用强度的计算结果

本书通过计算得到江苏省 13 个地级市市区和 50 个县级行政区的可实现产能利用强度，详见表 4-2 第 4 列。从表 4-2 第 4 列可以看出江苏省各地可实现产能利用强度的差异较大，可实现产能利用强度较高的地区主要集中在耕地质量相对较差或一般的盐城、南通、泰州、淮安等地，耕地质量较优、标准粮可实现单产较高的苏南地区可实现产能利用强度普遍较低。可实现产能利用强度最高的是海安，达到 128.24%，最低的是仪征，仅为 79.57%。其中，常州、连云港、泰州、盐城四市市区及所辖县市可实现产能利用强度均超过 100%，南京市区及所辖县市可实现产能利用强度均低于 100%。有 21 个评价单元可实现产能利用强度小于 100%，27 个评价单元分布在 100%～110%，15 个评价单元大于 110%，其中，苏南各地主要分布在 90%～110%，苏中各地主要分布在 70%～130%，苏北各地主要分布在 90%～130%，整体来看苏北地区耕地可实现产出能力的发挥程度最强。

四、苏南地区耕地可实现产能利用强度指标与粮食单产的比较

为了进一步说明耕地质量差异对粮食产出的影响，这里以苏南地区为例来说明耕地可实现产能利用强度（表 4-2）与粮食单产[①]的不同。从表 4-2 中不难看出，可实现产能利用强度分布规律存在明显差异。粮食单产相近的地区，可实现产能利用强度可能存在较大差异，如南京市区和江阴粮食单产分别为 6822kg·hm^{-2} 和 6810kg·hm^{-2}，可实现产能利用强度分别为 94.24%和 97.26%，相差较大。但南京市区的耕地质量优于江阴，能够衡量耕地质量差异的标准粮可实现单产分别是 15 062.15kg·hm^{-2} 和 16 046.15kg·hm^{-2}，相差 984.00kg·hm^{-2}，可见，耕地质量较优地区在较低的可实现产能利用强度的条件下，会与耕地质量较差地区得到相近的粮食单产。此外，存在耕地质量差异的不同地区在得到差异的粮食单产时，也可能有相近的可实现产能利用强度，如常熟与镇江市区标准粮可实现单产分别是 15 842.43kg·hm^{-2} 和 14 958.57kg·hm^{-2}，相差 883.86kg·hm^{-2}，粮食单产分别为 7198kg·hm^{-2} 和 6476kg·hm^{-2}，相差 722kg·hm^{-2}，而可实现产能利用强度分别为 102.13%和 101.95%，相差不大，可见，不同地区因耕地质量差异，即使在相近的可实现产出能力和耕地利用充分程度的条件下，也会存在差异的粮食单产。尽管粮食单产被认为是衡量和影响一个国家或地区粮食生产能力的重要指标（马永欢等，2008；高强等 2012），但其仅反映了一定耕地利用条件下粮食产出能力的绝对水平，

---

① 粮食单产=粮食总产量/粮食作物播种总面积，以下粮食单产数据来源于《江苏统计年鉴 2011》。

并不能客观反映不同地区粮食生产的可实现产出能力和耕地利用的充分程度,而耕地可实现产能利用强度却能够较好地衡量不同地区耕地的可实现产出能力的实现程度和耕地利用的充分程度,消除耕地质量差异对粮食产出的影响。

第二节 不同质量的耕地数量变化对区域产能的影响:以长三角为例[①]

一、长三角地区概况与数据来源

（一）长三角地区概况

长三角地区有广义与狭义之分。狭义上的长三角地区北起通扬运河,南抵杭州湾,西至镇江,东到海边,包括上海市、江苏省南部、浙江省北部及邻近海域的16个地级及以上建制市及所辖县市;广义上的长三角地区是指江苏省、浙江省和上海市,即两省一市全部25个地级及以上城市。为方便研究,以及更好地服务于长三角地区社会经济发展建设,本章中的长三角地区与《国务院关于进一步推进长江三角洲地区改革开放和经济社会发展的指导意见》（国发〔2008〕30号）中所指的长三角地区范围一致,为广义上的长三角地区。长三角地区位于我国东部沿海,地理位置为北纬27°12′~35°20′,东经116°18′~123°10′。区域内以平原为主,约占总面积的55.1%;气候温和湿润,降水量充沛;湖泊众多,水资源丰富;土壤肥沃,生产能力较高。该区域自然条件优越,交通便利,是我国重要的农业生产地,也是我国社会经济增长较快区。2008年该区域面积为21.07万km^2,总人口为14 252.81万人,地区生产总值为66 514.54亿元,即以占全国2.19%的面积和占全国10.73%的人口创造了全国21.18%的国民生产总值,经济总量占比高。

（二）数据来源

本节所使用的主要数据来源如下:农用地分等数据来源于《中国耕地质量等级调查与评定》（全国卷、上海卷、江苏卷和浙江卷）；社会经济数据来源于《江苏统计年鉴2009》《浙江统计年鉴2009》《上海统计年鉴2009》；耕地统计数据来源于《中国国土资源统计年鉴》（2000~2009年）；土地利用总体规划数据来源于《江苏省土地利用总体规划（2006—2020年）》《浙江省土地利用总体规划（2006—2020年）》《上海市土地利用总体规划（2006—2020年）》。本书

[①] 本节主要内容已在《自然资源学报》上发表,参见肖丽群等（2012）。

中有关长三角地区规划的数据来源于上海市、江苏省和浙江省《土地利用总体规划》（2006～2020年）的综合数据。

二、长三角地区耕地数量质量现状及变化趋势

（一）长三角地区耕地数量质量现状

由于受经济发展、人口增长等因素驱动，长三角地区耕地数量变化总体上呈明显的波动和减少趋势（杨桂山，2001）。耕地面积总量逐年下降，人均耕地面积比较少；耕地质量总体较优，地力存在下降趋势；区域内部空间变化差异大，耕地资源的区域分布不均衡，土地供求矛盾日益突出。

2008年末长三角地区共有耕地面积692.86万hm^2，占全国耕地面积的5.69%。人均耕地面积仅为0.05hm^2，为全国平均水平的1/2左右。建设占用、灾毁、生态退耕和农业结构调整等原因导致长三角地区耕地面积逐年下降，耕地总量和人均量呈现持续减少的态势，1999～2008年耕地面积净减少53.76万hm^2，人均耕地面积净减少0.03hm^2。从10年间（1999～2008年）耕地减少的去向来看，主要以农业结构调整和建设占用为主，其中农业结构调整占用耕地49.02万hm^2，占耕地减少总量的42.65%；建设占用耕地50万hm^2，占耕地减少总量的43.50%。

耕地质量可以用其生产能力度量，而土地利用等别又是耕地生产能力的体现。在土地生产潜力评价的基础上，本书通过土地利用系数修正得到的耕地国家利用等别反映了各地区耕地在平均现实投入与技术条件下的生产力水平，而且使农用地质量在全国范围内具有可比性。依据农用地分等成果，长三角地区耕地国家利用等别分布在3～13等共11个等别，基本呈现正态分布特征，峰值位于6等别处。总体而言，长三角地区耕地国家利用等别处于全国中等偏上水平（图4-1）。

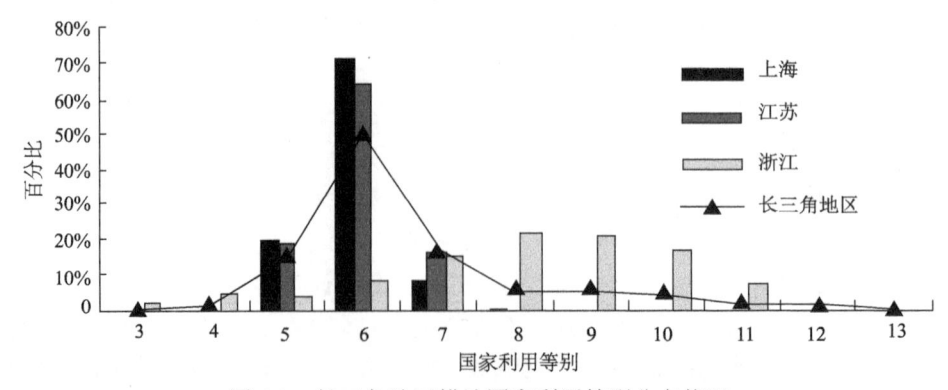

图4-1 长三角地区耕地国家利用等别分布状况

由于《农用地分等规程》（TD/T 1004—2003）中确定的标准粮产量反映了

耕地的生产能力，其产量大小体现了不同等别耕地利用质量的优劣，本节利用农用地分等成果中建立的耕地国家利用等别与标准粮产量的对应关系表（表4-1），计算出各城市耕地标准粮平均产量，以反映各个城市耕地利用质量的综合水平，从而使各个城市耕地利用质量水平在横向之间具有可比性。标准粮平均产量越高，说明该城市耕地利用质量越高，耕地综合生产能力越强；反之，则城市耕地利用质量越低，耕地综合生产能力越弱。计算结果见表4-3。

表4-3 长三角地区各城市耕地标准粮平均产量

城市	标准粮平均产量/（kg·hm^{-2}）	城市	标准粮平均产量/（kg·hm^{-2}）
上海市	15 164.70	苏州市	16 106.80
南京市	15 161.98	南通市	14 741.67
无锡市	15 475.50	连云港市	14 812.15
徐州市	15 199.98	淮安市	14 713.14
常州市	15 752.88	盐城市	14 387.83
扬州市	15 316.02	湖州市	12 522.27
镇江市	15 093.45	绍兴市	11 643.69
泰州市	15 173.20	金华市	10 599.68
宿迁市	15 049.22	衢州市	10 215.13
杭州市	11 149.73	舟山市	10 902.23
宁波市	11 975.92	台州市	11 605.24
温州市	10 836.81	丽水市	9 627.90
嘉兴市	16 771.47		

受地貌等因素影响，长三角地区耕地资源的区域分布不均衡，各个城市耕地标准粮平均产量及耕地利用质量差异较大，总体上来看，呈现由北向南依次为"中等—优良—较差"的分布规律。其中，上海市、苏州市、常州市和嘉兴市等因位于开阔平缓、土层深厚的太湖平原区与沿江平原区，其耕地利用质量等别较高，耕地具有较强的综合生产能力；而丽水市、衢州市和金华市等因位于浙中和浙西南的地表形态相对复杂多变的丘陵山区，其耕地利用质量等别较低，耕地综合生产能力较弱。

（二）2006～2020年长三角地区耕地数量质量变化

根据上海市、江苏省和浙江省《土地利用总体规划》（2006～2020年）（简称新一轮规划），2020年长三角地区耕地保有量为689.12万hm^2，规划期内耕地面积将净减少 13.10 万 hm^2（表 4-4）。本书采用自回归模型对未来人口进行预测，结果显示长三角地区人口总量将于 2020 年达到 1.61 亿人（张效军，2006）。依此推算，长三角地区人均耕地面积将由 2008 年的 0.05hm^2 减少为 2020 年的 0.04hm^2。从空间分布来看，2020 年上海市耕地保有量为 24.93 万 hm^2，人均耕地面积最少，仅为 0.01hm^2；江苏省耕地保有量为 475.13 万 hm^2，人均耕地面积为 0.06hm^2；浙江省耕地保有量为 189.07 万 hm^2，人均耕地面积为 0.04hm^2。

表 4-4　新一轮规划期内长三角地区各城市耕地变化情况

城市	2020 年耕地保有量/万 hm^2	规划期内耕地变化/万 hm^2
上海市	24.93	−2.40
南京市	23.54	−1.02
无锡市	12.22	−1.39
徐州市	59.48	−0.29
常州市	15.88	−1.75
苏州市	21.88	−2.66
南通市	45.73	−0.24
连云港市	38.28	−0.08
淮安市	48.99	−0.04
盐城市	84.82	+3.44
扬州市	31.44	−0.20
镇江市	16.04	−0.70
泰州市	31.55	−0.16
宿迁市	45.29	+0.09
杭州市	22.17	+0.11
宁波市	22.26	+1.45
温州市	22.24	−1.84
嘉兴市	19.99	−1.28
湖州市	14.45	−0.15
绍兴市	19.20	+0.06
金华市	21.29	−1.18
衢州市	13.01	−1.04
舟山市	2.48	−0.11
台州市	18.13	−1.08
丽水市	13.83	−0.64

在新一轮规划中，长三角地区减少的耕地主要集中于耕地利用质量较好、标准粮产量较高的区域，如上海市、苏州市、无锡市、常州市、温州市和嘉兴市，这6个城市减少的耕地数量超过规划期内耕地总减少量的60%。相反，增加的耕地主要集中于耕地利用质量较差、标准粮产量较低的区域，如苏北的盐城市和浙江的宁波市，这两个城市增加的耕地数量约为规划期内耕地总增加量的95%。

三、长三角地区耕地增减变化对粮食产能的影响

耕地是粮食生产最基本的生产资料，耕地资源状况的好坏直接关系到粮食的生产能力。陈佑启（2000）、陈百明（2004）对耕地面积和粮食产量之间的变化关系进行了定量研究，结果表明耕地数量变化与粮食产量之间存在直接的相关性。本书基于农用地分等成果和新一轮规划资料，利用标准粮产量估算长三角地区的耕地产能水平和耕地变化对耕地产能的影响程度。

（一）长三角地区耕地产能水平分析

标准粮产量是将指定作物的实际产量换算成基准作物的实际产量，由于内涵一致，各城市标准粮产量在横向与纵向上均具有可比性。本书根据各等别耕地面积及相对应的标准粮产量，可得到每个等别耕地的标准粮总产量，并通过汇总每一等别耕地的标准粮总产量，便可计算出长三角地区各城市耕地的标准粮总产量。其计算公式如下：

$$Y_j = \sum_{i=1}^{n} y_i \times D_i \quad (4\text{-}4)$$

式中，Y_j 为长三角地区 j 城市耕地的标准粮总产量；y_i 为 i 等别耕地的标准粮产量；D_i 为 i 等别耕地的面积。经测算，长三角地区耕地的标准粮总产量为1036.12亿kg，各等别耕地的标准粮总产量和各城市耕地的标准粮总产量分别见表4-5和表4-6。

表4-5 长三角地区各等别耕地的标准粮总产量

等别	总产量/亿kg	等别	总产量/亿kg	等别	总产量/亿kg	等别	总产量/亿kg
3	4.20	6	537.75	9	43.80	12	0.51
4	17.77	7	161.46	10	28.43	13	0.0042
5	180.99	8	52.62	11	8.59		

表 4-6　长三角地区各城市耕地的标准粮总产量

城市	总产量/亿 kg	城市	总产量/亿 kg	城市	总产量/亿 kg	城市	总产量/亿 kg	城市	总产量/亿 kg
上海市	43.78	苏州市	48.94	扬州市	49.09	宁波市	26.59	金华市	24.69
南京市	45.64	南通市	70.49	镇江市	27.27	温州市	26.48	衢州市	14.54
无锡市	27.16	连云港市	56.52	泰州市	48.71	嘉兴市	36.44	舟山市	2.95
徐州市	93.27	淮安市	72.58	宿迁市	67.92	湖州市	19.23	台州市	23.11
常州市	32.17	盐城市	113.86	杭州市	26.89	绍兴市	23.23	丽水市	14.55

（二）基于标准面积变化的长三角地区耕地产能变化总体分析

目前关于耕地粮食产能的评估方法主要有基于植物生长机理、基于影响因素分析和基于粮食产量趋势预测等三种评估方法（周小萍等，2006）。在这里，为了能有效反映耕地数量及质量变化对粮食产能变化的影响程度，本书采用了一种基于"标准面积"变化来衡量耕地粮食产能变化的评估方法。标准面积是耕地的统计面积用不同等别质量的换算系数折合后得出的耕地面积，是一种衡量各地区耕地总量的可度量的标准单位，折合为标准面积的耕地数量在区域内部及全国之间具有可比性。其计算公式如下：

$$R_j = \sum_{i=1}^{n} Z_i \times C_i \quad (4\text{-}5)$$

式中，R_j 为 j 地区标准面积数量；Z_i 为 i 等别统计面积数量；C_i 为 i 等别耕地折算为标准面积的质量换算系数。

本书应用全国耕地国家利用等别与标准粮产量之间的对应关系，可以编制出不同国家利用等别标准面积的质量换算系数 C_i。其计算公式如下：

$$C_i = \frac{S_i}{S_o} \quad (4\text{-}6)$$

式中，C_i 为 i 等别耕地折算为标准面积的质量换算系数；S_i 为 i 等别耕地的标准粮产量；S_o 为设定为标准面积的等别下耕地的标准粮产量。计算结果见表 4-7。

表 4-7　长三角地区不同等别标准面积的质量换算系数

等别	3 等	4 等	5 等	6 等	7 等	8 等	9 等	10 等	11 等	12 等	13 等
3 等	1.00	1.08	1.18	1.30	1.44	1.63	1.86	2.36	2.89	3.71	5.20

续表

等别	3等	4等	5等	6等	7等	8等	9等	10等	11等	12等	13等
4等	0.92	1.00	1.09	1.20	1.33	1.50	1.71	2.18	2.67	3.43	4.80
5等	0.85	0.92	1.00	1.10	1.22	1.38	1.57	2.00	2.44	3.14	4.40
6等	0.77	0.83	0.91	1.00	1.11	1.25	1.43	1.82	2.22	2.86	4.00
7等	0.69	0.75	0.82	0.90	1.00	1.13	1.29	1.64	2.00	2.57	3.60
8等	0.62	0.67	0.73	0.80	0.89	1.00	1.14	1.45	1.78	2.29	3.20
9等	0.54	0.58	0.64	0.70	0.78	0.88	1.00	1.27	1.56	2.00	2.80
10等	0.42	0.46	0.50	0.55	0.61	0.69	0.79	1.00	1.22	1.57	2.20
11等	0.35	0.38	0.41	0.45	0.50	0.56	0.64	0.82	1.00	1.29	1.80
12等	0.27	0.29	0.32	0.35	0.39	0.44	0.50	0.64	0.78	1.00	1.40
13等	0.19	0.21	0.23	0.25	0.28	0.31	0.36	0.45	0.56	0.71	1.00

注：横轴为标准面积等别，纵轴为统计面积等别

由表 4-7 可知，标准面积所处的等别设定不同，统计面积换算为标准面积的质量换算系数的大小不同，相对应计算得出的地区耕地标准面积总量和粮食生产总量也不等。

情景一：如果把长三角地区最高等别 3 等别设定为标准面积所在等别，本书利用不同等别标准面积的质量换算系数，见表 4-7 和式（4-5），可得到标准面积耕地总量为 531.34 万 hm^2，与统计面积总量相比，标准面积耕地总量减少了 202.2 万 hm^2，相对应的标准粮产量减少了 394.29 亿 kg。

情景二：如果把长三角地区最低等别 13 等别设定为标准面积所在等别，本书利用不同等别标准面积的换算系数，见表 4-7 和式（4-5），可得到标准面积耕地总量为 2762.96 万 hm^2，与统计面积总量相比，标准面积耕地总量增加了 2029.43 万 hm^2，相对应的标准粮产量增加了 761.04 亿 kg。

相较于统计面积，换算成最高等别耕地的标准面积减少的总量与换算成最低等别耕地的标准面积增加的总量之比为 0.1：1，两者对应的标准粮产量之比为 0.52：1。从耕地面积变化比例与标准粮产量变化比例的对比关系可以看出，耕地质量的变化对粮食产量的影响比较大，尤其是高质量耕地数量的减少，将导致粮食产量以更大比例减少。据此，各个地区实施的耕地保有量不能仅指数量上的保有量，还要考虑质量水平上的保有量。为确保粮食产量不降低，在城市化进程当中，建设占用耕地尽量选择低等别的耕地，保护好高等别的耕地。

（三）基于不同等别耕地减少与补充的长三角地区耕地产能变化分析

在《中华人民共和国土地管理法》中明确规定实行占用耕地补偿制度，但在

现实当中很多地方的耕地占补平衡往往只是停留在数量平衡的层面，占优补劣现象普遍存在，耕地资源"隐性"减少。

为了说明耕地变化造成的农业生产力损失，本书应用农用地分等成果，设置最高等别、平均等别和最低等别三种情景，对长三角地区新一轮规划期间内增、减耕地的粮食产量进行了大致估算。根据各城市区域内建设占用或补充（占补）最高等别、平均等别和最低等别的耕地面积与相对应等别的标准粮产量，可以计算出最高等别、平均等别和最低等别下建设占用耕地损失的粮食产量或补充耕地贡献的粮食产量。计算结果（表4-8）显示，建设占用最高等别、平均等别和最低等别耕地造成的粮食损失分别为50.03亿kg、41.95亿kg和31.64亿kg，比例为1∶0.84∶0.63；补充最高等别、平均等别和最低等别耕地贡献的粮食总量分别为57.51亿kg、47.28亿kg和34.09亿kg，比例为1∶0.82∶0.59。

表4-8 长三角地区各城市占补耕地对粮食产量的影响

城市	占用耕地损失粮食产量/亿kg			补充耕地贡献粮食产量/亿kg		
	最高等别	平均等别	最低等别	最高等别	平均等别	最低等别
上海市	2.70	2.46	2.03	3.82	3.48	2.82
南京市	2.35	2.16	1.93	0.88	0.81	0.72
无锡市	2.17	2.03	1.77	0.96	0.90	0.78
徐州市	2.18	2.01	1.79	2.44	2.25	1.99
常州市	1.78	1.70	1.46	0.63	0.60	0.52
苏州市	3.53	3.16	2.94	1.19	1.06	0.99
南通市	2.12	1.89	1.73	2.12	1.89	1.73
连云港市	1.88	1.69	1.54	2.02	1.81	1.65
淮安市	2.05	1.83	1.49	2.38	2.13	1.73
盐城市	2.25	1.96	1.63	7.90	6.89	5.75
扬州市	2.06	1.92	1.69	2.06	1.92	1.69
镇江市	1.32	1.21	1.08	0.34	0.31	0.28
泰州市	2.27	2.09	1.86	2.27	2.09	1.86
宿迁市	2.03	1.85	1.66	2.61	2.38	2.14
杭州市	3.52	2.38	1.12	4.38	2.96	1.39
宁波市	2.31	2.05	1.15	3.06	2.71	1.53
温州市	2.42	1.59	0.77	2.98	1.95	0.95
嘉兴市	3.00	2.58	1.61	4.00	3.44	2.15
湖州市	0.91	0.69	0.29	1.40	1.06	0.44

续表

城市	占用耕地损失粮食产量/亿 kg			补充耕地贡献粮食产量/亿 kg		
	最高等别	平均等别	最低等别	最高等别	平均等别	最低等别
绍兴市	2.43	1.57	0.71	3.08	1.99	0.90
金华市	2.00	1.41	0.50	2.39	1.69	0.60
衢州市	0.34	0.21	0.14	0.91	0.56	0.37
舟山市	0.31	0.20	0.13	0.40	0.27	0.16
台州市	1.60	1.03	0.47	2.27	1.46	0.66
丽水市	0.46	0.29	0.16	1.03	0.66	0.36
长三角地区合计	49.99	41.96	31.65	57.52	47.27	34.16

根据新一轮规划，长三角地区规划期间内建设占用耕地约为 30.07 万 hm^2，通过土地整理复垦、土地开发等方式补充耕地约为 34.63 万 hm^2，减少与补充耕地的比例为 1∶1.15。通过对比可以发现，单纯从耕地增减的数量上来看，补充耕地面积比建设占用耕地面积增加 4.56 万 hm^2。但是，如果建设占用最高等别耕地，补充平均等别或最低等别耕地，则分别导致粮食产量减少 2.72 亿 kg 和 15.83 亿 kg；如果建设占用平均等别耕地，补充最低等别耕地，则导致粮食产量减少 7.80 亿 kg。即如果补充耕地的质量等别低于建设占用耕地的质量等别，区域内粮食产量就会减少。这说明，如果仅从数量增减平衡上来衡量我国的耕地问题，可能会导致我国粮食安全产生大问题。实行耕地占补平衡，最重要的是耕地生产能力的平衡，补充耕地的质量等别必须大于或等于建设占用耕地的质量等别。

第三节　耕地质量变化对产能的影响：以河南省为例

一、河南省耕地质量总体变化分析

（一）河南省耕地质量变化

本书通过汇总 2011 年和 2013 年河南省 159 个县（市、区）的县级耕地更新评价结果，得出了 2011 年和 2013 年河南省耕地国家自然等别、利用等别与经济等别的耕地面积，并统计了各等别耕地面积的增减情况（表 4-9）。2013 年河南省耕地总面积为 814 万 hm^2，比 2011 年减少了近 1.8 万 hm^2。

表 4-9　2011 年和 2013 年河南省耕地不同国家等别面积变化情况

单位：hm²

等别	国家自然等别 2011 年	国家自然等别 2013 年	差值	国家利用等别 2011 年	国家利用等别 2013 年	差值	国家经济等别 2011 年	国家经济等别 2013 年	差值
4 等	0.00	0.00	0.00	9 048.44	9 729.15	680.71	157 683.82	164 847.46	7 163.64
5 等	30 242.29	32 832.31	2 590.02	170 679.70	176 642.18	5 962.48	496 310.10	511 343.91	15 033.81
6 等	2 218 942.78	2 251 361.79	32 419.01	885 330.00	918 751.86	33 421.86	2 798 669.12	2 871 551.99	72 882.87
7 等	4 635 771.39	4 614 630.43	-21 140.96	3 824 439.90	3 846 774.60	22 334.70	2 746 789.11	2 660 632.20	-86 156.91
8 等	675 648.07	647 558.17	-28 089.90	2 075 298.00	2 022 651.48	-52 646.52	1 314 712.78	1 296 841.09	-17 871.69
9 等	429 432.80	425 509.04	-3 923.76	732 997.00	707 904.12	-25 092.88	447 786.76	438 123.18	-9 663.58
10 等	156 562.00	156 846.22	284.22	370 959.90	367 981.41	-2 978.49	191 993.88	192 544.54	550.66
11 等	12 108.84	11 976.07	-132.77	89 708.73	90 032.60	323.87	4 762.62	4 829.66	67.04
12 等	0.00	0.00	0.00	246.64	246.63	-0.01	0.00	0.00	0.00
合计	8 158 708.17	8 140 714.03	-17 994.14	8 158 708.31	8 140 714.03	-17 994.28	8 158 708.19	8 140 714.03	-17 994.16
平均等别	6.97	6.96	0.01	7.46	7.44	0.02	6.82	6.80	0.02

由表 4-9 可以看出，两个年度河南省耕地国家自然等别区间为 5~11 等，其中 5 等耕地质量最好，11 等耕地质量最差。河南省耕地国家自然等别以 6~7 等为主，6 等耕地面积大于 200 万 hm²，7 等耕地面积超 400 万 hm²，两者和占全省耕地总评定面积的 80% 以上。本书采用等别面积加权法，计算得到全省 2013 年耕地国家自然等别为 6.96 等，与 2011 年的 6.97 等相比提升了 0.01 个等别。5 等、6 等和 10 等耕地面积增加，其中 6 等耕地面积增加最大，为 32 419.01hm²。7 等、8 等、9 等和 11 等耕地面积减少，其中 8 等耕地面积减少最多，为 28 089.90hm²。

2011 年和 2013 年河南省耕地国家利用等别区间为 4~12 等，其中 4 等耕地质量最好，12 等耕地质量最差。河南省耕地国家利用等别以 7~8 等为主，7 等耕地面积超过 350 万 hm²，8 等耕地面积大于 200 万 hm²，二者和占全省耕地总评定面积的 70% 以上。本书采用等别面积加权法，计算得到河南省 2013 年耕地国家利用等别为 7.44 等，与 2011 年的 7.46 等相比提升了 0.02 个等别。4~7 等和 11 等耕地面积增加，其中 6 等耕地面积增加最大，为 33 421.86hm²。8~10 等和 12 等耕地面积减少，其中 8 等耕地面积减少最多，为 52 646.52hm²。

表 4-9 显示，2011 年和 2013 年河南省耕地国家经济等别区间为 4~11 等，4 等地质量最好，11 等地质量最差。河南省耕地国家经济等别以 6~7 等耕地为主，6 等耕地面积大于 270 万 hm²，7 等耕地面积超 260 万 hm²，二者和占全省耕地总评定面积的 60% 以上。本书采用等别面积加权法，计算得到全省 2013 年耕地国家经济等别为 6.80 等，与 2011 年的 6.82 等相比提升了 0.02 个等别。4~6 等、10 等和 11 等耕地面积增加，其中 6 等耕地面积增加最大，为 72 882.87hm²。7~9 等耕地面积减少，其中 7 等耕地面积减少最多，为 86 156.91hm²。

（二）河南省各地级市耕地质量变化

本书采用等别面积加权法，计算得到 2011 年和 2013 年河南省 18 个地级市的耕地国家自然等别、利用等别和经济等别，详见表 4-10。

表 4-10　2011 年和 2013 年河南省各地级市的耕地国家自然等别、利用等别和经济等别变化情况

地级市	国家自然等别 2011 年	2013 年	差值	国家利用等别 2011 年	2013 年	差值	国家经济等别 2011 年	2013 年	差值
郑州市	6.87	6.87	0.00	7.44	7.43	−0.01	6.91	6.90	−0.01
开封市	6.93	6.93	0.00	7.29	7.29	0.00	6.41	6.41	0.00
洛阳市	7.90	7.91	0.01	8.58	8.59	0.01	7.77	7.78	0.01
平顶山市	7.16	7.15	−0.01	7.86	7.86	0.00	7.08	7.08	0.00
安阳市	6.67	6.67	0.00	7.13	7.14	0.01	6.83	6.83	0.00
鹤壁市	6.21	6.22	0.01	6.74	6.72	−0.02	6.12	6.10	−0.02

续表

地级市	国家自然等别 2011年	国家自然等别 2013年	差值	国家利用等别 2011年	国家利用等别 2013年	差值	国家经济等别 2011年	国家经济等别 2013年	差值
新乡市	6.32	6.29	−0.03	6.41	6.38	−0.03	5.70	5.66	−0.04
焦作市	6.05	6.05	0.00	5.68	5.66	−0.02	4.98	4.97	−0.01
濮阳市	6.19	6.18	−0.01	6.78	6.75	−0.03	5.92	5.90	−0.02
许昌市	7.14	7.14	0.00	7.23	7.19	−0.04	6.44	6.43	−0.01
漯河市	7.13	7.09	−0.04	7.18	7.14	−0.04	6.45	6.40	−0.05
三门峡市	8.86	8.85	−0.01	9.43	9.42	−0.01	8.74	8.73	−0.01
南阳市	7.37	7.36	−0.01	7.79	7.76	−0.03	7.18	7.14	−0.04
商丘市	6.67	6.66	−0.01	6.90	6.89	−0.01	6.12	6.10	−0.02
信阳市	6.59	6.57	−0.02	8.00	7.96	−0.04	7.56	7.53	−0.03
周口市	7.01	7.01	0.00	7.10	7.09	−0.01	6.62	6.60	−0.02
驻马店市	7.15	7.14	−0.01	7.87	7.85	−0.02	7.22	7.19	−0.03
济源市	7.10	7.07	−0.03	8.11	8.09	−0.02	7.54	7.53	−0.01

注：表中差值=0表示该市两个年度国家等别无变化，差值<0表示该市两个年度国家等别有所提升，差值>0表示该市两个年度国家等别下降

由表4-10可以看出，与2011年相比，2013年郑州市、开封市、安阳市、焦作市、许昌市和周口市6个地级市的耕地国家自然等别无变化；平顶山市、新乡市、濮阳市、漯河市、三门峡市、南阳市、商丘市、信阳市、驻马店市和济源市十个地级市的耕地国家自然等别有所提升，提升最高的是漯河市，提高了0.04个等；仅有洛阳市和鹤壁市两个地级市的耕地国家自然等别有所下降，下降幅度也均较小。

同样表4-10显示，与2011年相比，2013年开封市和平顶山市两个地级市的耕地国家利用等别无变化；郑州市、鹤壁市、新乡市、焦作市、濮阳市、许昌市、漯河市、三门峡市、南阳市、商丘市、信阳市、周口市、驻马店市和济源市14个地级市的耕地国家利用等别有所提升，提升最高的是许昌市、漯河市、信阳市，提高了0.04个等；洛阳市和安阳市两个地级市的耕地国家利用等别有所下降，下降了0.01个等。

与2011年相比，2013年开封市、平顶山市和安阳市3个地级市的耕地国家经济等别无变化；郑州市、鹤壁市、新乡市、焦作市、濮阳市、许昌市、漯河市、三门峡市、南阳市、商丘市、信阳市、周口市、驻马店市和济源市14个地级市的耕地国家经济等别有所提升，提升最高的是漯河市，提高了0.05个等；洛阳市的耕地国家经济等别有所下降，降幅为0.01个等（表4-10）。

二、河南省新增耕地面积及其质量等别

(一)河南省新增耕地面积及其质量等别分析

依据 2011 年耕地质量等别完善成果和 2013 年耕地更新评价结果,本书统计得到河南省 2011~2013 年新增耕地国家自然等别、利用等别和经济等别面积,详见表 4-11。2011~2013 年,河南省共新增耕地 29 600 块,新增耕地总面积为 4.15 万 hm²。

表 4-11 2011~2013 年河南省新增耕地国家自然等别、利用等别和经济等别面积

单位:hm²

等别	国家自然等别	国家利用等别	国家经济等别
4 等	0.00	2.74	295.28
5 等	107.11	294.54	3 662.47
6 等	19 148.95	9 462.86	15 149.90
7 等	13 653.68	15 854.80	11 085.34
8 等	3 504.01	7 382.14	6 062.53
9 等	3 878.97	5 011.52	3 639.95
10 等	1 207.97	2 871.73	1 563.84
11 等	36.33	656.68	77.71

由表 4-11 可以看出,河南省新增耕地国家自然等别、利用等别与经济等别均以 6 等和 7 等为主,其中国家自然等别中 6~7 等新增耕地面积比例最大,占全部新增耕地的 79.0%,国家利用等别中 6~7 等新增耕地面积占全部新增耕地的 61.0%,国家经济等别中 6~7 等新增耕地面积占全部新增耕地的 63.2%。以 6~7 等为中心,等别增加或者减少,其耕地面积均减少,其中,最优等别 4 等的耕地面积最小,最劣等别 11 等的耕地面积紧随其后。

表 4-12 是 2011~2013 年河南省新增耕地分地类质量等别面积统计表。由表 4-12 可以看出:①新增耕地以水浇地为主,新增面积约为 2.3 万 hm²,占全部新增耕地面积的 55%;其次是旱地,占全部新增耕地面积的 42%;新增水田面积最小,不足 1200hm²,仅占全部新增耕地面积的 3%。②新增耕地中水浇地国家自然等别与水田相当,分别为 6.45 和 6.49;水浇地国家利用等别和经济等别却显著高于水田,原因是新增水田多分布在淮南山区的丘陵地区,产量水平多低于平原区的水浇地,并且其投入却较高,这造成新增水田国家利用等别和经济等别较水浇地低;旱地国家自然等别、利用等别和经济等别在所有地类中均为最低。

表 4-12 2011~2013 年河南省新增耕地分地类国家自然等别、利用等别和经济等别情况

耕地类型	新增面积/hm²	国家自然等别	国家利用等别	国家经济等别
水田	1 196.27	6.49	7.70	7.02
水浇地	22 950.12	6.45	6.87	6.37
旱地	17 390.63	7.52	8.21	7.55

表 4-13 是 2011~2013 年河南省各更新类型新增耕地质量等别面积统计表。由表 4-13 可以看出：①土地整治的新增耕地面积最大，约为 1.8 万 hm²，占全部新增耕地面积的 44%；其次是其他补充耕地的新增耕地面积，约为 1.44 万 hm²，占全部新增耕地面积的 35%。增减挂钩补充耕地的新增耕地面积占全部新增耕地面积的 13%；农业结构调整、工矿废弃地复垦补充耕地和净面积增加三种更新类型的新增耕地面积均较小，合计不足 3600hm²，占全部新增耕地面积的 8%，其中净面积增加的新增耕地面积最小，仅约 93hm²。②净面积增加的新增耕地虽然在新增耕地面积中所占比例最低，但其国家自然等别、利用等别和经济等别却是所有更新类型新增耕地中等别最高的，原因在于这部分新增耕地多存在于耕地质量建设区，其等别与其所在的耕地地块的等别一致，由于其质量建设耕地已是耕种多年的熟地，因此这三组等别均最高。土地整治和工矿废弃地复垦补充耕地两种类型的新增耕地国家自然等别、利用等别和经济等别低于净面积增加，但稍高于增减挂钩补充耕地和其他补充耕地，原因是这与这两种质量建设区增加耕地面积、提升耕地质量的建设目的有关。其他补充耕地国家利用等别、经济等别在所有更新类型中最低的原因是其耕地大部分来源于农民自主开垦，这部分新增耕地自然条件和配套设施较差，因此这三组等别均较低。

表 4-13 2011~2013 年河南省各更新类型新增耕地面积及其国家自然等别、利用等别和经济等别情况

更新类型	新增耕地面积/hm²	国家自然等别	国家利用等别	国家经济等别
土地整治	18 295.99	6.71	7.29	6.73
增减挂钩补充耕地	5 255.75	7.12	7.43	6.97
工矿废弃地复垦补充耕地	817.25	6.75	7.34	6.86
农业结构调整	2 626.32	7.02	7.45	6.70
净面积增加	93.13	6.17	6.93	6.04
其他补充耕地	14 448.56	7.05	7.69	7.09

（二）河南省各地级市新增耕地面积及其质量等别

本书根据各地级市所辖县级单位的新增耕地面积，统计得到 2011~2013 年

河南省18个地级市新增耕地面积,及其国家自然等别、利用等别和经济等别不同等的耕地面积,详见表4-14~表4-16。就耕地面积而言,南阳市新增耕地面积最大,达到了5692.31hm^2,其次是新乡市,新增耕地面积为4633.81hm^2;济源市新增耕地面积最小,仅为115.23hm^2,其次是鹤壁市,新增耕地面积为200.84hm^2。

表4-14显示,郑州市、安阳市、鹤壁市、新乡市、焦作市、濮阳市和南阳市7个地级市新增耕地国家自然等别主要为6等;开封市、平顶山市、许昌市、商丘市、信阳市、周口市、驻马店市和济源市8个地级市新增耕地国家自然等别主要为7等;漯河市新增耕地国家自然等别主要为8等;洛阳市和三门峡市2个地级市新增耕地国家自然等别主要为9等。

表4-14 2011~2013年河南省各地级市耕地国家自然等别新增面积　　　单位:hm^2

地级市	5等	6等	7等	8等	9等	10等	11等	合计
郑州市	0.00	2013.76	529.78	127.79	39.17	30.39	0.00	2740.89
开封市	0.00	42.78	1596.29	2.78	0.00	0.00	0.00	1641.85
洛阳市	63.37	817.30	413.49	567.54	1382.87	430.00	0.00	3674.57
平顶山市	0.00	0.00	1197.32	537.46	112.97	0.00	0.00	1847.75
安阳市	1.94	2525.25	737.95	97.65	246.48	515.4	0.00	4124.67
鹤壁市	0.00	93.33	46.20	45.32	0.25	15.74	0.00	200.84
新乡市	0.00	3853.37	671.57	42.29	66.58	0.00	0.00	4633.81
焦作市	25.76	2838.9	17.32	1.04	0.00	0.00	0.00	2883.02
濮阳市	0.00	2208.67	1009.06	0.00	0.00	0.00	0.00	3217.73
许昌市	0.00	3.86	1011.57	0.00	106.99	0.00	0.00	1122.42
漯河市	0.00	0.00	177.23	309.40	0.00	0.00	0.00	486.63
三门峡市	0.00	159.78	289.58	107.83	768.28	172.23	36.33	1534.03
南阳市	15.31	2193.01	1148.74	1233.62	1076.11	25.52	0.00	5692.31
商丘市	0.00	1362.37	1924.23	0.00	0.00	0.00	0.00	3286.60
信阳市	0.00	938.40	1483.52	216.82	40.34	18.69	0.00	2697.77
周口市	0.00	0.00	805.91	0.00	0.00	0.00	0.00	805.91
驻马店市	0.00	50.19	529.64	212.56	38.60	0.00	0.00	830.99
济源市	0.73	47.98	64.28	1.91	0.33	0.00	0.00	115.23

表4-15显示,郑州市、安阳市、新乡市和焦作市4个地级市新增耕地国家利用等别主要为6等;开封市、濮阳市、许昌市、南阳市、商丘市和周口市6个地级市新增耕地国家利用等别主要为7等;鹤壁市、漯河市、信阳市和济源市4个地级市新增耕地国家利用等别主要为8等;平顶山市和驻马店市2个地级市新增耕地国

家利用等别主要为9等；洛阳市和三门峡市新增耕地国家利用等别主要为10等。

表 4-15 2011～2013 年河南省各地级市耕地国家利用等别新增面积   单位：hm²

地级市	4 等	5 等	6 等	7 等	8 等	9 等	10 等	11 等	合计
郑州市	0.00	0.00	1646.73	804.61	219.98	30.86	38.71	0.00	2740.89
开封市	0.00	0.00	0.00	1124.19	517.66	0.00	0.00	0.00	1641.85
洛阳市	0.00	12.91	588.32	436.42	241.45	1096.04	1197.13	102.30	3674.57
平顶山市	0.00	0.00	0.00	392.33	322.63	986.50	146.29	0.00	1847.75
安阳市	0.00	0.00	1201.77	983.29	969.3	212.15	394.42	363.74	4124.67
鹤壁市	0.00	1.09	48.05	17.12	72.35	46.24	13.53	2.46	200.84
新乡市	0.00	69.80	1919.23	1660.69	903.83	80.26	0.00	0.00	4633.81
焦作市	2.74	210.35	2401.87	258.90	0.59	7.54	1.03	0.00	2883.02
濮阳市	0.00	0.39	972.01	1798.83	446.5	0.00	0.00	0.00	3217.73
许昌市	0.00	0.00	48.95	799.37	167.11	86.41	20.58	0.00	1122.42
漯河市	0.00	0.00	0.00	169.39	317.24	0.00	0.00	0.00	486.63
三门峡市	0.00	0.00	0.00	245.01	234.16	399.03	476.10	179.73	1534.03
南阳市	0.00	0.00	74.37	2646.84	1278.88	1137.60	546.17	8.45	5692.31
商丘市	0.00	0.00	502.44	2729.50	54.66	0.00	0.00	0.00	3286.60
信阳市	0.00	0.00	0.00	821.8	1299.95	557.33	18.69	0.00	2697.77
周口市	0.00	0.00	50.87	754.86	0.18	0.00	0.00	0.00	805.91
驻马店市	0.00	0.00	0.00	179.92	267.69	364.63	18.75	0.00	830.99
济源市	0.00	0.00	8.25	31.74	67.98	6.93	0.33	0.00	115.23

表 4-16 显示，焦作市新增耕地国家经济等别主要为 5 等；郑州市、安阳市、鹤壁市、新乡市、许昌市、南阳市、商丘市和周口市 8 个地级市新增耕地国家经济等别主要为 6 等；开封市和濮阳市 2 个地级市新增耕地国家经济等别主要为 7 等；平顶山市、漯河市、信阳市、驻马店市和济源市 5 个地级市新增耕地国家经济等别主要为 8 等；洛阳市和三门峡市 2 个地级市新增耕地国家经济等别主要为 9 等。

表 4-16 2011～2013 年河南省各地级市耕地国家经济等别新增面积   单位：hm²

地级市	4 等	5 等	6 等	7 等	8 等	9 等	10 等	11 等	合计
郑州市	0.00	214.57	1532.20	860.75	92.88	30.38	12.11	0.00	2740.89
开封市	0.00	0.00	133.84	1507.92	0.09	0.00	0.00	0.00	1641.85
洛阳市	191.70	387.84	317.57	310.39	740.96	1139.54	586.57	0.00	3674.57
平顶山市	0.00	2.02	375.15	175.41	970.11	320.70	4.36	0.00	1847.75

续表

地级市	4等	5等	6等	7等	8等	9等	10等	11等	合计
安阳市	0.00	0.58	1473.05	980.36	704.02	237.36	672.51	56.79	4124.67
鹤壁市	0.00	10.54	53.92	31.85	48.62	39.92	15.99	0.00	200.84
新乡市	27.61	591.12	2261.72	1654.21	93.51	5.64	0.00	0.00	4633.81
焦作市	75.97	1627.51	1160.96	10.00	4.38	4.20	0.00	0.00	2883.02
濮阳市	0.00	719.21	1151.22	1189.07	158.23	0.00	0.00	0.00	3217.73
许昌市	0.00	19.96	711.08	284.39	54.98	52.01	0.00	0.00	1122.42
漯河市	0.00	0.00	123.38	172.92	190.33	0.00	0.00	0.00	486.63
三门峡市	0.00	0.00	74.46	363.14	142.44	734.42	198.65	20.92	1534.03
南阳市	0.00	37.94	1875.56	1812.75	1218.57	692.53	54.96	0.00	5692.31
商丘市	0.00	46.24	2597.45	642.91	0.00	0.00	0.00	0.00	3286.60
信阳市	0.00	0.00	545.14	637.92	1275.67	220.35	18.69	0.00	2697.77
周口市	0.00	0.00	642.61	163.30	0.00	0.00	0.00	0.00	805.91
驻马店市	0.00	0.00	111.03	243.89	313.50	162.57	0.00	0.00	830.99
济源市	0.00	4.94	11.56	44.16	54.24	0.33	0.00	0.00	115.23

2011~2013年河南省18个地级市新增耕地国家自然等别、利用等别和经济等别情况详见表4-17。由表4-17可以看出，焦作市新增耕地国家自然等别最高为6等，其次是新乡市、濮阳市和郑州市，这3个地级市的新增耕地国家自然等别均高于6.35等；三门峡市新增耕地国家自然等别最低，仅为8.40等，其次是洛阳市和漯河市，两者的新增耕地国家自然等别均不足7.50等。

表4-17 2011~2013年河南省各地级市新增耕地国家自然等别、利用等别和经济等别情况

地级市	国家自然等别	国家利用等别	国家经济等别
郑州市	6.33	6.54	6.35
开封市	6.98	7.32	6.92
洛阳市	8.05	8.58	7.85
平顶山市	7.41	8.48	7.67
安阳市	6.90	7.69	7.47
鹤壁市	7.00	7.82	7.51
新乡市	6.21	6.79	6.26
焦作市	6.00	6.02	5.39
濮阳市	6.31	6.84	6.24
许昌市	7.18	7.31	6.47

续表

地级市	国家自然等别	国家利用等别	国家经济等别
漯河市	7.64	7.65	7.14
三门峡市	8.40	9.07	8.44
南阳市	7.22	7.91	7.14
商丘市	6.59	6.86	6.18
信阳市	6.78	7.92	7.45
周口市	7.00	6.94	6.20
驻马店市	7.38	8.27	7.63
济源市	6.59	7.65	7.29

与国家自然等别相似，焦作市新增耕地国家利用等别同样是全省18个地级市中最高，为6.02等，其次是郑州市，国家利用等别为6.54等；三门峡市新增耕地国家利用等别居各地级市最低，为9.07等，其次是洛阳市、平顶山市和驻马店市，这3个地级市的新增耕地国家利用等别均不足8等。

与国家自然等别和国家利用等别相似，焦作市新增耕地国家经济等别同样是全省各地级市中最高，为5.39等，其次是商丘市，国家经济等别为6.18等；三门峡市新增耕地国家经济等别同样居各地级市最低，为8.44等，其次是洛阳市，新增耕地国家经济等别为7.85等。

三、河南省减少耕地面积及其质量等别

（一）河南省减少耕地面积及其质量等别分析

本书依据2011年耕地质量等别完善成果和2013年耕地更新评价结果，统计得到河南省2011～2013年减少耕地国家自然等别、利用等别和经济等别面积，详见表4-18。2011～2013年，河南省共减少耕地101 827块，减少耕地总面积为6.27万 hm^2。

表4-18　2011～2013年河南省减少耕地国家自然等别、利用等别和经济等别面积

单位：hm^2

等别	国家自然等别	国家利用等别	国家经济等别
4等	0.00	30.25	2 194.71
5等	922.88	2 064.00	5 089.33
6等	25 334.58	10 415.65	26 110.97
7等	31 046.99	32 990.65	20 723.30

续表

等别	国家自然等别	国家利用等别	国家经济等别
8 等	3 394.24	12 749.02	6 426.28
9 等	1 779.85	3 147.11	1 657.45
10 等	239.74	1 234.23	524.92
11 等	10.08	97.44	1.40
12 等	0.00	0.01	0.00

由表 4-18 可以看出，河南省在 2011~2013 年减少的耕地国家自然等别主要集中在 6~7 等，这一区间减少的耕地面积约占全部减少耕地面积的 90%；减少耕地国家利用等别以 7 等为主，其次是 8 等和 6 等，其中减少的 7 等耕地面积约占全部减少耕地面积的 53%；减少耕地国家经济等别主要集中在 6~7 等，二者减少的耕地面积约占全部减少耕地面积的 75%。相较 6~7 等，其余减少耕地国家等别增加或者减少，其耕地面积均依次减少，其中最劣等别 12 等的耕地面积最少，接下来是最优等别 4 等的耕地面积。

2011~2013 年河南省减少耕地各更新类型面积及其国家自然等别、利用等别和经济等别情况详见表 4-19。由表 4-19 可以看出：①建设占用的减少耕地面积最大，达 4.76 万 hm²，占所有减少耕地面积的 76%；耕地退化等其他原因造成的耕地面积减少了 1.1 万 hm²，占全部减少耕地面积的 18%；而农业结构调整、生态退耕和净面积减少共减少耕地面积不足 0.41 万 hm²，其中净面积减少面积最小，仅 85.08hm²。②与净面积增加新增耕地质量等别最高类似，净面积减少导致减少的耕地质量等别最高；其次是建设占用和农业结构调整；生态退耕导致减少的耕地质量等别，尤其是国家利用等别和经济等别均是最低的，原因在于这些耕地本身就位于不易耕种的山地、丘陵区，作物产量低、投入高。

表 4-19 2011~2013 年河南省各更新类型减少耕地面积及其国家自然等别、利用等别和经济等别情况

更新类型	减少耕地面积/hm²	国家自然等别	国家利用等别	国家经济等别
建设占用	47 647.04	6.66	7.10	6.47
农业结构调整	3 898.72	6.65	7.14	6.59
生态退耕	115.15	6.69	7.51	6.73
净面积减少	85.08	6.50	6.49	6.09
其他	10 982.37	6.86	7.28	6.60

（二）河南省各地级市减少耕地面积及其质量等别

本书根据各地级市所辖县级单位的减少耕地面积，统计得到 2011~2013 年

河南省 18 个地级市减少耕地总面积,以及国家自然等别、利用等别和经济等别不同等别减少耕地面积,详见表 4-20～表 4-22。就耕地面积而言,郑州市、南阳市减少耕地面积最大,均大于 0.7 万 hm²;漯河市和济源市减少耕地面积最小,均不足 0.1 万 hm²。

表 4-20 2011～2013 年河南省各地级市耕地国家自然等别减少耕地面积 单位:hm²

地级市	5等	6等	7等	8等	9等	10等	11等	合计
郑州市	0.00	3814.71	3713.46	279.00	46.88	6.50	0.00	7860.55
开封市	0.00	205.83	3376.85	216.10	0.00	0.00	0.00	3798.78
洛阳市	439.93	2560.12	385.73	291.54	476.07	51.15	0.36	4204.90
平顶山市	0.00	216.26	1330.39	128.64	58.30	0.16	0.00	1733.75
安阳市	229.58	2819.61	598.11	184.97	86.06	76.98	1.58	3996.89
鹤壁市	0.16	1969.40	113.91	1.33	6.80	3.27	0.00	2094.87
新乡市	34.39	3347.27	655.08	26.74	23.09	5.95	0.40	4092.92
焦作市	123.61	2485.92	164.11	11.68	0.20	6.67	0.00	2792.19
濮阳市	0.15	3022.05	79.60	0.00	0.00	0.00	0.00	3101.80
许昌市	0.00	41.26	3080.29	8.57	100.35	0.40	0.00	3230.87
漯河市	0.00	5.90	809.18	165.34	0.00	0.00	0.00	980.42
三门峡市	0.00	324.95	266.21	143.06	369.67	54.13	7.52	1165.54
南阳市	11.53	218.60	5177.28	1129.63	609.16	34.44	0.00	7180.64
商丘市	0.00	2096.48	2980.96	0.00	0.00	0.00	0.00	5077.44
信阳市	3.91	1584.98	559.49	246.17	0.79	0.00	0.00	2395.34
周口市	0.00	0.00	3920.47	6.59	0.00	0.00	0.00	3927.06
驻马店市	0.00	0.00	3747.23	531.41	0.20	0.00	0.00	4278.84
济源市	79.62	621.24	88.64	23.47	2.28	0.09	0.22	815.56

表 4-21 2011～2013 年河南省各地级市耕地国家利用等别减少耕地面积 单位:hm²

地级市	4等	5等	6等	7等	8等	9等	10等	11等	12等	合计
郑州市	0.00	2.22	917.66	4534.47	2335.67	62.63	7.90	0.00	0.00	7860.55
开封市	0.00	0.00	31.72	2006.16	1757.64	3.26	0.00	0.00	0.00	3798.78
洛阳市	0.00	24.75	1470.32	1594.54	287.82	530.60	267.56	29.31	0.00	4204.90
平顶山市	0.00	0.00	169.25	468.84	795.11	225.63	74.92	0.00	0.00	1733.75
安阳市	0.00	17.51	1094.04	1726.03	576.11	418.38	158.93	5.88	0.01	3996.89
鹤壁市	0.00	0.00	1055.76	806.11	194.77	28.16	10.07	0.00	0.00	2094.87
新乡市	0.00	644.38	2182.7	972.85	242.21	43.77	5.89	1.02	0.00	4092.92
焦作市	30.25	1373.29	916.93	412.82	44.32	7.91	6.65	0.00	0.00	2792.19
濮阳市	0.00	1.75	293.69	2753.08	53.28	0.00	0.00	0.00	0.00	3101.80

续表

地级市	4等	5等	6等	7等	8等	9等	10等	11等	12等	合计
许昌市	0.00	0.00	326.05	2691.16	112.89	43.78	56.99	0.00	0.00	3230.87
漯河市	0.00	0.00	7.40	663.85	309.17	0.00	0.00	0.00	0.00	980.42
三门峡市	0.00	0.00	0.00	418.52	197.30	360.88	147.09	41.75	0.00	1165.54
南阳市	0.00	0.00	25.25	4039.54	2052.53	553.09	491.00	19.23	0.00	7180.64
商丘市	0.00	0.00	1563.11	3406.69	107.64	0.00	0.00	0.00	0.00	5077.44
信阳市	0.00	0.00	0.09	556.28	1457.03	381.17	0.77	0.00	0.00	2395.34
周口市	0.00	0.00	247.95	3446.95	232.16	0.00	0.00	0.00	0.00	3927.06
驻马店市	0.00	0.00	0.00	1918.96	1890.39	468.13	1.36	0.00	0.00	4278.84
济源市	0.00	0.00	113.73	573.80	102.98	19.72	5.10	0.23	0.00	815.56

表 4-22 2011～2013 年河南省各地级市耕地国家经济等别减少耕地面积 单位：hm²

地级市	4等	5等	6等	7等	8等	9等	10等	11等	合计
郑州市	0.00	128.27	2994.20	4024.17	700.21	10.22	3.48	0.00	7860.55
开封市	0.00	11.79	1460.64	2113.58	212.77	0.00	0.00	0.00	3798.78
洛阳市	432.27	963.79	1587.32	345.67	479.19	246.24	150.42	0.00	4204.90
平顶山市	0.00	143.93	460.98	696.28	327.67	104.80	0.09	0.00	1733.75
安阳市	0.00	364.35	1139.97	1348.67	644.93	341.62	156.64	0.71	3996.89
鹤壁市	0.00	570.00	1148.39	145.79	194.43	26.18	10.08	0.00	2094.87
新乡市	459.63	1744.52	1190.31	634.22	55.32	2.61	6.31	0.00	4092.92
焦作市	1297.22	597.33	759.70	113.08	15.54	2.65	6.67	0.00	2792.19
濮阳市	5.59	402.04	1454.18	1208.27	31.72	0.00	0.00	0.00	3101.80
许昌市	0.00	2.62	2664.00	453.56	23.84	86.81	0.04	0.00	3230.87
漯河市	0.00	0.00	518.80	461.54	0.08	0.00	0.00	0.00	980.42
三门峡市	0.00	0.00	165.10	409.59	298.60	221.36	70.20	0.69	1165.54
南阳市	0.00	11.69	2302.26	3644.02	573.65	529.10	119.92	0.00	7180.64
商丘市	0.00	147.31	4663.84	264.05	2.24	0.00	0.00	0.00	5077.44
信阳市	0.00	0.17	414.18	400.46	1533.02	47.51	0.00	0.00	2395.34
周口市	0.00	0.43	1624.65	2276.59	25.39	0.00	0.00	0.00	3927.06
驻马店市	0.00	0.00	995.55	2027.63	1223.88	31.78	0.00	0.00	4278.84
济源市	0.00	1.09	566.90	156.13	83.80	6.57	1.07	0.00	815.56

表 4-20 显示，郑州市、洛阳市、安阳市、鹤壁市、新乡市、焦作市、濮阳市、信阳市和济源市 9 个地级市减少耕地国家自然等别主要为 6 等；开封市、平顶山市、许昌市、漯河市、南阳市、商丘市、周口市和驻马店市 8 个地级市减少耕地国家自然等别主要为 7 等；三门峡市减少耕地国家自然等别主要为 9 等。

表4-21显示，焦作市减少耕地国家利用等别主要为5等；鹤壁市和新乡市两个地级市减少耕地国家利用等别主要为6等；郑州市、开封市、洛阳市、安阳市、濮阳市、许昌市、漯河市、三门峡市、南阳市、商丘市、周口市、驻马店市和济源市13个地级市减少耕地国家利用等别主要为7等；平顶山市和信阳市两个地级市减少耕地国家利用等别主要为8等。

表4-22显示，焦作市减少耕地国家经济等别主要为4等；新乡市减少耕地国家经济等别主要为5等；洛阳市、鹤壁市、濮阳市、许昌市、漯河市、商丘市和济源市7个地级市减少耕地国家经济等别主要为6等；郑州市、开封市、平顶山市、安阳市、三门峡市、南阳市、周口市和驻马店市8个地级市减少耕地国家经济等别主要为7等；信阳市减少耕地国家经济等别主要为8等。

2011~2013年河南省18个地级市减少耕地国家自然等别、利用等别和经济等别情况详见表4-23。由表4-23可以看出，濮阳市、焦作市、鹤壁市和济源市减少耕地国家自然等别最高且均高于6.1等；三门峡市减少耕地国家自然等别最低，为7.64等。

表4-23　2011~2013年河南省各地级市减少耕地国家自然等别、利用等别和经济等别情况

地级市	国家自然等别	国家利用等别	国家经济等别
郑州市	6.56	7.20	6.68
开封市	7.00	7.46	6.67
洛阳市	6.51	7.18	6.19
平顶山市	7.02	7.75	6.88
安阳市	6.33	7.20	6.98
鹤壁市	6.07	6.63	6.04
新乡市	6.19	6.24	5.54
焦作市	6.03	5.68	4.92
濮阳市	6.03	6.92	6.28
许昌市	7.05	7.01	6.23
漯河市	7.16	7.31	6.47
三门峡市	7.64	8.31	7.68
南阳市	7.31	7.65	6.95
商丘市	6.59	6.71	6.02
信阳市	6.44	7.93	7.51
周口市	7.00	7.00	6.59
驻马店市	7.12	7.66	7.07
济源市	6.08	7.06	6.43

与国家自然等别相似,焦作市减少耕地国家利用等别同样居各地级市首位,为 5.68 等,其次是新乡市、鹤壁市、商丘市和濮阳市,其减少的耕地国家利用等别均高于 7 等;三门峡市减少耕地国家利用等别最低,仅为 8.31 等,其次是信阳市、平顶山市、驻马店市和南阳市,减少耕地国家利用等别均不足 7.5 等。

与国家自然等别和利用等别相似,焦作市减少耕地国家经济等别同样居各地级市首位,为 4.92 等,其次是新乡市,其国家经济等别高于 6 等;三门峡市和信阳市减少耕地国家经济等别最低,均不足 7 等。

四、河南省新增和减少耕地面积及其质量对比分析

(一)河南省新增和减少耕地面积与质量对比

2011~2013 年,河南省共减少耕地 62 728.36hm²,新增耕地 41 537.02hm²,减少耕地面积大于新增耕地面积(表 4-24)。由表 4-24 还可以看出,减少耕地国家自然等别、利用等别和经济等别均高于新增耕地的三组等别,也就是说,占用耕地等别较高,新增耕地等别较低。

表 4-24 2011~2013 年河南省新增和减少耕地面积及其国家自然等别、利用等别和经济等别情况

增减耕地	总面积/hm²	国家自然等别	国家利用等别	国家经济等别
减少耕地	62 728.36	6.69	7.14	6.50
新增耕地	41 537.02	6.90	7.46	6.88

(二)河南省各地级市新增和减少耕地面积与质量对比

本书根据各市所辖县级单位的新增和减少耕地面积,统计得到 2011~2013 年河南省 18 个地级市新增和减少耕地面积,详见表 4-25。由表 4-25 可以得出,18 个地级市中有 11 个地级市的新增耕地面积小于减少耕地面积,8 个地级市的新增耕地面积与减少耕地面积差超过 0.1 万 hm²,差值最大的是郑州市,新增耕地面积比减少耕地面积少了 5119.66hm²,其次是驻马店市和周口市,新增耕地面积与减少耕地面积之间的差值均超过了 3000hm²;7 个地级市的新增耕地面积大于减少耕地面积,但差值整体不大,差值最大的是新乡市,新增耕地面积比减少耕地面积多 540.89hm²,其次是三门峡市(368.49hm²)和信阳市(302.43hm²),剩余 4 个地级市的新增耕地面积仅比减少耕地面积多 100hm² 左右。

表 4-25 2011~2013 年河南省各地级市新增和减少耕地面积　　　单位:hm²

地级市	减少耕地面积	新增耕地面积	面积差值
郑州市	7860.55	2740.89	−5119.66

续表

地级市	减少耕地面积	新增耕地面积	面积差值
开封市	3798.78	1641.85	−2156.93
洛阳市	4204.90	3674.57	−530.33
平顶山市	1733.75	1847.75	114.00
安阳市	3996.89	4124.67	127.78
鹤壁市	2094.87	200.84	−1894.03
新乡市	4092.92	4633.81	540.89
焦作市	2792.19	2883.02	90.83
濮阳市	3101.80	3217.73	115.93
许昌市	3230.87	1122.42	−2108.45
漯河市	980.42	486.63	−493.79
三门峡市	1165.54	1534.03	368.49
南阳市	7180.64	5692.31	−1488.33
商丘市	5077.44	3286.60	−1790.84
信阳市	2395.34	2697.77	302.43
周口市	3927.06	805.91	−3121.15
驻马店市	4278.84	830.99	−3447.85
济源市	815.56	115.23	−700.33

表 4-26 为 2011～2013 年河南省 18 个地级市新增和减少耕地国家自然等别、利用等别和经济等别的差值。由表 4-26 可以得出，郑州市、南阳市、焦作市和开封市 4 个地级市的新增耕地国家自然等别高于减少耕地国家自然等别，其中郑州市新增耕地国家自然等别比减少耕地国家自然等别高出 0.23 个等，是所有地级市中最高的。商丘市和周口市 2 个地级市的新增耕地国家自然等别和减少耕地国家自然等别相同。剩余 12 个地级市新增耕地国家自然等别均低于减少耕地国家自然等别，其中以洛阳市、鹤壁市和三门峡市最为明显，新增耕地国家自然等别比减少耕地国家自然等别均低出 1 个等左右。

表 4-26　2011～2013 年河南省各地级市新增和减少耕地国家等别差值

地级市	国家自然等别差值	国家利用等别差值	国家经济等别差值
郑州市	0.23	0.67	0.34
开封市	0.02	0.14	−0.25
洛阳市	−1.54	−1.48	−1.68

续表

地级市	国家自然等别差值	国家利用等别差值	国家经济等别差值
平顶山市	−0.39	−0.74	−0.80
安阳市	−0.57	−0.49	−0.49
鹤壁市	−0.93	−1.19	−1.47
新乡市	−0.02	−0.55	−0.72
焦作市	0.03	−0.34	−0.47
濮阳市	−0.28	0.08	0.04
许昌市	−0.13	−0.30	−0.24
漯河市	−0.48	−0.34	−0.67
三门峡市	−0.76	−0.76	−0.76
南阳市	0.09	−0.26	−0.19
商丘市	0.00	−0.15	−0.16
信阳市	−0.34	0.01	0.06
周口市	0.00	0.06	0.39
驻马店市	−0.26	−0.70	−0.63
济源市	−0.51	−0.59	−0.86

注：表中等别差值为减少耕地质量等别减去新增耕地质量等别的差值，差值=0表示该市新增耕地质量等别和减少耕地质量等别相当；差值>0表示该市新增耕地质量等别高于减少耕地质量等别；差值<0表示该市减少耕地质量等别高于新增耕地质量等别

郑州市、开封市、濮阳市、周口市和信阳市5个地级市的新增耕地国家利用等别高于减少耕地国家利用等别，其中郑州市新增耕地国家利用等别比减少耕地国家利用等别高出0.67个等，是所有地级市中最高的；剩余13个地级市新增耕地国家利用等别均低于减少耕地国家利用等别，其中以洛阳市、鹤壁市、三门峡市和平顶山市4个地级市最为明显，新增耕地国家利用等别比减少耕地国家利用等别均低出0.7个等以上。

周口市、郑州市、信阳市和濮阳市4个地级市的新增耕地国家经济等别高于减少耕地国家经济等别，其中周口市新增耕地国家经济等别比减少耕地国家经济等别高出0.39个等，是所有地级市中最高的；剩余14个地级市新增耕地国家经济等别均低于减少耕地国家经济等别，其中以洛阳市、鹤壁市、济源市和平顶山市4个地级市最为明显，新增耕地国家经济等别比减少耕地国家经济等别均低出0.8个等以上。

（三）河南省各地级市市辖区新增和减少耕地面积与质量对比

2011～2013年河南省18个地级市市辖区新增和减少耕地面积详见表4-27。

由表 4-27 可以得出：①各市辖区新增耕地面积均较小，超过 200hm² 的市辖区仅有商丘市辖区和郑州市辖区。②郑州市辖区减少耕地面积最大，达 2284.56hm²，其次，商丘市辖区、南阳市辖区、开封市辖区和濮阳市辖区减少耕地面积也均大于 0.1 万 hm²。③18 个地市中除了三门峡市辖区新增耕地面积比减少耕地面积多外，其余 17 个市辖区新增耕地面积均小于减少耕地面积，其中面积差超过 0.1 万 hm² 的有 4 个市辖区，分别是郑州市辖区、南阳市辖区、开封市辖区和濮阳市辖区，郑州市辖区减少耕地面积比新增耕地面积大 2054.20hm²。

表 4-27　2011~2013 年河南省各地级市市辖区新增和减少耕地面积　　单位：hm²

市辖区	减少耕地面积	新增耕地面积	面积差值
郑州市辖区	2284.56	230.36	-2054.20
开封市辖区	1149.00	0.44	-1148.56
洛阳市辖区	699.64	3.38	-696.26
平顶山市辖区	194.36	0.02	-194.34
安阳市辖区	844.65	167.77	-676.88
鹤壁市辖区	790.91	120.65	-670.26
新乡市辖区	328.13	0.00	-328.13
焦作市辖区	758.91	0.03	-758.88
濮阳市辖区	1139.05	0.00	-1139.05
许昌市辖区	206.77	13.81	-192.96
漯河市辖区	543.41	78.26	-465.15
三门峡市辖区	41.55	189.95	148.40
南阳市辖区	1375.88	152.93	-1222.95
商丘市辖区	1529.66	714.90	-814.76
信阳市辖区	726.58	90.50	-636.08
周口市辖区	739.76	0.00	-739.76
驻马店市辖区	839.62	18.99	-820.63
济源市辖区	815.56	115.23	-700.33

表 4-28 为 2011~2013 年河南省 18 个地级市市辖区新增和减少耕地国家自然等别、利用等别与经济等别情况。郑州市辖区新增耕地国家自然等别最高，为 5.53 等，其次是焦作市辖区，新增耕地国家自然等别为 5.94 等；洛阳市辖区新增耕地国家自然等别最低，为 9.00 等；另外，周口市辖区、濮阳市辖区和新乡市辖区没有新增耕地。洛阳市辖区和安阳市辖区减少耕地国家自然等别均高于 6 等，其次是濮阳市辖区、新乡市辖区、济源市辖区和焦作市辖区，减少耕地国家自然等别

均高于6.1等；平顶山市辖区减少耕地国家自然等别最低，为7.28等，其次是南阳市辖区、漯河市辖区和开封市辖区，减少耕地国家自然等别均低于7等。

表4-28 2011~2013年河南省各地级市市辖区新增和减少耕地国家自然等别、利用等别与经济等别情况

市辖区	国家自然等别 新增耕地	国家自然等别 减少耕地	国家自然等别 差值	国家利用等别 新增耕地	国家利用等别 减少耕地	国家利用等别 差值	国家经济等别 新增耕地	国家经济等别 减少耕地	国家经济等别 差值
郑州市辖区	5.53	6.25	0.72	6.07	6.87	0.80	5.09	6.47	1.38
开封市辖区	6.45	7.03	0.58	7.25	7.68	0.43	7.20	7.05	−0.15
洛阳市辖区	9.00	5.88	−3.12	9.95	6.76	−3.19	9.00	5.89	−3.11
平顶山市辖区	7.00	7.28	0.28	8.00	8.23	0.23	7.00	7.38	0.38
安阳市辖区	6.39	5.93	−0.46	7.90	6.85	−1.05	7.63	6.69	−0.94
鹤壁市辖区	7.65	6.19	−1.46	8.45	7.15	−1.30	8.34	6.62	−1.72
新乡市辖区	0.00	6.01	0.00	0.00	5.22	0.00	0.00	4.30	0.00
焦作市辖区	5.94	6.09	0.15	5.07	5.97	0.90	4.07	5.31	1.24
濮阳市辖区	0.00	6.00	0.00	0.00	6.94	0.00	0.00	6.63	0.00
许昌市辖区	6.76	7.00	0.24	6.76	7.00	0.24	6.00	6.00	0.00
漯河市辖区	7.00	7.10	0.10	7.10	7.22	0.12	6.65	6.45	−0.20
三门峡市辖区	6.80	6.10	−0.70	7.70	7.04	−0.66	6.70	6.66	−0.04
南阳市辖区	8.24	7.17	−1.07	8.28	7.34	−0.94	7.29	6.47	−0.82
商丘市辖区	6.37	6.25	−0.12	6.99	6.39	−0.60	6.39	6.05	−0.34
信阳市辖区	6.30	6.23	−0.07	7.67	7.89	0.22	7.62	7.62	0.00
周口市辖区	0.00	7.00	0.00	0.00	7.00	0.00	0.00	6.92	0.00
驻马店市辖区	7.10	7.00	−0.10	7.92	7.55	−0.37	6.92	7.07	0.15
济源市辖区	6.59	6.08	−0.51	7.65	7.06	−0.59	7.29	6.43	−0.86

注：表中等别差为减少耕地质量等别减去新增耕地质量等别的差值，差值=0表示该市新增耕地质量等别和减少耕地质量等别相当；差值>0表示该市新增耕地质量等别高于减少耕地质量等别；差值<0表示该市减少耕地质量等别高于新增耕地质量等别

焦作市辖区新增耕地国家利用等别最高，为5.07等，其次是郑州市辖区，新增耕地国家利用等别为6.07等；洛阳市辖区新增耕地国家利用等别最低，为9.95等；另外，周口市辖区、濮阳市辖区、新乡市辖区没有新增耕地。新乡市辖区和焦作市辖区减少耕地国家利用等别均高于6等，其次是商丘市辖区、洛阳市辖区、安阳市辖区、郑州市辖区和濮阳市辖区，减少耕地国家利用等别均高于7等；平顶山市辖区减少耕地国家利用等别最低，为8.23等。

焦作市辖区新增耕地国家经济等别是全省各地级市市辖区中最高，为

4.07 等，其次是郑州市辖区（5.09 等）；洛阳市辖区新增耕地国家经济等别最低，为 9.00 等。新乡市辖区减少耕地国家经济等别最高，为 4.30 等，其次是焦作市辖区、洛阳市辖区，减少耕地国家经济等别均高于 6 等；信阳市辖区减少耕地国家经济等别最低，为 7.62 等，其次是平顶山市辖区、驻马店市辖区和开封市辖区，减少耕地国家经济等别均不足 7 等。

由表 4-28 可以得出，郑州市辖区、开封市辖区、平顶山市辖区、许昌市辖区、焦作市辖区和漯河市辖区 6 个市辖区新增耕地国家自然等别高于减少耕地国家自然等别，其中郑州市辖区新增耕地国家自然等别比减少耕地国家自然等别高出 0.72 等，是所有地级市市辖区中最高的，其次是开封市辖区（高出 0.58 等）；周口市辖区、濮阳市辖区和新乡市辖区无新增耕地；剩余 9 个地级市市辖区新增耕地国家自然等别均低于减少耕地国家自然等别，其中以洛阳市辖区最为突出，新增耕地国家自然等别比减少耕地国家自然等别低 3 个等。

焦作市辖区、郑州市辖区、开封市辖区、许昌市辖区、平顶山市辖区、信阳市辖区和漯河市辖区 7 个市辖区新增耕地国家利用等别高于减少耕地国家利用等别，其中焦作市辖区新增耕地国家利用等别比减少耕地国家利用等别高出 0.9 个等，是所有地级市市辖区中最高的；周口市辖区、濮阳市辖区和新乡市辖区无新增耕地；剩余 8 个地级市市辖区新增耕地国家利用等别均低于减少耕地国家利用等别，其中以洛阳市辖区最为突出，新增耕地国家利用等别比减少耕地国家利用等别低 3.19 个等。

郑州市辖区、焦作市辖区、平顶山市辖区和驻马店市辖区 4 个市辖区新增耕地国家经济等别高于减少耕地国家经济等别，其中郑州市辖区新增耕地国家经济等别比减少耕地国家经济等别高出 1.38 个等，是所有地级市市辖区中最高的，其次是焦作市辖区（高出 1.24 等）；许昌市辖区和信阳市辖区新增耕地国家经济等别与减少耕地国家经济等别均相同；周口市辖区、濮阳市辖区和新乡市辖区无新增耕地；剩余 9 个地级市市辖区新增耕地国家经济等别均低于减少耕地国家经济等别，其中以洛阳市辖区最为突出，新增耕地国家经济等别比减少耕地国家经济等别低 3.11 等。

五、河南省耕地质量建设等别变化

（一）河南省耕地质量建设前后等别变化

本书依据 2011 年耕地质量等别完善成果和 2013 年耕地更新评价结果，得到了 2011~2013 年河南省质量建设前后耕地国家自然等别、利用等别和经济等别面积变化情况，详见表 4-29。

表 4-29　2011~2013 年河南省质量建设前后耕地国家自然等别、利用等别和经济等别面积变化情况　　单位：hm²

等别	国家自然等别 建设前	国家自然等别 建设后	国家利用等别 建设前	国家利用等别 建设后	国家经济等别 建设前	国家经济等别 建设后
4 等	0.00	0.00	87.68	795.05	26 054.75	34 456.98
5 等	982.87	4 221.43	30 496.51	38 002.18	53 406.85	64 947.36
6 等	190 377.35	227 301.52	78 920.56	102 737.32	180 015.41	264 149.79
7 等	335 702.25	330 357.01	258 410.76	303 641.69	210 553.42	136 183.01
8 等	44 332.51	15 939.42	161 577.86	112 263.03	95 321.06	77 286.91
9 等	9 017.85	2 715.55	47 152.14	21 976.36	15 444.06	3 570.71
10 等	1 521.58	842.34	5 794.41	1 397.71	1 302.44	785.32
11 等	169.50	7.82	821.36	571.72	5.92	5.01
总面积	582 103.91	581 385.09	582 103.91	581 385.09	582 103.91	581 385.09
平均等别	6.79	6.64	7.25	6.96	6.60	6.29

由表 4-29 可以看出，虽然建设前后耕地国家自然等别均以等别较高的 6~7 等为主，但建设前 6~7 等耕地面积占全部建设前耕地面积的 90%，而建设后则占到了 96%，即建设后高等别耕地面积比例有所提升。国家利用等别中，等别较高的 4~7 等耕地面积占全部建设前耕地面积的比例是 63%，在建设后耕地面积的比例提升到了 77%，并且建设后 4~7 等的耕地面积均高于建设前的面积，即建设后高等别耕地面积比例有所提升。国家经济等别中，等别较高的 4~7 等耕地面积占全部建设前耕地面积的比例是 81%，在建设后耕地面积的比例提升到了 86%，且建设后 4~6 等的耕地面积均高于建设前的面积，即建设后高等别耕地面积比例有所提升。

总之，质量建设区耕地建设后的耕地质量等别均有提升，国家自然等别、国家利用等别和国家经济等别的提升幅度均在 0.15 等以上，其中，国家自然等别从建设前的 6.79 等提升到建设后的 6.64 等，国家利用等别从建设前的 7.25 等提升到建设后的 6.96 等，国家经济等别从建设前的 6.60 等提升到建设后的 6.29 等。

表 4-30 是 2011~2013 年河南省质量建设耕地分地类国家自然等别、国家利用等别和国家经济等别面积。由表 4-30 可以看出：①质量建设耕地以水浇地为主，面积约为 36 万 hm²，占到了全部耕地质量建设面积的 62%；其次是旱地，约 14.3 万 hm²，占全部耕地质量建设面积的 25%；质量建设耕地中水田面积最小，不足 7.7 万 hm²，仅占全部耕地质量建设面积的 13%。②质量建设耕地中水田国家自然等别明显高于水浇地和旱地国家自然等别；建设区水田国家利用等别却显著低于水浇地，稍高于旱地；而国家经济等别却是水浇地最高、旱地次之、水田最低。原因在于，水田光、热、水等耕地自然因素最好，国家自然等别自然最高；建设

区旱地虽为旱地，但多数建设区均具备灌溉条件，产量水平不低，因此旱地国家利用等别与水田基本相当；与旱地的种植作物玉米相比，水稻投入较高，这造成质量建设耕地中水田国家经济等别最低。

表4-30　2011～2013年河南省质量建设耕地分地类面积及其国家自然等别、利用等别和经济等别情况

耕地类型	面积/hm²	国家自然等别	国家利用等别	国家经济等别
水田	76 702.93	6.30	7.48	7.11
水浇地	361 976.47	6.56	6.64	5.90
旱地	142 705.69	7.01	7.53	6.84

表4-31是2011～2013年河南省各更新类型质量建设耕地等别面积。由表4-31可以看出：①质量建设耕地中土地整理面积最大，约为26.4万hm²，其次是农田水利建设和农业综合开发，面积也均超过了10万hm²，三者占到了全部建设耕地面积的近90%。②在所有质量建设耕地类型中，高标准基本农田建设耕地质量等别最高，原因在于这些耕地本身就是河南省耕作条件最好、粮食产量最高的区域，因此建设后等别最高；土地整理耕地质量等别紧随其后，等别同样较高；其他耕地质量等别水平与土地整理相当，原因是其他耕地中包含全国新增0.1万亿斤[①]粮食生产能力项目等，因此质量水平相对较高；农业综合开发和农田水利建设耕地的国家利用等别和经济等别低于土地整理，这印证了土地整理工程提升耕地质量水平的突出功能；土地复垦耕地质量水平最低，原因是这些区域耕地多分布在山区、矿区等附近，耕地质量水平本身较低，建设后等别虽有提升，但总体水平仍然偏低。

表4-31　2011～2013年河南省各更新类型耕地质量建设面积及其国家自然等别、利用等别和经济等别情况

更新类型	面积/hm²	国家自然等别	国家利用等别	国家经济等别
土地整理	263 786.78	6.69	6.87	6.11
土地复垦	716.31	6.91	8.27	7.79
高标准基本农田建设	43 962.56	6.45	6.30	5.59
农田水利建设	120 412.74	6.64	7.34	6.79
农业综合开发	121 871.33	6.59	7.05	6.47
其他	30 635.44	6.63	6.97	6.17

（二）河南省各地级市耕地质量建设前后等别变化

本书根据各市所辖县级单位质量建设后耕地面积，统计得到2011～2013年

---

① 1斤=500克。

河南省 18 个地级市耕地质量建设总面积，以及国家自然等别、利用等别和经济等别不同等耕地面积，详见表 4-32～表 4-34。就质量建设前耕地面积而言，南阳市、信阳市和新乡市耕地质量建设面积最大，分别为 9.00 万 hm^2、8.87 万 hm^2、7.58 万 hm^2；其次是周口市和驻马店市，耕地质量建设面积均在 5 万 hm^2 以上。安阳市没有进行耕地质量建设。郑州市、开封市、济源市、三门峡市和鹤壁市耕地质量建设面积均不足 1 万 hm^2。

表 4-32 2011～2013 年河南省各地级市耕地质量建设前后各国家自然等别面积

单位：hm^2

地级市	类别	5 等	6 等	7 等	8 等	9 等	10 等	11 等	合计
郑州市	建设后	0.0	3 981.7	4 080.9	7.6	0.0	0.0	0.0	8 070.2
	建设前	0.0	2 659.8	4 070.0	1351.1	0.0	0.0	0.0	8 080.8
开封市	建设后	0.0	0.0	3 075.0	0.0	0.0	0.0	0.0	3 075.0
	建设前	0.0	0.0	3 093.0	0.0	0.0	0.0	0.0	3 093.0
洛阳市	建设后	962.5	5 772.0	1 240.1	1 656.9	1 152.1	31.5	0.0	10 814.9
	建设前	870.1	5 477.0	981.9	790.1	2 528.7	183.0	0.0	10 830.8
平顶山市	建设后	0.0	6 834.6	15 722.0	407.1	45.3	0.0	0.0	23 009.0
	建设前	0.0	1 779.2	20 305.4	535.3	389.6	0.0	0.0	23 009.5
安阳市	建设后	0.0	0.0	0.0	0.0	0.0	0.0	0.0	0.0
	建设前	0.0	0.0	0.0	0.0	0.0	0.0	0.0	0.0
鹤壁市	建设后	0.0	6 006.7	0.5	0.0	0.0	0.0	0.0	6 007.1
	建设前	0.0	5 966.7	40.5	0.0	0.0	0.0	0.0	6 007.1
新乡市	建设后	1 449.5	64 218.0	9 844.1	2.2	71.6	92.8	0.0	75 678.2
	建设前	0.0	53 513.5	22 072.1	29.1	134.3	95.0	0.0	75 844.0
焦作市	建设后	454.6	19 608.2	95.3	46.0	16.7	10.1	7.8	20 238.7
	建设前	41.0	20 019.3	15.8	127.8	16.7	10.1	7.8	20 238.3
濮阳市	建设后	194.8	30 456.2	1 154.6	0.0	0.0	0.0	0.0	31 805.5
	建设前	0.0	27 513.0	4 292.5	0.0	0.0	0.0	0.0	31 805.5
许昌市	建设后	0.0	2 085.9	33 194.0	0.0	11.2	0.0	0.0	35 291.0
	建设前	0.0	5.9	35 157.4	110.7	15.5	1.5	0.0	35 291.0
漯河市	建设后	0.0	0.0	23 478.5	0.0	0.0	0.0	0.0	23 478.5
	建设前	0.0	0.0	17 162.0	6 343.3	0.0	0.0	0.0	23 505.3
三门峡市	建设后	0.0	1 158.3	1 046.2	741.0	810.9	672.9	0.0	4 429.3
	建设前	0.0	833.1	1 214.5	355.2	1082.1	806.1	161.7	4 452.2
南阳市	建设后	185.3	6 976.9	72 184.0	9 889.6	568.6	13.3	0.0	89 817.7
	建设前	8.5	6 151.4	70 813.1	8 721.4	4 080.2	195.9	0.0	89 970.4
商丘市	建设后	0.0	24 665.9	14 486.7	0.0	0.0	0.0	0.0	39 152.6

续表

地级市	类别	5等	6等	7等	8等	9等	10等	11等	合计
商丘市	建设前	0.0	19 279.4	19 895.1	0.0	0.0	0.0	0.0	39 174.4
信阳市	建设后	148.7	49 465.3	36 380.5	2701.3	39.3	0.0	0.0	88 735.0
	建设前	63.3	45 237.6	23 142.9	19 919.0	372.2	0.0	0.0	88 735.0
周口市	建设后	0.0	0.0	68 353.5	0.0	0.0	0.0	0.0	68 353.5
	建设前	0.0	0.0	68 134.8	434.6	0.0	0.0	0.0	68 569.4
驻马店市	建设后	0.0	4 824.7	45 288.0	193.9	0.0	0.0	0.0	50 306.6
	建设前	0.0	0.0	44 972.3	5 368.6	33.6	0.0	0.0	50 374.5
济源市	建设后	826.2	1 247.3	733.4	293.9	0.0	21.6	0.0	3 122.4
	建设前	0.0	1 941.5	339.4	246.5	364.9	230.0	0.0	3 122.4

表 4-33　2011～2013 年河南省各地级市耕地质量建设前后各国家利用等别面积

单位：hm^2

地级市	类别	4等	5等	6等	7等	8等	9等	10等	11等	合计
郑州市	建设后	0.0	0.0	674.4	5 098.2	2 297.6	0.0	0.0	0.0	8 070.2
	建设前	0.0	0.0	466.1	4 079.1	3 058.8	476.9	0.0	0.0	8 080.8
开封市	建设后	0.0	0.0	0.0	2 867.8	207.2	0.0	0.0	0.0	3 075.0
	建设前	0.0	0.0	0.0	2 256.4	836.6	0.0	0.0	0.0	3 093.0
洛阳市	建设后	0.0	235.4	3 725.3	2 767.9	1 241.6	2 655.7	162.8	26.2	10 814.9
	建设前	0.0	35.4	3 105.7	3 446.6	571.9	2 107.9	1 531.6	31.7	10 830.8
平顶山市	建设后	0.0	0.0	1 100.4	12 127.4	9 163.7	579.4	38.1	0.0	23 009.0
	建设前	0.0	0.0	758.3	11 708.4	9 756.9	250.5	535.4	0.0	23 009.5
安阳市	建设后	0.0	0.0	0.0	0.0	0.0	0.0	0.0	0.0	0.0
	建设前	0.0	0.0	0.0	0.0	0.0	0.0	0.0	0.0	0.0
鹤壁市	建设后	0.0	440.8	5 268.7	297.7	0.0	0.0	0.0	0.0	6 007.1
	建设前	0.0	0.0	3 920.8	2 085.9	0.5	0.0	0.0	0.0	6 007.1
新乡市	建设后	0.0	23 182.2	33 232.6	15 677.9	3 421.1	151.4	13.0	0.0	75 678.2
	建设前	0.0	17 948.8	27 929.6	22 775.9	6 960.3	134.3	95.0	0.0	75 844.0
焦作市	建设后	795.1	12 364.2	6 350.1	561.6	121.0	26.6	9.9	10.4	20 238.7
	建设前	87.7	12 230.9	5 536.6	2 207.3	104.1	47.3	9.9	14.6	20 238.3
濮阳市	建设后	0.0	1 666.5	14 456.4	13 798.0	1 884.7	0.0	0.0	0.0	31 805.5
	建设前	0.0	168.4	11 851.5	16 017.9	3 767.7	0.0	0.0	0.0	31 805.5
许昌市	建设后	0.0	0.0	11 074.4	24 187.9	17.6	11.2	0.0	0.0	35 291.0
	建设前	0.0	0.0	3 552.1	30 560.1	1 161.9	11.4	5.6	0.0	35 291.0

续表

地级市	类别	4等	5等	6等	7等	8等	9等	10等	11等	合计
漯河市	建设后	0.0	0.0	2 641.8	20 836.8	0.0	0.0	0.0	0.0	23 478.5
	建设前	0.0	0.0	1 364.0	14 960.9	7 180.5	0.0		0.0	23 505.3
三门峡市	建设后	0.0	0.0	96.2	1 921.8	554.0	663.8	658.3	535.2	4 429.3
	建设前	0.0	0.0	0.0	681.6	1 634.3	467.0	963.9	705.4	4 452.2
南阳市	建设后	0.0	0.0	463.1	71 935.3	11 235.7	5 836.9	346.7	0.0	89 817.7
	建设前	0.0	0.0	216.8	49 104.9	30 413.0	8 689.0	1 546.7	0.0	89 970.4
商丘市	建设后	0.0	113.1	15 734.6	23 305.0	0.0	0.0	0.0	0.0	39 152.6
	建设前	0.0	113.1	14 486.9	24 284.8	289.7	0.0	0.0	0.0	39 174.4
信阳市	建设后	0.0	0.0	620.7	22 478.0	54 730.6	10 769.2	136.4	0.0	88 735.0
	建设前	0.0	0.0	43.3	8 328.6	53 089.5	26 760.8	512.8	0.0	88 735.0
周口市	建设后	0.0	0.0	5 628.6	60 223.8	2 501.1	0.0	0.0	0.0	68 353.5
	建设前	0.0	0.0	4 244.1	52 145.4	13 337.3	0.0	0.0	0.0	68 569.4
驻马店市	建设后	0.0	0.0	0.0	25 290.9	24 345.3	670.4	0.0	0.0	50 306.6
	建设前	0.0	0.0	0.0	13 316.1	29 314.8	7 711.9	31.7	0.0	50 374.5
济源市	建设后	0.0	0.0	1 670.2	265.9	541.9	611.9	32.5	0.0	3 122.4
	建设前	0.0	0.0	1 444.8	451.1	100.0	495.3	561.6	69.6	3 122.4

表 4-34　2011~2013 年河南省各地级市耕地质量建设前后各国家经济等别面积

单位：hm²

地级市	类别	4等	5等	6等	7等	8等	9等	10等	11等	合计
郑州市	建设后	0.0	72.6	2 853.0	4 723.7	420.9	0.0	0.0	0.0	8 070.2
	建设前	0.0	72.0	1 874.6	4 980.1	1154.2	0.0	0.0	0.0	8 080.8
开封市	建设后	0.0	0.0	2 762.1	312.9	0.0	0.0	0.0	0.0	3 075.0
	建设前	0.0	0.0	2 065.4	1 027.6	0.0	0.0	0.0	0.0	3 093.0
洛阳市	建设后	1 089.8	2 590.3	2 662.0	578.6	3 547.8	294.7	51.8	0.0	10 814.9
	建设前	607.6	2 224.7	3 060.7	903.3	2 255.6	697.4	81.5	0.0	10 830.8
平顶山市	建设后	0.0	2 404.7	9 917.7	9 477.6	1 170.8	38.2	0.0	0.0	23 009.0
	建设前	0.0	2 138.4	9 280.7	10 053.5	865.7	671.3	0.0	0.0	23 009.5
安阳市	建设后	0.0	0.0	0.0	0.0	0.0	0.0	0.0	0.0	0.0
	建设前	0.0	0.0	0.0	0.0	0.0	0.0	0.0	0.0	0.0
鹤壁市	建设后	0.0	5 084.4	922.5	0.0	0.0	0.0	0.0	0.0	6 007.1
	建设前	0.0	2 538.8	3 361.5	106.8	0.0	0.0	0.0	0.0	6 007.1
新乡市	建设后	16 438.2	33 253.0	19 187.4	6 635.3	26.4	138.0	0.0	0.0	75 678.2

续表

地级市	类别	4等	5等	6等	7等	8等	9等	10等	11等	合计
新乡市	建设前	11 224.7	29 743.6	20 348.3	14 138.3	187.1	202.0	0.0	0.0	75 844.0
焦作市	建设后	11 864.7	5 477.2	2 720.9	94.4	46.0	16.3	14.2	5.0	20 238.7
	建设前	10 656.2	4 481.2	4 791.5	222.5	40.1	27.4	13.5	5.9	20 238.3
濮阳市	建设后	4 537.0	8 834.6	6 924.4	11 306.7	202.9	0.0	0.0		31 805.5
	建设前	3 038.8	6 521.2	10 447.0	11 595.6	202.9	0.0	0.0		31 805.5
许昌市	建设后	0.0	0.0	31 333.0	3 946.9	2.3	8.9	0.0		35 291.0
	建设前	0.0	0.0	24 040.7	11 221.6	12.2	16.6	0.0		35 291.0
漯河市	建设后	0.0	0.0	23 478.5	0.0	0.0	0.0	0.0		23 478.5
	建设前	0.0	0.0	14 182.7	9 322.6	0.0	0.0	0.0		23 505.3
三门峡市	建设后	0.0	0.0	851.0	1 675.0	618.1	587.8	697.5	0.0	4 429.3
	建设前	0.0	0.0	52.2	1 705.4	687.4	1 097.7	909.5	0.0	4 452.2
南阳市	建设后	0.0	280.3	64 320.3	15 398.4	8 985.2	833.3	0.3	0.0	89 817.7
	建设前	0.0	99.5	24 290.9	53 754.1	7 444.2	4 316.0	65.9	0.0	89 970.4
商丘市	建设后	527.4	6 925.5	27 159.7	4 540.0	0.0	0.0	0.0	0.0	39 152.6
	建设前	527.4	5 565.2	27 455.3	5 626.5	0.0	0.0	0.0	0.0	39 174.4
信阳市	建设后	0.0	0.0	6 180.1	25 911.4	55 124.0	1 519.5	0.0	0.0	88 735.0
	建设前	0.0	0.0	2 211.1	14 881.4	66 144.0	5 498.0	0.5	0.0	88 735.0
周口市	建设后	0.0	0.0	38 817.2	29 536.3	0.0	0.0	0.0	0.0	68 353.5
	建设前	0.0	0.0	20 891.0	45 854.2	1 824.1	0.0	0.0	0.0	68 569.4
驻马店市	建设后	0.0	0.0	22 241.2	21 729.2	6 264.0	72.2	0.0	0.0	50 306.6
	建设前	0.0	0.0	9 883.7	25 007.6	14 160.2	1 323.1	0.0	0.0	50 374.5
济源市	建设后	0.0	24.7	1 818.8	316.7	878.7	61.9	21.6	0.0	3 122.4
	建设前	0.0	22.2	1 778.1	152.5	343.3	594.7	231.6	0.0	3 122.4

表4-32显示，焦作市和济源市耕地质量建设后新增耕地国家自然等别以5等为主；郑州市、平顶山市、鹤壁市、新乡市、濮阳市、许昌市、驻马店市和商丘市耕地质量建设后新增耕地国家自然等别以6等为主；漯河市、南阳市、信阳市和周口市耕地质量建设后新增耕地国家自然等别以7等为主；洛阳市和三门峡市耕地质量建设后新增耕地国家自然等别以8等为主。

表4-33显示，鹤壁市、新乡市、焦作市、濮阳市、许昌市和商丘市耕地质量建设后新增耕地国家利用等别以6等为主；郑州市、开封市、平顶山市、漯河市、三门峡市、南阳市、信阳市、周口市和驻马店市耕地质量建设后新增耕地国家利

用等别以 7 等为主；洛阳市和济源市耕地质量建设后新增耕地国家利用等别以 8 等为主。

表 4-34 显示，新乡市和焦作市耕地质量建设后新增耕地国家经济等别以 4 等为主；鹤壁市、濮阳市和商丘市耕地质量建设后新增耕地国家经济等别以 5 等为主；郑州市、开封市、许昌市、漯河市、三门峡市、南阳市、周口市和驻马店市耕地质量建设后新增耕地国家经济等别以 6 等为主；信阳市耕地质量建设后新增耕地国家经济等别以 7 等为主；洛阳市、平顶山市和济源市耕地质量建设后新增耕地国家经济等别以 8 等为主。

2011~2013 年河南省 18 个地级市耕地质量建设前后国家自然等别、利用等别和经济等别情况详见表 4-35。

表 4-35　2011~2013 年河南省各地级市耕地质量建设前后国家自然等别、利用等别和经济等别情况

地级市	国家自然等别 建设前	国家自然等别 建设后	差值	国家利用等别 建设前	国家利用等别 建设后	差值	国家经济等别 建设前	国家经济等别 建设后	差值
郑州市	6.84	6.51	0.33	7.44	7.20	0.24	6.89	6.68	0.21
开封市	7.00	7.00	0.00	7.26	7.08	0.18	6.33	6.12	0.21
洛阳市	6.92	6.66	0.26	7.58	7.27	0.31	6.68	6.37	0.31
平顶山市	6.98	6.72	0.26	7.48	7.41	0.07	6.51	6.41	0.10
鹤壁市	6.01	6.00	0.01	6.35	5.98	0.37	5.60	5.15	0.44
新乡市	6.30	6.12	0.18	6.26	6.00	0.26	5.51	5.22	0.29
焦作市	6.02	5.99	0.02	5.52	5.36	0.16	4.75	4.57	0.18
濮阳市	6.13	6.03	0.10	6.74	6.50	0.24	5.98	5.81	0.18
许昌市	7.00	6.94	0.06	6.93	6.69	0.24	6.32	6.11	0.21
漯河市	7.27	7.00	0.27	7.25	6.89	0.36	6.40	6.00	0.40
三门峡市	8.07	7.73	0.34	8.86	8.33	0.53	8.25	7.69	0.56
南阳市	7.13	7.04	0.08	7.58	7.26	0.32	6.91	6.40	0.51
商丘市	6.51	6.37	0.14	6.63	6.59	0.04	5.97	5.91	0.06
信阳市	6.72	6.47	0.25	8.22	7.86	0.36	7.84	7.59	0.26
周口市	7.01	7.00	0.01	7.25	6.95	0.30	6.72	6.43	0.29
驻马店市	7.11	6.91	0.20	7.85	7.51	0.34	7.14	6.69	0.45
济源市	6.91	6.19	0.73	7.52	7.06	0.45	7.13	6.74	0.39

注：表中差值=0 表示该市质量建设前后耕地国家等别无变化；差值>0 表示该市质量建设后耕地国家等别高于建设前；差值<0 表示该市质量建设后耕地国家等别下降

由表 4-35 可知，焦作市耕地质量建设后国家自然等别最高，为 5.99 等；其

次是鹤壁市和濮阳市,其国家自然等别均等于或低于 6.0 等。三门峡市质量建设后耕地国家自然等别最低,为 7.73 等;其次是南阳市、漯河市、周口市和开封市,其国家自然等别低于或等于 7.00 等。河南省所有地级市质量建设后耕地国家自然等别均有所提升。济源市质量建设后耕地国家自然等别提升幅度最高,提升了 0.73 个等;其次是三门峡市和郑州市,其自然等别提升幅度均超过 0.3 个等。国家自然等别提升幅度最低的是开封市,质量建设后耕地国家自然等别无显著提升;其次是鹤壁市、周口市和焦作市,质量建设后耕地国家自然等别的提升幅度均不超 0.02 个等。

表 4-35 同样显示,焦作市质量建设后耕地国家利用等别最高,为 5.36 等;其次是鹤壁市和新乡市,其国家利用等别高于或等于 6 等。三门峡市质量建设后耕地国家利用等别最低,为 8.33 等;其次是信阳市、驻马店市、平顶山市、洛阳市和南阳市,其国家利用等别均低于 7.25 等。河南省所有地级市质量建设后耕地国家利用等别均有所提升。三门峡市质量建设后耕地国家利用等别提升幅度最高,为 0.53 个等;其次是济源市、鹤壁市、漯河市、信阳市、驻马店市、南阳市、洛阳市和周口市,其国家利用等别提升幅度均超过 0.3 个等;商丘市、平顶山市、焦作市和开封市质量建设后,其耕地国家利用等别提升幅度均不足 0.2 个等。

由表 4-35 还知,焦作市质量建设后耕地国家经济等别为全省最高,为 4.57 等;其次是鹤壁市和新乡市,其国家经济等别高于或等于 5.22 等。三门峡市质量建设后耕地国家经济等别是全省最低,为 7.69 等;其次是信阳市、济源市、驻马店市和郑州市,其质量建设后耕地国家经济等别均低于 6.5 等。三门峡市质量建设后耕地国家经济等别提升幅度最高,为 0.56 个等;其次是南阳市、驻马店市、鹤壁市和漯河市,其质量建设后国家经济等别提升幅度均超过 0.4 个等;商丘市、平顶山市、焦作市和濮阳市质量建设后耕地国家经济等别提升幅度均不足 0.2 个等。

六、河南省耕地产能变化

(一)河南省耕地产能变化分析

本书依据产能等别换算关系,结合 2011~2013 年河南省新增耕地和减少耕地的各等别面积计算出了新增产能与减少产能的数量,详见表 4-36;结合 2011~2013 年河南省耕地质量建设前后各等别面积计算出了新增产能和减少产能的数量,详见表 4-36。

表 4-36　2011~2013 年河南省新增和减少耕地与产能

等别	新增耕地/hm² ①	减少耕地/hm² ②	平均产能/t×hm⁻² ③	新增产能/万 t ④=①×③÷10⁴	减少产能/万 t ⑤=②×③÷10⁴	产能差值/万 t ⑥=④−⑤
4 等	2.74	30.25	17.25	0.01	0.05	−0.04

续表

等别	新增耕地/hm² ①	减少耕地/hm² ②	平均产能/t×hm⁻² ③	新增产能/万 t ④=①×③÷10⁴	减少产能/万 t ⑤=②×③÷10⁴	产能差值/万 t ⑥=④-⑤
5 等	294.54	2 064.00	15.75	0.46	3.25	-2.79
6 等	9 462.86	10 415.65	14.25	13.48	14.84	-1.36
7 等	15 854.80	32 990.65	12.75	20.21	42.06	-21.85
8 等	7 382.14	12 749.02	11.25	8.30	14.34	-6.04
9 等	5 011.52	3 147.11	9.75	4.89	3.07	1.82
10 等	2 871.73	1 234.23	8.25	2.37	1.02	1.35
11 等	656.68	97.44	6.75	0.44	0.07	0.38
12 等	0.00	0.01	5.25	0.00	0.00	-0.00
合计	41 537.02	62 728.36		50.17	78.70	-28.53

注：表中等别平均产能与表 4-1 有差异

由表 4-36 可以看出，2011~2013 年河南省新增产能和减少产能均以 7 等耕地产能为主，其次为 6 等耕地和 8 等耕地。2011~2013 年河南省耕地产能减少 28.53 万 t，主要是 7 等耕地产能减少，占比达到了 76.59%。9~11 等耕地的产能增加，增幅较小，增幅最大的为 9 等耕地，产能增加了 1.82 万 t。

由表 4-37 可以看出，2011~2013 年河南省耕地质量建设前后产能均以 7 等耕地产能为主，其次为 8 等耕地和 6 等耕地。2011~2013 年河南省耕地质量建设后产能增加 20.84 万 t，主要是 7 等耕地产能增加。8~11 等耕地质量建设后产能减少，其中 8 等耕地产能减少最多，达到了 55.48 万 t。

表 4-37　2011~2013 年河南省耕地质量建设前后产能变化情况

等别	平均产能/t×hm⁻² ①	建设前 耕地面积/hm² ②	建设前 产能/万 t ③=①×②÷10⁴	建设后 耕地面积/hm² ④	建设后 产能/万 t ⑤=①×④÷10⁴	产能差值/万 t ⑥=⑤-③
4 等	17.25	87.68	0.15	795.05	1.37	1.22
5 等	15.75	30 496.51	48.03	38 002.18	59.85	11.82
6 等	14.25	78 920.56	112.46	102 737.32	146.40	33.94
7 等	12.75	258 410.76	329.47	303 641.69	387.14	57.67
8 等	11.25	161 577.86	181.78	112 263.03	126.30	-55.48
9 等	9.75	47 152.14	45.97	21 976.36	21.43	-24.54
10 等	8.25	5 794.41	4.78	1 397.71	1.15	-3.63
11 等	6.75	821.36	0.55	571.72	0.39	-0.16
合计		583 261.28	723.19	581 385.06	744.03	20.84

注：表中等别平均产能与表 4-1 有差异

本书依据新增产能、减少产能和质量建设前后产能计算结果（表 4-36 和表 4-37），得到 2011~2013 年河南省耕地产能总变化，即与 2011 年相比，2013 年河南省耕地产能下降 7.69 万 t。

（二）河南省各地级市耕地产能变化

同样，本书得到了 2011~2013 年河南省 18 个地级市新增耕地产能、减少耕地产能及质量建设前后产能，详见表 4-38。

表 4-38　2011~2013 年河南省各地级市耕地产能变化情况

地级市	增减耕地产能变化/万 t 新增	减少	差值	质量建设产能变化/万 t 建设前	建设后	差值	产能总差值/万 t
郑州市	3.68	9.79	-6.11	9.77	10.05	0.28	-5.83
开封市	2.02	4.58	-2.56	3.82	3.89	0.07	-2.49
洛阳市	3.81	5.25	-1.44	12.86	13.35	0.49	-0.95
平顶山市	1.95	2.02	-0.07	27.67	27.94	0.27	0.20
安阳市	4.83	4.98	-0.15	0.00	0.00	0.00	-0.15
鹤壁市	0.23	2.79	-2.56	8.25	8.58	0.33	-2.23
新乡市	6.06	5.69	0.37	105.15	107.86	2.72	3.09
焦作市	4.10	4.11	-0.01	30.30	30.79	0.49	0.48
濮阳市	4.18	3.99	0.19	41.82	42.94	1.12	1.31
许昌市	1.38	4.11	-2.73	45.35	46.65	1.30	-1.43
漯河市	0.57	1.20	-0.63	29.10	30.33	1.23	0.60
三门峡市	1.48	1.26	0.22	4.43	4.76	0.33	0.55
南阳市	6.48	8.45	-1.97	106.88	110.99	4.11	2.14
商丘市	4.26	6.69	-2.43	52.11	52.31	0.20	-2.23
信阳市	3.07	2.72	0.35	96.92	101.73	4.81	5.16
周口市	1.04	5.01	-3.97	87.54	87.62	0.08	-3.89
驻马店市	0.90	5.03	-4.13	57.50	60.29	2.79	-1.34
济源市	0.14	1.03	-0.89	3.74	3.95	0.21	-0.68

由表 4-38 可以看出，耕地产能下降的地级市有 10 个，依次为郑州市、开封市、洛阳市、安阳市、鹤壁市、许昌市、商丘市、周口市、驻马店市和济源市，其中耕地产能下降幅度最大的是郑州市和周口市，分别降低了 5.83 万 t 和 3.89 万 t。耕地产能增加的地级市有 8 个，产能增加幅度最大的是信阳市和新乡市，分别提升了 5.16 万 t 和 3.09 万 t，南阳市的耕地产能也增加了 2 万 t 以上。总体来说平

原区的地级市的耕地产能多下降，丘陵山地面积较大的地级市的耕地产能提升较多，主要原因是平原区的地级市减少耕地面积相对多、新增耕地面积相对较少，而丘陵山地面积较大的地级市则刚好相反。

第四节 本章小结

本章主要利用耕地国家利用等别与标准粮产量之间的对应关系，考察耕地质量禀赋对产能的影响，包括三个方面：一是耕地质量差异对产能的影响，二是不同质量的耕地数量变化对区域产能的影响；三是耕地质量变化对产能的影响。

在以江苏省为案例区考察耕地质量差异影响产能的研究中发现：耕地质量较优的苏南地区可实现产能利用强度普遍较低，而苏中、苏北部分耕地质量较差地区可实现产能利用强度较高；通过与粮食单产指标比较可以发现，不同地区耕地质量的差异导致可实现产能利用强度和粮食单产的分布规律存在明显区别。

在研究 2006~2020 年长三角地区不同质量的耕地数量变化对区域产能的影响中发现：根据新一轮土地利用总体规划，2010~2020 年内长三角地区耕地数量和质量均存在下降趋势，减少的耕地主要集中在利用等别较高、质量较优的区域；长三角地区最高等别耕地的标准面积减少的总量与换算成最低等别耕地的标准面积增加的总量之比为 0.1∶1，两者对应的标准粮产量之比为 0.52∶1；相对于低等别耕地，高等别耕地数量变化对粮食产能影响更大。

在对 2011~2013 年河南省耕地质量变化影响产能的研究中发现：新增耕地和减少耕地的质量等别以 6~7 等为主，质量建设后耕地质量等别主要增加了 6~7 等，减少了 8~9 等；研究期间，与 2011 年相比，2013 年河南省由耕地质量变化带来耕地产能下降 7.69 万 t。此外，耕地产能下降幅度较大的地级市是郑州市和周口市，分别降低了 5.83 万 t 和 3.89 万 t；产能增加幅度较大的地级市是信阳市和新乡市，分别提升了 5.16 万 t 和 3.09 万 t。总体来说平原区地级市的耕地产能多下降，丘陵山地面积较大的地级市的耕地产能提升较多，主要原因是平原区的地级市减少耕地面积相对多、新增耕地面积相对较少，而丘陵山地面积较大的地级市则刚好相反。

第五章 耕地产出效率评价

耕地生产性功能是保障粮食生产和实现耕地可持续利用的基础。本书将耕地产出效率界定为耕地上粮食作物的实际生产力达到其潜在生产力（光温生产潜力）的程度。因此，在测算耕地产出效率之前，本章估计了我国耕地的生产力和生产量（即总生产力），以评价我国的耕地生产性功能的大小。在此基础上，测算我国耕地产出效率，以评价耕地生产性功能发挥的程度。考虑到我国粮食产量的时间变化趋势[①]，将 1998 年、2003 年和 2014 年（能获取数据的最新年份）定为本章分析耕地生产量的时间节点。鉴于数据的可获取性，本章将测算 2005~2014 年全国和省级层面的耕地产出效率。

本章首先使用热值作为统一量纲计算耕地生产量，并从全国和省级层面分析耕地生产量的时序变化与空间差异；其次采用对数平均迪氏指数（logarithmic mean Divisia index，LMDI）对不同时期耕地生产量的变化进行分解；在此基础上，对耕地生产力（通过 LMDI 分解发现耕地生产力是造成耕地生产量变化最主要的影响因素）的时空演变进行考察；最后，通过加权求和得到全国和省级层面的粮食潜在生产力，并且测算耕地产出效率，进而分析我国耕地产出效率的时间变化特征和省际差异。

第一节 我国耕地生产量测算及粮食作物的贡献分析

现有研究很少涉及耕地生产量，本书突出这一术语是为了与耕地生产力进行区分，在本书中，生产量是总的生产力。已有研究多采用作物-机理模型（代表性的为农业生态区域法）测算某一区域耕地（土地）生产力，还有研究仅从简单的粮食加总角度计算耕地生产力[②]。前者计算过程复杂，技术要求高；而后者计算过程相对简单，但没有全面反映耕地生产力水平。本节将采用生态学中的热值作为统一量纲构建耕地生产量测算的框架，包括理论依据和计算方法。

[①] 我国粮食产量在 1998 年达到峰值之后，连续五年下滑，2003 年为低谷，之后在国家惠农政策密集出台且力度不断加大的背景下实现连年增产（国家统计局重庆调查总队课题组，2015）。

[②] 详见第一章第二节的文献综述。

一、耕地生产量的计算方法

（一）耕地生产量计算的理论依据

人类在耕地上种植农作物的本质是栽培绿色植物以转化和储存太阳能，这是在生态系统中获取营养（生物量）能量的过程（Vitousek et al., 1986; Haberl et al., 2002）。绿色植物生长的最初能源是太阳辐射能。通过对太阳能的转化，绿色植物进行光合作用，即绿色植物将太阳能转变为化学能，把无机物转变为有机物。植物在光合作用过程中，将一部分能量积累下来，用于合成各种产品。

由于农作物在光合作用过程中通过积累能量合成各种农产品，而这些能量的来源最初均为太阳辐射能，我们可以认为不同农产品形成所需的能量是同类型的。这意味着不同农作物产出量折算成的能量当量（即热值）可以进行加减运算和大小比较。因此，通过对各种农产品进行热值换算可以解决不同农产品单位量纲难以统一的问题。使用热值作为统一量纲，最重要一点是，最终的计算结果能反映出生产力的实质，即农作物通过光合作用实现能量积累。

能值也能解决不同农产品单位量纲不统一的问题，为什么不采用能值作为测算耕地生产量的量纲？能值（emergy）分析的理论和方法是由以 H.T.Odum 为首的生态学家们于 20 世纪 80 年代创立的。能值分析可将生态经济系统内的不同种类的能量和物质转换为同一标准的能值[单位：太阳能焦耳（solar emjoules, sej）]，已被广泛用于环境与资源评估、经济与社会政策制定甚至全球生态系统预测中（蓝盛芳等，2002；UNEP，2012）。

如何计算能值转换率是进行能值分析的关键。能值转换率（transformity），也就是太阳能值转换率（solar transformity），即每单位能量（单位：J）或者物质（单位：g）所包含的太阳能值的数量（Odum，1996）。尽管 Odum 及其他研究人员计算出了自然界和人类社会的主要能量类型与物质的能值转换率，但只能满足较大范围生态系统的能值分析需要。人类经济产品的能值转换率因生产水平和效益的差异而出现差别。经济产品的能值转换率的计算，需要对生产该产品的系统做能值分析，以产品消耗应用的太阳能值除以产品的能量而求得，这种能值计算的难度不小，对信息流的能值计算难度更大（蓝盛芳等，2002），这超出了本书的研究范畴。

此外，不少学者采用他人计算的农产品能值转换率来评价农业生态系统。然而，不同学者使用同一类农产品的能值转换率的差别较大。以玉米为例，严茂超等（2001）、付晓等（2005）和张芳怡等（2006）采用的能值转换率为 5.81 万 sej/J，蓝胜芳等（2002）、舒帮荣等（2008）和孙奇等（2010）采用的能值转换率为 2.70 万 sej/J，而王闰平和荣湘民（2008）、范小杉和高吉喜（2010）及尚清芳和张建明（2010）采用的能值转换率为 8.52 万 sej/J。可见，不同学者采用的玉米能值转换率相差 3 倍之多。如果采用已有的农产品能值转换率，必将导致耕地生产量和生产力的测算出现较大偏差。

另外，我国农业生产的地区差异明显，也就是说我国农业生产水平和效益的地区差异明显，不同地区的农产品能值转换率也会不同。如果不同地区采用同一能值转换率测算耕地生产量和生产力必将产生偏差。再者，技术变化及农业生产的成本收益变化都将带来农产品生产水平和效益的改变，而这必将引起农产品能值转换率的变化。如果采用不变的能值转换率来测算一定时期的耕地生产量和生产力同样会产生偏差。

综上，本章测算耕地生产量没有采用能值作为统一量纲。

（二）耕地生产量的计算公式

耕地生产量的计算可以分为三个步骤：第一步是划分耕地上农产品的种类；第二步是搜集这些农产品的热值；第三步是计算单类农产品的能量，进一步求和各类农产品的能量。

关于农作物的种类划分的论述详见第二章第三节"二、耕地生产量和生产力的界定与评价"部分。各类农产品的热值换算详见表 5-1。

表 5-1　各类农产品的热值换算

农产品种类	热值/$10^6 J·kg^{-1}$	参考文献
1. 谷物		
稻谷	15.5	骆世明（2001）
小麦	15.7	骆世明（2001）
玉米	16.5	骆世明（2001）
谷子	16.4	骆世明（2001）
高粱	16.3	骆世明（2001）
其他	16.3	骆世明（2001）
2. 豆类		
大豆	20.7	骆世明（2001）
其他	17.4	骆世明（2001）
3. 薯类		
马铃薯	4.3	骆世明（2001）
其他	5.7	骆世明（2001）
4. 油料		
花生	23.0	陈阜（2002）

续表

农产品种类	热值/10^6 J·kg^{-1}	参考文献
4. 油料		
油菜籽	26.4	骆世明（2001）
芝麻	31.3	骆世明（2001）
胡麻籽	15.9	骆世明（2001）
其他	24.1	骆世明（2001）
5. 棉花	16.7	骆世明（2001）
6. 麻类	16.3	骆世明（2001）
7. 糖料		
甘蔗	15.1	Rípoli 等（2000）
甜菜	2.5	陈阜（2002）
8. 烟叶	14.7	Campbell 等（2002）
9. 蔬菜	2.5	陈阜（2002）
10. 瓜果类	1.4	骆世明（2001）

注：①其他谷物的热值为青稞、燕麦、荞麦、粟和黍的平均热值；②其他豆类的热值为蚕豆、豌豆、绿豆、巴山豆、扁豆、刀豆、豇豆、饭豆、黑豆、马料豆、木豆和小豆的平均热值；③其他薯类的热值为甘薯的热值；④其他油料的热值为花生、油菜籽、芝麻和胡麻籽的平均热值；⑤《中国农村统计年鉴》中瓜类作物指食用瓜，如西瓜、甜瓜（香瓜）、白兰瓜、哈密瓜、脆瓜等；鉴于数据的可获取性，瓜果类的热值为西瓜、甜瓜和哈密瓜的平均热值

因此，耕地生产量的计算公式如下：

$$P = \sum_i N_i \times O_i \tag{5-1}$$

式中，P 为耕地生产量（J/a）；N_i 为第 i 类农产品的热值（J/kg）；O_i 为第 i 类农产品的产量（kg/a）。

（三）数据说明

本章所需的各类农产品产量数据均来源于 1999～2015 年《中国农村统计年鉴》。需要说明的是，全国层面的农产品产量数据直接采用全国数据，不是由各个省区市的农产品产量相加而得。

二、耕地生产量的计算结果与分析

（一）我国耕地生产量及其结构的时序变化

表 5-2 为 2003～2014 年我国耕地生产量（包括蔬菜）及各类农作物生产量占

表 5-2　2003~2014 年我国耕地生产量及其结构（包括蔬菜）

指标	2003 年	2004 年	2005 年	2006 年	2007 年	2008 年	2009 年	2010 年	2011 年	2012 年	2013 年	2014 年
生产量/10^{18}J	10.2	10.9	11.2	11.6	11.8	12.6	12.6	12.8	13.4	13.9	14.2	14.3
稻谷比重	24.4%	25.4%	25.1%	24.3%	24.4%	23.6%	24.1%	23.6%	23.3%	22.7%	22.1%	22.3%
小麦比重	13.4%	13.2%	13.7%	14.1%	14.6%	14.1%	14.4%	14.1%	13.8%	13.7%	13.5%	13.8%
玉米比重	18.8%	19.7%	20.6%	20.7%	21.3%	21.8%	21.6%	22.8%	23.8%	24.4%	25.3%	24.8%
其他谷物比重	1.8%	1.5%	1.5%	1.4%	1.2%	1.1%	1.0%	1.0%	1.0%	1.0%	1.0%	1.0%
豆类比重	4.1%	4.1%	3.8%	3.6%	2.9%	3.2%	3.1%	3.0%	2.8%	2.5%	2.2%	2.2%
薯类比重	1.8%	1.7%	1.6%	1.5%	1.2%	1.2%	1.2%	1.2%	1.2%	1.2%	1.1%	1.1%
油料比重	6.8%	6.9%	6.8%	6.5%	5.3%	5.8%	6.2%	6.2%	6.1%	6.1%	6.1%	6.0%
棉花比重	0.8%	1.0%	0.9%	1.0%	1.1%	1.0%	0.9%	0.8%	0.8%	0.8%	0.7%	0.7%
麻类比重	0.1%	0.2%	0.2%	0.1%	0.1%	0.1%	0.1%	0.0%	0.0%	0.0%	0.0%	0.0%
糖料比重	13.5%	12.5%	11.9%	13.1%	14.6%	15.1%	14.0%	13.2%	13.1%	13.6%	13.7%	13.3%
烟叶比重	0.3%	0.3%	0.4%	0.3%	0.3%	0.3%	0.4%	0.3%	0.3%	0.4%	0.3%	0.3%
蔬菜比重	14.2%	13.5%	13.6%	13.5%	12.9%	12.7%	13.2%	13.6%	13.6%	13.7%	13.8%	14.2%

注：0.0%为小数点取舍形成，表示麻类比重小于 0.05%

耕地生产量的比重。我国耕地生产量由2003年的10.2×10^{18}J增加到2014年的14.3×10^{18}J，增幅[①]为40.20%。2011年，玉米生产量的比重超过稻谷，成为我国耕地利用中生产量最高的农作物；到2014年，玉米生产量的比重为24.8%。2003~2014年，稻谷生产量的比重呈减少趋势，比重值从2003年的24.4%减少到2014年的22.3%。小麦、蔬菜和糖料生产量的比重基本相当，并且在2003~2014年相对稳定，比重值在14%上下浮动。油料生产量的比重在研究期间的变化同样相对稳定，比重值约为6%。豆类生产量的比重值从2003年的4.1%减少到2014年的2.2%。薯类和其他谷物[②]生产量的比重变化趋势均可以分为两个阶段：前者2003~2007年为减少时期，2008~2014为相对稳定时期；后者2003~2009年为减少时期，2010~2014年为稳定时期。研究期间，棉花生产量的比重波动减少。烟叶和麻类生产量的比重相对稳定，其中麻类生产量的比重最小，不到0.05%。

表5-3为1998~2014年我国耕地生产量（不包括蔬菜）及各类农作物生产量占耕地生产量的比重。我国耕地生产量从1998年的9.8×10^{18}J减少到2003年的8.7×10^{18}J，然后再增加2014年的12.3×10^{18}J。2011年玉米成为我国耕地利用中生产量最高的农作物，到2014年，玉米生产量的比重达到了29.0%。2003~2014年，稻谷生产量的比重呈减少趋势，由最大值32.7%（2000年）减少到25.7%（2013年）。研究期间，小麦生产量的比重波动减少并趋于平稳，糖料生产量的比重波动增加并趋于平稳，两者生产量的比重在15%左右。油料生产量的比重在研究期间的变化相对稳定，比重值约为7%。豆类生产量的比重先由1998年的4.1%增加到2002年的4.8%，再减少到2014年的2.6%。薯类和其他谷物生产量的比重变化趋势均可以分为两个阶段：前者1998~2007年为减少时期，2008~2014为相对稳定时期；后者1998~2009年为减少时期，2010~2014年为相对稳定时期。研究期间，棉花生产量的比重在1%上下波动。烟叶和麻类生产量的比重相对稳定，其中麻类生产量的比重最小，不到0.05%。

（二）我国耕地生产量的省际差异

我国耕地生产量较高的省区市集中于粮食主产区，而耕地生产量较低的省区市主要分布于东部沿海地区和青藏高原，如表5-4第2列所示。广西、河南、山东和黑龙江4个省区的耕地生产量超过100×10^{16}J，其中，广西的耕地生产量最高，为152.1×10^{16}J。北京、西藏、青海、上海、天津和宁夏6个省区市的耕地生产量不超过10×10^{16}J，其中，北京的耕地生产量最低，仅为1.7×10^{16}J。

---

① 增幅=（末期量-基期量）/基期量×100%，这也是减幅的公式。
② 包括谷子、高粱和其他谷物。

表 5-3　1998~2014 年中国耕地生产量及其结构（不包括蔬菜）

指标	1998年	1999年	2000年	2001年	2002年	2003年	2004年	2005年	2006年	2007年	2008年	2009年	2010年	2011年	2012年	2013年	2014年
生产量/10^{18}J	9.8	9.6	8.9	8.9	9.2	8.7	9.4	9.6	10.1	10.3	11.0	10.9	11.1	11.5	12.0	12.3	12.3
稻谷比重	31.4%	31.8%	32.7%	30.9%	29.4%	28.5%	29.3%	29.0%	28.0%	28.0%	27.1%	27.7%	27.4%	27.0%	26.3%	25.7%	26.0%
小麦比重	17.6%	18.6%	17.6%	16.6%	15.5%	15.6%	15.3%	15.9%	16.3%	16.7%	16.1%	16.6%	16.4%	16.0%	15.9%	15.6%	16.1%
玉米比重	22.4%	21.9%	19.7%	21.2%	21.8%	21.9%	22.8%	23.9%	23.9%	24.5%	25.0%	24.9%	26.5%	27.6%	28.3%	29.4%	29.0%
其他谷物比重	2.5%	2.1%	2.1%	2.0%	2.1%	2.1%	1.8%	1.7%	1.6%	1.4%	1.2%	1.1%	1.2%	1.2%	1.1%	1.1%	1.2%
豆类比重	4.1%	3.9%	4.5%	4.6%	4.8%	4.8%	4.7%	4.4%	4.2%	3.3%	3.7%	3.5%	3.4%	3.3%	2.9%	2.6%	2.6%
薯类比重	1.9%	2.0%	2.2%	2.1%	2.1%	2.1%	1.9%	1.8%	1.7%	1.4%	1.4%	1.4%	1.4%	1.4%	1.3%	1.3%	1.3%
油料比重	5.8%	6.6%	8.1%	7.9%	7.7%	7.9%	8.0%	7.8%	7.5%	6.1%	6.6%	7.1%	7.2%	7.0%	7.0%	7.0%	7.0%
棉花比重	0.8%	0.7%	0.8%	1.0%	0.9%	0.9%	1.1%	1.0%	1.1%	1.2%	1.1%	1.0%	0.9%	1.0%	1.0%	0.9%	0.8%
麻类比重	0.1%	0.1%	0.1%	0.1%	0.2%	0.2%	0.2%	0.2%	0.1%	0.1%	0.1%	0.1%	0.0%	0.0%	0.0%	0.0%	0.0%
糖料比重	13.2%	11.9%	11.8%	13.1%	15.1%	15.7%	14.5%	13.7%	15.2%	16.8%	17.3%	16.2%	15.3%	15.2%	15.7%	15.9%	15.5%
烟叶比重	0.4%	0.4%	0.4%	0.4%	0.4%	0.4%	0.4%	0.4%	0.4%	0.3%	0.4%	0.4%	0.4%	0.4%	0.4%	0.4%	0.4%

注：0.0%为小数点取舍形成，表示麻类比重小于0.05%

表 5-4 中国 31 个省区市耕地生产量及其变化

地区	生产量/10^{16}J 2014年	排序 2014年	排序 2003年	排序 1998年	变化幅度 2003~2014年	变化幅度 1998~2003年	变化幅度 1998~2014年
广西	152.1	1	1	2	234.4%	−7.0%	210.9%
河南	128.0	2	3	3	5163.8%	−51.4%	2457.6%
山东	109.5	3	2	1	599.5%	−18.2%	472.0%
黑龙江	105.1	4	9	8	629.9%	−9.0%	564.1%
河北	79.5	5	5	7	72.9%	−25.4%	29.0%
江苏	72.3	6	6	4	−29.3%	22.2%	−13.6%
安徽	68.6	7	11	11	230.6%	4.0%	243.8%
四川	67.5	8	4	5	589.3%	8.2%	645.7%
云南	67.3	9	7	12	15.8%	−2.1%	13.4%
湖南	63.5	10	8	10	−18.2%	−3.2%	−20.9%
吉林	61.8	11	13	13	30.7%	−12.3%	14.6%
湖北	59.6	12	12	9	31.8%	−12.9%	14.9%
广东	52.8	13	10	6	7.6%	−3.1%	4.3%
内蒙古	52.6	14	16	16	29.3%	−6.0%	21.5%
江西	40.7	15	15	15	−25.6%	−12.2%	−34.7%
新疆	37.4	16	19	22	27.9%	−7.4%	18.5%
辽宁	37.2	17	14	14	21.3%	−10.0%	9.2%
山西	25.1	18	20	19	−2.7%	−10.6%	−13.0%
贵州	24.8	19	17	20	396.5%	−3.3%	380.2%
陕西	24.5	20	22	18	1143.0%	−23.1%	855.5%
甘肃	22.5	21	24	24	−74.4%	−3.1%	−75.2%
重庆	21.0	22	21	23	15.1%	−8.9%	4.9%
浙江	18.2	23	18	17	2.3%	−20.3%	−18.5%
福建	15.5	24	23	21	378.4%	−27.4%	247.1%
海南	10.9	25	25	25	−81.4%	−5.8%	−82.5%
宁夏	7.9	26	26	26	114.7%	−23.3%	64.7%
天津	4.1	27	27	28	131.0%	18.7%	174.2%
上海	2.9	28	28	29	−85.5%	4.7%	−84.9%
青海	2.5	29	30	30	−95.1%	9.1%	−94.6%
西藏	1.9	30	31	31	−90.5%	−23.6%	−92.7%
北京	1.7	31	29	27	−90.5%	1.9%	−90.3%

注：鉴于分析的需要，本章将 1998 年、2003 年和 2014 年定为分析耕地生产量的时间节点。因此，1998 年包含在 1998~2003 年和 1998~2014 年范围内，2003 年包含在 1998~2003 年和 2003~2014 年范围内，2014 年包含在 1998~2014 年和 2003~2014 年范围内

就数值变化而言，安徽、四川和天津3个省市的耕地生产量在2003～2014年、1998～2003年和1998～2014年3个期间均增加；而湖南、江西、山西、甘肃、海南和西藏6个省区的耕地生产量在这3个时期都减少，如表5-4第6～第8列所示。江苏、上海、青海和北京4个省区市的耕地生产量在2003～2014年减少而在1998～2003年增加，这与全国的平均趋势不一致，同样与粮食产量变化的趋势相背。多数省区市的耕地生产量在1998～2003年减少而在2003～2014年增加。

就排序变化而言，江西、海南和宁夏3个省区的耕地生产量在1998年、2003年与2014年三个年份的全国排名不变；广西、河南、河北、安徽、吉林、内蒙古、新疆、甘肃、天津、上海、青海和西藏12个省区市的耕地生产量在1998年、2003年与2014年三个年份的全国排名上升，其中，安徽和新疆的排名上升较明显；山东、江苏、湖北、广东、浙江、福建和北京7个省区市的耕地生产量在1998年、2003年与2014年三个年份的全国排名下降，其中，广东、浙江和北京的排名下降较明显；黑龙江、山西和陕西3个省份的耕地生产量在1998年、2003年与2014年三个年份的全国排名先下降后上升；四川、云南、湖南、贵州和重庆5个省市的耕地生产量在1998年、2003年与2014年三个年份的全国排名先上升后下降，如表5-4第3～第5列所示。

（三）我国耕地生产量结构的省际差异

本书采用的计算耕地生产量的农作物的种类有12类之多，因此，本小节通过定义耕地生产量结构类型来分析各省区市耕地生产量结构的差异。邹金浪等（2015）以产值最大的农作物和超过最大产值的90%的农作物来定义耕地产出类型，如"谷物-纤维作物"主导型，其中谷物的产值最高，纤维作物的产值大于等于谷物产值的90%。这一设定突出了耕地产出的主导型的农作物。刘珍环等（2016）通过区分两种情况来定义农作物种植结构类型：一是采用播种面积占总播种面积的比重超过30%的农作物来定义农作物种植结构类型；二是当所有农作物播种面积比重均不超过30%时，采用排名前三位的农作物来定义农作物种植结构类型。这一设定侧重于农作物种植结构的多样化。

本书采用生产量最大和超过最大生产量的50%[①]的农作物组合来命名耕地生产量的结构类型。耕地生产量的结构类型可表述为"生产量最大的农作物-生产量排第二且大于等于最大生产量的50%的农作物-……"型。例如，某省区市耕地生产量最大的农作物为稻谷，其生产量为100；生产量排第二的农作物为棉花，其生产量为70；生产量排第三的农作物为油料，其生产量为40；由于

---

① 这里取50%作为一个判断标准是主观设定的，主要是为了符合"超过一半可认为是重要或者主要"的观念。

40<100×50%<70，那么该省区市的耕地生产量的结构类型称为"稻谷-棉花"型。该划分方法，既突出了主导型，又兼顾了多样性，耕地生产量的结构类型中农作物的种类越多，说明农作物种植越均衡、越多样。

表 5-5 为 1998 年、2003 年和 2014 年我国 31 个省区市（不含港澳台地区）的耕地生产量结构类型。广西、云南、湖南、吉林、湖北、内蒙古、江西、辽宁和海南 9 个省区的耕地生产量结构类型单一且不变，其中广西、云南和海南的耕地生产量结构类型为糖料型，湖南、湖北和江西的耕地生产量结构类型为稻谷型，吉林、内蒙古和辽宁的耕地生产量结构类型为玉米型。河北、江苏、安徽、四川、新疆、贵州、重庆、浙江、福建、上海和青海 11 个省区市的耕地生产量结构类型趋于多样，尤其是新疆和重庆的耕地生产量结构类型的多样化趋势更明显。山西、甘肃、宁夏和西藏 4 个省区的耕地生产量结构类型趋于单一，尤其是宁夏的耕地生产量结构类型的单一化更明显，并且趋向玉米型。山东、广东和陕西 3 个省份的耕地生产量结构类型相对稳定。

表 5-5　中国 31 个省区市的耕地生产量结构类型（1998 年、2003 年和 2014 年）

地区	1998 年	2003 年	2014 年
广西	糖料	糖料	糖料
河南	小麦-玉米	小麦	小麦-玉米
山东	小麦-玉米-蔬菜	蔬菜-小麦-玉米	小麦-玉米-蔬菜
黑龙江	玉米-稻谷	玉米-稻谷-豆类	玉米-稻谷
河北	小麦-玉米	玉米-小麦-蔬菜	玉米-小麦-蔬菜
江苏	稻谷	稻谷	稻谷-小麦
安徽	稻谷	稻谷-小麦	小麦-稻谷
四川	稻谷	稻谷	稻谷-玉米
云南	糖料	糖料	糖料
湖南	稻谷	稻谷	稻谷
吉林	玉米	玉米	玉米
湖北	稻谷	稻谷	稻谷
广东	糖料-稻谷	稻谷-糖料	糖料-稻谷
内蒙古	玉米	玉米	玉米
江西	稻谷	稻谷	稻谷
新疆	小麦-玉米	小麦-玉米	玉米-小麦-棉花-蔬菜
辽宁	玉米	玉米	玉米
山西	玉米-小麦	玉米-小麦	玉米
贵州	稻谷-玉米	稻谷-玉米	稻谷-玉米-蔬菜

地区	1998 年	2003 年	2014 年
陕西	玉米-小麦	小麦-玉米	玉米-小麦
甘肃	小麦-玉米	小麦-玉米	玉米
重庆	稻谷	稻谷	稻谷-玉米-蔬菜
浙江	稻谷	稻谷-蔬菜	稻谷-蔬菜
福建	稻谷	稻谷	稻谷-蔬菜
海南	糖料	糖料	糖料
宁夏	玉米-小麦-稻谷	玉米-小麦	玉米
天津	蔬菜-玉米-小麦-稻谷	蔬菜-玉米	玉米-蔬菜-小麦
上海	稻谷	蔬菜-稻谷	稻谷-蔬菜
青海	小麦	油料-小麦	油料-小麦
西藏	其他谷物-小麦	其他谷物	其他谷物
北京	玉米-小麦-蔬菜	蔬菜	玉米-蔬菜

三、耕地生产量变化的 LMDI 分解

耕地生产量的变化直接受到其组成部分的影响，本小节的目标是通过对耕地生产量变化进行分解，量化不同组成部分对耕地生产量变化的影响程度。耕地生产量的组成既包括各类农作物的生产量和生产力，也包括各类农作物的播种面积和种植结构。因此，具体而言，本小节将量化分析不同农作物对耕地生产量变化的影响程度，以及生产力、种植规模和种植结构对耕地生产量变化的贡献程度。

（一）LMDI 分解方法

估算耕地生产量的式（5-1）可做如下转换：

$$P = \sum_i P_i = \sum_i A \frac{A_i}{A} \frac{P_i}{A_i} = \sum_i A \times S_i \times I_i \tag{5-2}$$

$$P' = \sum_j P'_j = \sum_j A' \frac{A'_j}{A'} \frac{P'_j}{A'_j} = \sum_j A' \times S'_j \times I'_j \tag{5-3}$$

式中，P 和 P' 分别为包括蔬菜在内的耕地生产量与不包括蔬菜在内的耕地生产量；P_i 和 P'_j 分别为第 i 与第 j 类农作物的生产量；A_i 和 A'_j 分别为第 i 与第 j 类农作物的播种面积；A 和 A' 分别为农作物的播种总面积，即种植规模；S_i 和 S'_j 分别为第

i 和第 j 类农作物的播种面积占总播种面积的比重,即种植结构;I_i 和 I'_j 分别为第 i 和第 j 类农作物的单位面积生产量,即生产力。

耕地生产量从第 0 期到第 t 期的变化,以式(5-2)为例[①],可以采用指数分解[②]中的"加法分解"和"乘积分解"进行分解,即

$$\Delta P_{\text{tot}} = P^t - P^0 = \Delta P_A + \Delta P_S + \Delta P_I + \Delta P_{\text{red}} \tag{5-4}$$

$$D_{\text{tot}} = P^t / P^0 = D_A \times D_S \times D_I \times D_{\text{red}} \tag{5-5}$$

式中,ΔP_{tot} 和 D_{tot} 为耕地生产量的变化量;P^t 和 P^0 分别为 t 时期和基期耕地生产量;ΔP_A 和 D_A 分别为种植规模因素对耕地生产量变化的贡献值与贡献率;ΔP_S 和 D_S 分别为种植结构因素对耕地生产量变化的贡献值与贡献率;ΔP_I 和 D_I 分别为生产力因素对耕地生产量变化的贡献值与贡献率;ΔP_{red} 和 D_{red} 分别为分解的余项。

相较其他分解方法,LMDI 方法在理论性、适用性、易于使用性及结果易解释性等四个方面具有优势,并且能够处理正值、零值和负值数据,是一种理想的分解方法(Ang,2004)。使用 LMDI 方法将式(5-4)和式(5-5)分别转变如下:

$$\Delta P_{\text{tot}} = P^t - P^0 = \Delta P_A + \Delta P_S + \Delta P_I \tag{5-6}$$

$$D_{\text{tot}} = P^t / P^0 = D_A \times D_S \times D_I \tag{5-7}$$

加法分解的结果由于是生产量变化的具体数量,便于汇总各类农作物和影响因素对耕地生产量变化的贡献值。因此,本小节采用 LMDI 的加法分解结果进行分析。

加法分解式(5-6)右侧各项计算如下:

$$\Delta P_A = \sum_i W_i \times \ln\left(\frac{A^t}{A^0}\right) \tag{5-8}$$

$$\Delta P_S = \sum_i W_i \times \ln\left(\frac{R_i^t}{R_i^0}\right) \tag{5-9}$$

---

① 式(5-2)和式(5-3)在数学表达上是一致的,两者的指数分解过程和结果都是一样的。
② 指数分解(index decomposition)是将一个目标变量的变化分解成若干个影响因素的组合,进而识别各个因素对目标变量变化的影响程度,即贡献率。

$$\Delta P_I = \sum_i W_i \times \ln\left(\frac{I_i^t}{I_i^0}\right) \tag{5-10}$$

$$W_i = \frac{P_i^T - P_i^0}{\ln P_i^T - \ln P_i^0} \quad (\text{本书中 } P_i^T \neq P_i^0 > 0) \tag{5-11}$$

具体分解过程如下。

对式（5-2）两边取时间 t 的导数：

$$\frac{\mathrm{d}P}{\mathrm{d}t} = \sum_i A \times S_i \times I_i \times \left(\frac{\mathrm{d}\ln A}{\mathrm{d}t} + \frac{\mathrm{d}\ln S_i}{\mathrm{d}t} + \frac{\mathrm{d}\ln I_i}{\mathrm{d}t}\right) \tag{5-12}$$

对式（5-12）在时间区间[0，T]上积分：

$$\int_0^T \frac{\mathrm{d}P}{\mathrm{d}t}\mathrm{d}t = P_T - P_0 = \sum_i \int_0^T W_i(t)\frac{\mathrm{d}\ln A}{\mathrm{d}t}\times \mathrm{d}t + \sum_i \int_0^T W_i(t)\frac{\mathrm{d}\ln S_i}{\mathrm{d}t}\times \mathrm{d}t \\ + \sum_i \int_0^T W_i(t)\frac{\mathrm{d}\ln I_i}{\mathrm{d}t}\times \mathrm{d}t \tag{5-13}$$

其中，

$$W_i = A(t)\times S_i(t)\times I_i(t) \tag{5-14}$$

由于式（5-13）有两个限制：一是 $W_i(t)$ 随着 t 变化，使各项定积分无法给出确定值；二是本书的数据都是离散的，连续的定积分并不适用。因此，取式（5-13）的离散形式为

$$P_T - P_0 \cong \sum_i W_i(t^*)\ln\frac{A_T}{A_0} + \sum_i W_i(t^*)\ln\frac{S_{i,T}}{S_{i,0}} + \sum_i W_i(t^*)\ln\frac{I_{i,T}}{I_{i,0}} \tag{5-15}$$

式中，$W_i(t^*)$ 为式（5-14）定义的一个权重函数；$t^* \in [0, T]$。将 $W_i(t^*)$ 定义如下：

$$W_i'(t^*) = L(P_{i,T}, P_{i,0}) \tag{5-16}$$

其中，$L(x,y) = \begin{cases}(x-y)/(\ln x - \ln y), x \neq y > 0 \\ x, x = y > 0\end{cases}$。本书中 $P_{i,T} \neq P_{i,0} > 0$。

将式（5-16）代入式（5-15），得到如下恒等式：

$$P_T - P_0 \equiv \sum_i W_i'(t^*)\ln\frac{A_T}{A_0} + \sum_i W_i'(t^*)\ln\frac{S_{i,T}}{S_{i,0}} + \sum_i W_i'(t^*)\ln\frac{I_{i,T}}{I_{i,0}} \tag{5-17}$$

其中,

$$\Delta P_A = \sum_i W_i'(t^*) \times \ln \frac{A_T}{A_0} \qquad (5\text{-}18)$$

$$\Delta P_S = \sum_i W_i'(t^*) \times \ln \frac{R_{i,T}}{R_{i,0}} \qquad (5\text{-}19)$$

$$\Delta P_I = \sum_i W_i'(t^*) \times \ln \frac{I_{i,T}}{I_{i,0}} \qquad (5\text{-}20)$$

$$W_i'(t^*) = \frac{P_{i,T} - P_{i,0}}{\ln P_{i,T} - \ln P_{i,0}} \qquad (5\text{-}21)$$

乘法分解式（5-7）右侧各项计算如下[①]：

$$D_A = \exp\left(\sum_i W_i' \times \ln\left(\frac{A^t}{A^0}\right)\right) \qquad (5\text{-}22)$$

$$D_S = \exp\left(\sum_i W_i' \times \ln\left(\frac{R_i^t}{R_i^0}\right)\right) \qquad (5\text{-}23)$$

$$D_I = \exp\left(\sum_i W_i' \times \ln\left(\frac{I_i^t}{I_i^0}\right)\right) \qquad (5\text{-}24)$$

$$W_i' = \frac{\left(P_i^T - P_i^0\right)/\left(\ln P_i^T - \ln P_i^0\right)}{\left(P^T - P^0\right)/\left(\ln P^T - \ln P^0\right)} \quad (\text{本书中 } P_i^T \neq P_i^0 > 0) \qquad (5\text{-}25)$$

（二）我国耕地生产量变化的 LMDI 分解结果：1998~2003 年时期

1998~2003 年时期，我国耕地生产量（不包括蔬菜）减少了 1.0638×10^{18} J。从农作物类型来看，稻谷、小麦、玉米、其他谷物、薯类和烟叶对耕地生产量减少具有正向影响；其中稻谷、小麦、玉米的贡献排前三，贡献程度依次为 55.38%、34.37% 和 26.60%，其他谷物的贡献程度为 5.43%，薯类和烟叶的贡献程度不足 1%，其中烟叶的贡献程度最小，仅为 0.15%（表 5-6）。豆类、油料、棉花、麻类和糖料对耕地生产量减少起抑制作用；其中油料的抑制作用最大，贡献程度为

[①] 乘法分解的推导过程可参考 Ang 和 Liu（2001）。

11.78%，糖料和豆类的贡献程度分别为 7.68%与 2.15%，棉花和麻类的贡献程度相当，分别为 0.56%和 0.55%。从三大因素来看，种植规模、种植结构和生产力均诱发了耕地生产量的减少。贡献程度从大到小依次为种植规模（80.83%）、种植结构（8.56%）和生产力（10.61%）。可见，种植规模缩小是造成1998~2003年耕地生产量（不包括蔬菜）减少的主要原因。

表 5-6　1998~2003 年中国耕地生产量变化的 LMDI 分解结果（不包括蔬菜）

单位：10^{18}J

指标	ΔP_A	ΔP_S	ΔP_I	种类汇总
稻谷	−0.2577	−0.1951	−0.1363	−0.5892（55.38%）
小麦	−0.1429	−0.3222	0.0995	−0.3656（34.37%）
玉米	−0.1909	0.0934	−0.1855	−0.2830（26.60%）
其他谷物	−0.0197	−0.0493	0.0112	−0.0577（5.43%）
豆类	−0.0380	0.0783	−0.0174	0.0228（−2.15%）
薯类	−0.0172	0.0050	0.0038	−0.0085（0.80%）
油料	−0.0580	0.1643	0.0190	0.1253（−11.78%）
棉花	−0.0073	0.0180	−0.0047	0.0060（−0.56%）
麻类	−0.0010	0.0054	0.0015	0.0058（−0.55%）
糖料	−0.1239	0.1106	0.0951	0.0817（−7.68%）
烟叶	−0.0031	0.0006	0.0009	−0.0016（0.15%）
因素汇总	−0.8598（80.83%）	−0.0911（8.56%）	−0.1129（10.61%）	−1.0638（100.00%）

注：括号中的数值为农作物对耕地生产量变化的贡献百分比，本书将耕地生产量变化定为100%

（三）我国耕地生产量变化的 LMDI 分解结果：2003~2014 年时期

2003~2014 年时期我国耕地生产量（不包括蔬菜）增加了 $3.5650×10^{18}$J。从农作物类型来看，稻谷、小麦、玉米、油料、棉花、糖料和烟叶对耕地生产量增长具有正向影响；其中，玉米的促进作用最大，贡献程度为 46.27%，稻谷、小麦和糖料的贡献程度均超过了 10%，油料贡献程度为 4.85%，烟叶和棉花的贡献程度不足 1%，烟叶的贡献程度最小，仅为 0.30%（表 5-7）。其他谷物、豆类、薯类和麻类对耕地生产量增长起抑制作用；其中豆类抑制作用最大，贡献程度为 2.75%，其他谷物的贡献程度为 1.03%，其他两类农作物的贡献程度不足 1%，麻类的贡献程度最小，仅为 0.28%。从三大因素来看，种植规模、种植结构和生产力均推动了耕地生产量的增长。按照贡献程度从大到小排序依次为生产力（50.79%）、种植规模（26.43%）和种植结构（22.78%）。可见，生产力增加是 2003~2014 年耕地生产量（不包括蔬菜）增长的主要原因。

表 5-7　2003～2014 年中国耕地生产量变化的 LMDI 分解结果（不包括蔬菜）

单位：10^{18}J

指标	ΔP_A	ΔP_S	ΔP_I	种类汇总
稻谷	0.2567	0.1223	0.3309	0.7098（19.91%）
小麦	0.1501	−0.0013	0.4760	0.6249（17.53%）
玉米	0.2410	0.9093	0.4994	1.6496（46.27%）
其他谷物	0.0149	−0.0635	0.0117	−0.0369（−1.03%）
豆类	0.0335	−0.1578	0.0264	−0.0979（−2.75%）
薯类	0.0155	−0.0443	0.0110	−0.0178（−0.50%）
油料	0.0701	−0.1176	0.2204	0.1728（4.85%）
棉花	0.0083	−0.0259	0.0396	0.0221（0.62%）
麻类	0.0007	−0.0113	0.0005	−0.0101（−0.28%）
糖料	0.1480	0.2004	0.1894	0.5378（15.09%）
烟叶	0.0035	0.0021	0.0052	0.0108（0.30%）
因素汇总	0.9422（26.43%）	0.8123（22.78%）	1.8105（50.79%）	3.5650（100.00%）

注：括号中的数值为农作物对耕地生产量变化的贡献百分比，本书将耕地生产量变化定为100%

2003～2014 年时期我国耕地生产量（包括蔬菜）增加了 4.1512×10^{18}J。从农作物类型来看，稻谷、小麦、玉米、油料、棉花、糖料、烟叶和蔬菜对耕地生产量增长具有正向影响；其中玉米的贡献程度（39.74%）最大，稻谷、小麦、蔬菜和糖料的贡献程度均超过了 10%，油料的贡献程度为 4.16%，烟叶和棉花的贡献程度不足 1%，烟叶的贡献程度最小，仅为 0.26%（表 5-8）。其他谷物、豆类、薯类和麻类对耕地生产量增长起抑制作用，其中豆类的贡献程度最大，为 2.36%，其他三类农作物的贡献程度均不足 1%，麻类的贡献程度最小，仅为 0.24%。从三大因素来看，种植规模、种植结构和生产力均推动了耕地生产量的增长；按照贡献程度从大到小排序依次为生产力（45.31%）、种植规模（34.38%）和种植结构（20.31%）。可见，生产力增加是 2003～2014 年耕地生产量（包括蔬菜）增长的主要原因。

表 5-8　2003～2014 年中国耕地生产量变化的 LMDI 分解结果（包括蔬菜）

单位：10^{18}J

指标	ΔP_A	ΔP_S	ΔP_I	种类汇总
稻谷	0.3333	0.0456	0.3309	0.7098（17.10%）
小麦	0.1949	−0.0461	0.4760	0.6249（15.05%）
玉米	0.3129	0.8373	0.4994	1.6496（39.74%）
其他谷物	0.0194	−0.0680	0.0118	−0.0369（−0.89%）
豆类	0.0435	−0.1678	0.0264	−0.0979（−2.36%）

续表

指标	ΔP_A	ΔP_S	ΔP_I	种类汇总
薯类	0.0201	−0.0489	0.0110	−0.0178（−0.43%）
油料	0.0910	−0.1386	0.2204	0.1728（4.16%）
棉花	0.0108	−0.0284	0.0396	0.0221（0.53%）
麻类	0.0009	−0.0115	0.0005	−0.0101（−0.24%）
糖料	0.1921	0.1562	0.1894	0.5378（12.96%）
烟叶	0.0045	0.0011	0.0052	0.0108（0.26%）
蔬菜	0.2035	0.3124	0.0702	0.5861（14.12%）
因素汇总	1.4271（34.38%）	0.8432（20.31%）	1.8808（45.31%）	4.1512（100.00%）

注：括号中的数值为农作物对耕地生产量变化的贡献百分比，本书将耕地生产量变化定为100%

（四）我国耕地生产量变化的 LMDI 分解结果：1998~2014 年时期

1998~2014 年时期我国耕地生产量（不包括蔬菜）增加了 2.5013×10^{18} J。从农作物类型来看，稻谷、小麦、玉米、油料、棉花、糖料和烟叶对耕地生产量增长具有正向影响；其中，玉米的促进作用最大，贡献程度为 54.64%，糖料的贡献程度为 24.77%，油料、小麦的贡献程度均超过了 10%，稻谷的贡献程度为 4.82%，棉花和烟叶的贡献程度分别为 1.12% 和 0.37%（表 5-9）。其他谷物、豆类、薯类和麻类对耕地生产量增长起抑制作用；其中其他谷物抑制作用最大，贡献程度为 3.78%，豆类的贡献程度紧随其后，为 3.00%，薯类的贡献程度为 1.05%，麻类的贡献程度最小，仅为 0.17%。从三大因素来看，种植结构（30.61%）和生产力（70.36%）均推动了耕地生产量的增长，而种植规模（−0.97%）抑制了耕地生产量的增长。可见，生产力增加是 1998~2014 年耕地生产量（不包括蔬菜）增长的主要原因。

表 5-9 1998~2014 年中国耕地生产量变化的 LMDI 分解结果（不包括蔬菜）

单位：10^{18}J

指标	ΔP_A	ΔP_S	ΔP_I	种类汇总
稻谷	−0.0070	−0.0852	0.2128	0.1207（4.82%）
小麦	−0.0041	−0.3900	0.6534	0.2593（10.37%）
玉米	−0.0063	1.0966	0.2763	1.3666（54.64%）
其他谷物	−0.0004	−0.1168	0.0226	−0.0946（−3.78%）
豆类	−0.0008	−0.0842	0.0099	−0.0750（−3.00%）
薯类	−0.0004	−0.0411	0.0152	−0.0264（−1.05%）
油料	−0.0016	0.0746	0.2251	0.2982（11.92%）
棉花	−0.0002	−0.0046	0.0329	0.0281（1.12%）

续表

指标	ΔP_A	ΔP_S	ΔP_I	种类汇总
麻类	0.0000	−0.0054	0.0011	−0.0043（−0.17%）
糖料	−0.0035	0.3189	0.3042	0.6196（24.77%）
烟叶	−0.0001	0.0029	0.0064	0.0092（0.37%）
因素汇总	−0.0243（−0.97%）	0.7656（30.61%）	1.7600（70.36%）	2.5013（100.00%）

注：括号中的数值为农作物对耕地生产量变化的贡献百分比，本书将耕地生产量变化定为100%

第二节 我国耕地生产力的时空差异分析

本节将对耕地生产量变化LMDI分解中最大的影响因素，即耕地生产力（单位农作物播种面积产量）进行时序变化和省际差异分析，以明晰其时空变化特征。

一、我国耕地生产力的时序变化

1998~2014年，我国耕地生产力的变化趋势详见图5-1。包括蔬菜和不包括蔬菜的耕地生产力在2003~2014年的变化趋势基本一致。接下来分析不包括蔬菜的耕地产出强度的变化。

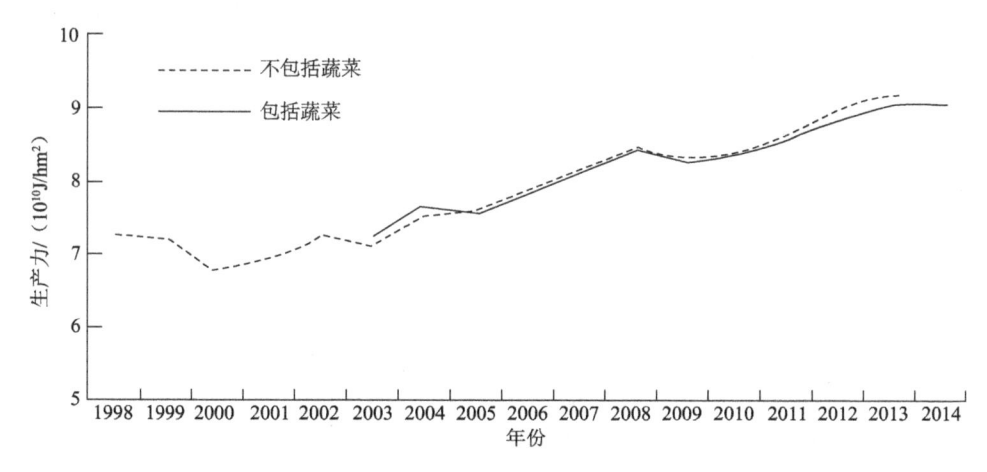

图5-1 1998~2014年中国耕地生产力变化

1998~2014年，我国耕地生产力整体呈现波动上升态势。具体而言，1998~2000年为下降期，耕地生产力从1998年的7.27×10^{10}J/hm²减少到2000年的6.79×10^{10}J/hm²，减幅为6.60%；2001~2014年为波动上升期，耕地生产力从最小值6.90×10^{10}J/hm²（2001年）增加到最大值9.16×10^{10}J/hm²（2013年），增幅为32.75%。

二、我国耕地生产力的省际差异

2014 年，我国耕地生产力最高的 3 个省区均在南方沿海，即广西、海南和广东，其中，广西的耕地生产力最高，为 $26.98 \times 10^{10} J/hm^2$；接下来，耕地生产力较高的省区市集中在黄淮海和东北地区；耕地生产力较低的省区市集中在西部地区。耕地生产力最低的 2 个省份为贵州和青海，其中，贵州的耕地生产力最低，为 $5.10 \times 10^{10} J/hm^2$，如表 5-10 第 2 列所示。

表 5-10 中国 31 个省区市耕地生产力及其变化

地区	生产力/($10^{10}J/hm^2$) 2014 年	排序 2014 年	排序 2003 年	排序 1998 年	变化幅度 2003~2014 年	变化幅度 1998~2003 年	变化幅度 1998~2014 年
广西	26.98	1	1	1	47.46%	21.39%	79.00%
海南	14.19	2	2	4	22.00%	11.15%	35.61%
广东	11.97	3	3	2	18.10%	−14.74%	0.69%
吉林	11.13	4	6	3	28.04%	−19.37%	3.25%
云南	10.13	5	4	5	6.16%	−0.20%	5.94%
山东	10.01	6	9	10	21.86%	−0.21%	21.61%
江苏	9.63	7	13	11	30.80%	−7.81%	20.59%
河北	9.29	8	15	18	33.69%	5.71%	41.33%
上海	9.12	9	5	9	3.16%	6.00%	9.35%
辽宁	9.06	10	8	6	6.50%	−10.44%	−4.62%
河南	9.03	11	21	19	55.80%	−9.94%	40.31%
北京	8.92	12	7	7	4.04%	−9.15%	−5.47%
黑龙江	8.64	13	26	22	71.31%	−15.35%	45.01%
天津	8.61	14	12	8	15.02%	−10.68%	2.73%
西藏	8.53	15	11	17	7.17%	20.36%	28.99%
浙江	8.42	16	10	12	4.89%	8.75%	14.07%
湖北	7.88	17	22	14	17.03%	−5.13%	11.03%
安徽	7.86	18	23	23	53.07%	−13.15%	32.95%
湖南	7.86	19	14	13	8.99%	−0.29%	8.68%
江西	7.82	20	20	21	18.41%	6.45%	26.05%
内蒙古	7.64	21	25	27	49.96%	3.69%	55.50%
新疆	7.60	22	19	20	14.05%	6.30%	21.24%
宁夏	7.53	23	28	24	52.20%	−6.09%	42.94%
四川	7.31	24	16	16	8.47%	−0.75%	7.66%
福建	7.27	25	17	15	7.91%	−4.24%	3.33%
山西	6.74	26	24	26	32.25%	1.59%	34.36%

续表

地区	生产力/(10^{10}J/hm^2) 2014年	排序 2014年	排序 2003年	排序 1998年	变化幅度 2003~2014年	变化幅度 1998~2003年	变化幅度 1998~2014年
重庆	6.35	27	22	25	12.51%	10.63%	24.47%
陕西	6.11	28	29	29	31.39%	-3.38%	26.95%
甘肃	6.00	29	31	31	33.78%	-0.98%	32.46%
青海	5.24	30	30	30	12.90%	-1.28%	11.45%
贵州	5.10	31	27	28	3.00%	2.42%	5.49%

注：生产力为单位农作物播种面积产量，生产力的计算没有考虑耕作制度，不影响耕地产出效率的测算

就排序变化而言，广西和青海2个省区的耕地生产力在1998年、2003年与2014年三个年份的全国排名不变；海南、山东、河北、内蒙古4个省区的耕地生产力在这三个年份的全国排名上升，其中，河北的排名上升较明显；广东、辽宁、天津、湖南与福建5个省市的耕地生产力在这三个年份的全国排名下降，其中，福建的排名下降较明显；吉林、江苏、河南、黑龙江、湖北和宁夏6个省区的耕地生产力在这三个年份的全国排名先下降后上升，其中黑龙江与河南的排名波动大；云南、上海、西藏、浙江、新疆、山西、重庆和贵州8个省区市的耕地生产力在1998年、2003年与2014年三个年份的全国排名先上升后下降，其中上海、西藏、浙江和重庆的排名波动大，如表5-10第3~第5列所示。

就数值变化而言，所有省区市的耕地生产力的变化幅度在2003~2014年都上升；超过一半省区市的耕地生产力的变化幅度在1998~2003年都下降；辽宁和北京的耕地生产力的变化幅度在1998~2014年下降；广西、海南、河北、上海、西藏、浙江、江西、内蒙古、新疆、山西、重庆和贵州12个省区市的耕地生产力的变化幅度在2003~2014年、1998~2003年和1998~2014年三个期间都上升，如表5-10第6~第8列所示。

第三节 我国耕地产出效率分析

采用第二节耕地生产力和接下来估算的潜在生产力，本节将测算耕地产出效率，并考察其时空变化特征。

一、粮食作物潜在生产力分析

（一）粮食作物潜在生产力的估算方法

《农用地质量分等规程》（GB/T 28407—2012）给出了全国各省区市县级单位

的粮食作物光温生产潜力指数。在此基础上，本小节采用加权求和方法估算全国和省级层面的粮食潜在生产力。某一类型粮食作物的潜在生产力的计算公式如下：

$$Y_j = \sum_j \frac{A_{ij}}{A_j} \times F_{ij} \qquad (5\text{-}26)$$

式中，Y_j 为 j 类粮食作物的潜在生产力（kg/亩）；A_{ij} 为 i 县级单位 j 类粮食作物的播种面积（亩）；A_j 为各县级单位 j 类粮食作物的播种面积之和（亩）；F_{ij} 为 i 县级单位 j 类粮食作物的光温生产潜力指数（kg/亩）；j 分别为小麦、玉米、早稻、晚稻和一季稻。

全国和省级层面的粮食潜在生产力计算公式如下：

$$Y = \frac{\sum_j A_{ij} \times F_{ij} \times N_j}{A} \qquad (5\text{-}27)$$

式中，Y 为粮食的潜在生产力（10^6J/亩）；A_{ij} 为 i 县级单位 j 类粮食作物的播种面积（亩）；A 为各县级单位粮食作物的播种面积之和（亩）；F_{ij} 为 i 县级单位 j 类粮食作物的光温生产潜力指数（kg/亩）；N_j 为第 j 类农产品的热值（10^6J/kg），早稻、晚稻和一季稻的热值统一用稻谷的热值表示。

由上文对耕地生产量变化的 LMDI 分解可知，我国耕地生产量变化的方向（即增加或者减少）和程度均主要受到稻谷、小麦和玉米的影响。因此，这三类粮食作物的潜在生产力可以反映耕地潜在生产力的主体。需要强调的是，本书假定各个县级单位某一类粮食作物播种面积的比重（A_{ij}/A_j 或者 A_{ij}/A）保持不变。

农作物的光温生产潜力指数并不是恒定的，它受到光照、温度等因素的影响。《农用地质量分等规程》（GB/T 28407—2012）中的各指定作物的生产潜力指数是依据各省区市上报的作物播种/收获日期资料和中国气象局 2231 个观测站 1961～1990 年 30 年地面气候资料，采用逐级订正法计算获得。因此，如果气候资料更新（由于全球气候变暖）和种子技术改良（光合能力增强、种植时期变化），农作物的光温生产潜力指数也将变化。然而，这些远超过了本书的研究范畴。本书的一个重点是参考已有农作物的光温生产潜力指数并根据生态学中的效率概念测算耕地产出效率，这也是本书的一个新颖之处。

（二）数据说明

本书所需的数据有两个来源：各县级单位的粮食播种面积数据来源于布瑞克农业大数据，为 2007～2013 年的均值；各县级单位的光温生产潜力指数来自《农用地质量分等规程》（GB/T 28407—2012）附录 D（规范性附录）全国各省区市作物生产潜力指数速查表。稻谷、小麦和玉米的热值换算详见本章第一节。

需要说明的是：①小麦的生产潜力指数为冬小麦和春小麦的生产潜力指数算术平均值，玉米的生产潜力指数为春玉米和夏玉米的生产潜力指数算术平均值；②采用粮食的播种面积和生产潜力指数数据都齐全的县级单位。《农用地质量分等规程》（GB/T 28407—2012）列出了全国 26 个省区市（不含北京、天津、上海、西藏、青海、台湾、香港和澳门）2138 个行政单位（包括县级单位，也包括非县级单位，如邢台市邢台县浆水镇）的作物生产潜力指数。本小节获取了其中 1482 个县级单位的粮食作物播种面积数据，其面积占比 69.32%。各省区市采用的县级单位数量及其所占比重详见表 5-11。

表 5-11　26 个省区市样本县级单位的数量及比重

地区	总数	样本量	比重	地区	总数	样本量	比重
河北	101	101	100.00%	湖北	76	48	63.16%
山西	106	80	75.47%	湖南	95	66	69.47%
内蒙古	129	53	41.09%	广东	108	89	82.41%
辽宁	62	35	56.45%	广西	86	40	46.51%
吉林	52	36	69.23%	海南	20	18	90.00%
黑龙江	81	46	56.79%	重庆	35	33	94.29%
江苏	61	39	63.93%	四川	155	100	64.52%
浙江	63	48	76.19%	贵州	92	69	75.00%
安徽	65	54	83.08%	云南	126	65	51.59%
福建	68	37	54.41%	陕西	98	80	81.63%
江西	90	77	85.56%	甘肃	83	55	66.27%
山东	123	98	79.67%	宁夏	24	15	62.50%
河南	56	42	75.00%	新疆	83	58	69.88%

（三）全国和省级层面粮食作物潜在生产力的计算结果与分析

表 5-12 报告了式（5-26）和式（5-27）的计算结果，与此同时，表 5-12 包括了《中国土地资源生产能力及人口承载量研究》课题组（1991）估算的 2025 年小麦、玉米和稻谷三种粮食作物生产力的汇总结果。

表 5-12　26 个省区市的粮食潜在生产力

地区	潜在生产力/10^6J·亩$^{-1}$ 粮食	潜在生产力/（kg/亩） 小麦	玉米	早稻	晚稻	一季稻	2025 年生产力/kg·亩$^{-1}$ 小麦	玉米	稻谷
全国	27 439	1 206	2 305	1 248	1 771	1 821			

续表

地区	潜在生产力/10⁶J·亩⁻¹ 粮食	潜在生产力/（kg/亩） 小麦	玉米	早稻	晚稻	一季稻	2025年生产力/kg·亩⁻¹ 小麦	玉米	稻谷
河北	32 331	1 245	2 371			1 830	300	420	510
山西	38 199	1 289	2 619				373	405	
内蒙古	42 041	1 607	2 753			1 803	203	410	457
辽宁	37 752		2 501			1 781	187	475	495
吉林	37 027		2 406			1 515	230	571	466
黑龙江	30 526	1 345	2 145			1 284	244	451	535
江苏	24 497	1 049	2 230			1 960	415	512	696
浙江	27 396			1 313	1 724	2 067	226	335	368
安徽	23 920	1 057	2 367	1 239	1 687	1 947	268	400	460
福建	28 482			1 164	1 809	2 140	174		394
江西	23 444			1 179	1 793		160		495
山东	30 250	1 302	2 523			2 138	317	488	
河南	22 967	1 312	1 619			2 137	319	382	442
湖北	21 931	878	1 655	1 330	1 643	1 805	402	440	521
湖南	24 510			1 211	1 794	1 685	248	361	476
广东	23 352			1 292	1 747				394
广西	25 570		1 865	1 303	1 737		133	210	351
海南	27 008			1 442	2 004				
重庆	23 008	709	1 875			1 739	266	519	529
四川	23 035	791	1 769			1 696	266	519	529
贵州	26 146	590	1 964			1 765	130	258	467
云南	26 849	1 150	1 870			1 579	298	461	475
陕西	26 960	1 000	2 386			2 204	428	520	635
甘肃	30 861	1 352	2 458				221	359	503
宁夏	36 374	1 509	3 180			2 101	239		894
新疆	35 372	1 632	3 021			2 255	262	342	425

注：潜在生产力为单位农作物播种面积的光温生产潜力指数，潜在生产力的计算没有考虑耕作制度，但是不影响耕地产出效率的测算

我国粮食潜在生产力大致为 27 439×10⁶J/亩，内蒙古的粮食潜在生产力最高，为 42 041×10⁶J/亩，湖北的粮食潜在生产力最低，为 21 931×10⁶J/亩，前者约为后者的两倍。我国北方的粮食潜在生产力高于南方。进一步细化区域分布发现，我

国粮食潜在生产力较高的省区市集中在吉林—辽宁—内蒙古—山西—宁夏—新疆一线；粮食潜在生产力较低的省区市集中分布于四川—重庆—湖北—河南—安徽一带。

小麦和玉米潜在生产力较高的省区市集中在我国的西北地区，其中新疆的小麦潜在生产力最高，达到了1632kg/亩，宁夏的玉米潜在生产力最高，为3180kg/亩。小麦潜在生产力较低的省区市集中在我国南方，其中贵州的小麦潜在生产力最低，仅为590kg/亩。河南和湖北的玉米潜在生产力均不足1700kg/亩。早稻和晚稻潜在生产力较高的地区主要分布于南部沿海地区，海南省的早稻和晚稻潜在生产力最高，分别为1442kg/亩和2004kg/亩。北方一季稻潜在生产力较高的省区市分布于西北和黄淮海地区，新疆的一季稻潜在生产力最高，为2255kg/亩；南方一季稻潜在生产力较高的省区市分布于东南沿海地区，福建的一季稻潜在生产力最高，为2140kg/亩。

《中国土地资源生产能力及人口承载量研究》课题组（1991）估算的2025年作物生产力（表5-12第8～第10列），多数已实现。这说明，粮食潜在生产力应该是属于理想值，采用光温生产潜力指数比预测某一时段的可能生产力更具有实际的指导意义。

二、耕地产出效率测算与时空变化特征

（一）耕地产出效率的计算方法

基于不同来源的数据，本章提出了两种计算耕地产出效率的方法。第一种计算耕地产出效率的公式如下：

$$E_1 = \frac{\left(\sum_k O_k \times N_k\right) / \left(\sum_k A_k\right)}{Y} \times 100 \tag{5-28}$$

式中，E_1为耕地产出效率（%）；Y为粮食作物的潜在生产力（10^6J/亩）；O_k为第k类粮食作物总产量（kg）；N_k为第k类粮食产品的热值（10^6J/kg）；A_k为第k类粮食作物的播种面积（亩）；k为稻谷、小麦和玉米，其总产量与播种面积数据均来源于2006～2015年《中国统计年鉴》。

第二种计算耕地产出效率的公式如下：

$$E_2 = \frac{\sum_j y_j \times N_j \times \dfrac{A_j}{A}}{\sum_j Y_j \times N_j \times \dfrac{A_j}{A}} \times 100 \tag{5-29}$$

式中，E_2为耕地产出效率（%）；y_j为j类粮食作物的实际生产力，即产量（kg/亩）；

Y_j 为 j 类粮食作物的潜在生产力（kg/亩）；N_j 为第 j 类粮食作物的热值（10^6J/kg）；A_j 为 j 类粮食作物的播种面积（亩）；A 为 j 类粮食作物的播种面积总和（亩）；j 为早稻、晚稻、一季稻、小麦和玉米，其单产数据均来源于 2006~2015 年《全国农产品成本收益资料汇编》，播种面积数据来源于2006~2015 年《中国统计年鉴》，其中早稻对应早籼稻，晚稻对应晚籼稻，一季稻对应粳稻和中籼稻的均值。

需要说明的是，考虑和不考虑耕作制度的耕地产出效率的计算结果一致：如果考虑耕作制度，式（5-28）和式（5-29）的分子与分母同时乘以一个常数，并没有改变最后的结果。本书由于在计算粮食作物的实际生产力和潜在生产力时均没有考虑耕作制度，故在此也不考虑耕作制度。

（二）耕地产出效率的计算结果与分析

由式（5-28）和式（5-29）计算得到了全国层面耕地产出效率 E_1 和 E_2，两者在 2005~2014 年的变化趋势详见图 5-2。全国耕地产出效率处于缓慢上升态势，E_1 从 2005 年的 20.69%增加到 2014 年的 23.26%，增加了 2.57 个百分点，年均复合增长率为 1.31%；E_2 从 2005 年的 22.68%增加到 2014 年的 26.27%，增加了 3.59 个百分点，年均复合增长率为 1.65%。这表明，采用不同来源的数据测算得到的全国层面的耕地产出效率有差异。整体而言，2014年全国耕地产出效率平均值为25%，年均复合增长率为 1.49%。进一步，全国耕地产出效率在时序上可分为两个上升阶段：2005~2008 年和 2009~2014 年，前者的年均复合增长率略快于后者。

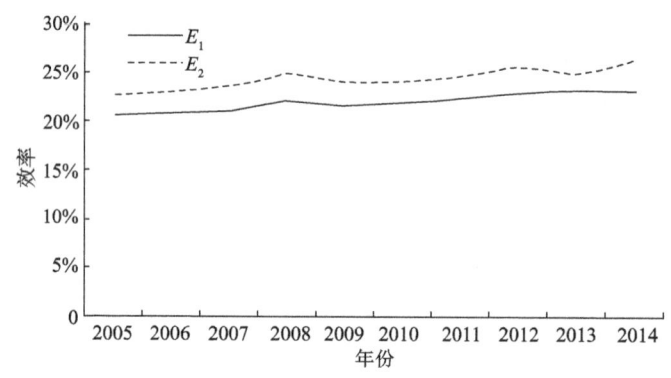

图 5-2 2005~2014 年全国层面耕地产出效率 E_1 和 E_2 的变化

2005~2014 年 26 个省区市的耕地产出效率 E_1 变化情况详见表 5-13。以 2014 年为例，高于全国耕地产出效率 E_1 的省区市集中在黄河以南地区，尤其是长江沿线地区；而低于全国耕地产出效率 E_1 的省区市主要分布在黄河以北地区，尤其是西北地区。湖北的耕地产出效率 E_1 最高，为 30.13%；山西的耕地产出效率 E_1 最低，为 14.51%；前者是后者的 2.08 倍左右。具体而言，高于全国耕地产出效率

E_1 的省区市有 10 个，从大到小依次为湖北、重庆、江苏、河南、四川、浙江、湖南、江西、安徽和广东。低于全国耕地产出效率 E_1 的省区市有 16 个，从小到大依次为山西、内蒙古、甘肃、陕西、河北、海南、辽宁、云南、贵州、宁夏、新疆、吉林、山东、福建、广西和黑龙江。从 26 个省区市耕地产出效率 E_1 高低的分布中可以得出一个基本的判断：水田的耕地产出效率 E_1 高于旱地。

表 5-13　2005～2014 年 26 个省区市的耕地产出效率 E_1 变化情况

地区	2005 年	2006 年	2007 年	2008 年	2009 年	2010 年	2011 年	2012 年	2013 年	2014 年	2005～2014 年
河北	15.46%	15.95%	16.58%	16.93%	16.85%	16.86%	17.96%	18.22%	18.80%	18.73%	3.27%
山西	12.22%	13.23%	12.34%	12.81%	11.30%	12.48%	13.24%	14.05%	14.41%	14.51%	2.29%
内蒙古	14.04%	14.21%	13.74%	14.70%	13.29%	14.09%	14.69%	15.05%	15.72%	15.53%	1.49%
辽宁	18.84%	18.01%	17.99%	19.06%	15.99%	16.62%	19.13%	19.31%	20.53%	19.07%	0.23%
吉林	19.45%	20.95%	19.14%	21.79%	18.76%	20.27%	22.71%	22.95%	23.23%	21.96%	2.51%
黑龙江	19.12%	18.75%	16.06%	19.30%	18.70%	20.14%	21.68%	21.25%	21.97%	22.55%	3.43%
江苏	26.02%	27.15%	26.78%	26.89%	27.32%	27.30%	27.75%	28.15%	28.49%	28.96%	2.94%
浙江	23.65%	25.88%	25.17%	26.57%	26.79%	26.48%	27.36%	27.56%	26.41%	27.01%	3.36%
安徽	20.61%	22.45%	22.63%	23.54%	23.67%	23.63%	23.89%	25.03%	24.89%	25.91%	5.30%
福建	20.08%	20.33%	20.92%	21.43%	21.62%	21.56%	22.07%	22.09%	22.28%	22.42%	2.34%
江西	23.49%	24.61%	24.93%	25.21%	25.60%	24.68%	25.91%	26.17%	26.46%	26.73%	3.24%
山东	20.99%	20.96%	21.35%	21.87%	21.91%	21.84%	22.09%	22.38%	22.14%	22.05%	1.06%
河南	24.53%	26.48%	26.91%	27.21%	27.12%	27.10%	27.26%	27.58%	27.68%	27.67%	3.14%
湖北	28.93%	27.11%	27.67%	28.79%	29.07%	28.82%	29.59%	29.83%	29.84%	30.13%	1.20%
湖南	25.51%	25.89%	26.24%	27.11%	26.86%	26.21%	26.70%	27.09%	26.44%	26.95%	1.44%
广东	23.12%	23.15%	23.87%	22.80%	23.89%	24.03%	25.01%	25.57%	24.23%	25.51%	2.39%
广西	19.20%	19.97%	20.53%	20.57%	21.05%	20.62%	20.55%	21.58%	22.08%	22.44%	3.24%
海南	14.09%	17.32%	17.49%	17.75%	17.57%	16.34%	17.42%	18.38%	18.38%	19.04%	4.95%
重庆	25.63%	21.32%	27.62%	28.97%	28.26%	28.86%	28.16%	28.40%	28.87%	28.98%	3.35%
四川	25.23%	22.86%	24.13%	25.18%	25.47%	25.77%	26.31%	26.56%	27.28%	27.21%	1.98%
贵州	19.49%	19.74%	21.04%	21.56%	21.45%	20.77%	14.06%	18.86%	16.84%	19.36%	−0.13%
云南	17.17%	17.21%	17.29%	17.64%	17.80%	17.66%	18.52%	19.09%	19.04%	19.11%	1.94%
陕西	15.37%	15.14%	15.28%	15.74%	16.22%	16.51%	17.11%	17.94%	17.85%	17.67%	2.30%
甘肃	12.01%	11.27%	11.33%	12.70%	12.33%	13.07%	13.86%	15.79%	15.87%	16.36%	4.35%
宁夏	14.63%	16.15%	15.34%	16.76%	16.97%	17.42%	17.48%	18.84%	19.33%	19.62%	4.99%
新疆	19.89%	20.04%	21.23%	20.14%	18.89%	19.17%	19.73%	19.66%	20.29%	20.50%	0.61%

注：2005～2014 年表示耕地产出效率在 2005～2014 年的增量，是 2014 年耕地产出效率与 2005 年耕地产出效率的差值，同样适用于表 5-14

2005～2014年,绝大多数省区市耕地产出效率E_1增加,只有贵州的耕地产出效率E_1减少了0.13个百分点,如表5-13最后一列所示。高于全国耕地产出效率E_1增量的省区市和低于全国耕地产出效率E_1增量的省区市的数量差不多。高于全国耕地产出效率E_1增量的省区市有12个,从大到小依次为安徽、宁夏、海南、甘肃、黑龙江、浙江、重庆、河北、广西、江西、河南和江苏。低于全国耕地产出效率E_1增量的省区市有13个(贵州除外),从小到大依次为辽宁、新疆、山东、湖北、湖南、内蒙古、云南、四川、山西、陕西、福建、广东和吉林。安徽的耕地产出效率E_1增量最大,增加了5.30个百分点;辽宁的耕地产出效率E_1增量最小,增加了0.23个百分点;前者是后者的23.04倍。

2005～2014年26个省区市的耕地产出效率E_2变化情况详见表5-14。以2014年为例,高于全国耕地产出效率E_2的省区市集中在黄河以南和长江以北地区;而低于全国耕地产出效率E_2的省区市主要分布在东南、西南和西北地区。河南的耕地产出效率E_2最高,为33.19%;浙江的耕地产出效率E_2最低,为16.64%;前者是后者的1.99倍左右。具体而言,高于全国耕地产出效率E_2的省区市有7个,从大到小依次为河南、江苏、江西、安徽、湖北、广东和山东。低于全国耕地产出效率E_2的省区市有19个,从小到大依次为浙江、贵州、重庆、宁夏、辽宁、海南、内蒙古、四川、福建、云南、吉林、山西、黑龙江、陕西、新疆、湖南、广西、河北和甘肃。

表5-14 2005～2014年26个省区市的耕地产出效率E_2变化情况

地区	2005年	2006年	2007年	2008年	2009年	2010年	2011年	2012年	2013年	2014年	2005～2014年
河北	22.06%	21.71%	22.23%	23.40%	22.68%	22.24%	24.17%	24.40%	24.61%	24.66%	2.60%
山西	16.57%	19.13%	19.49%	20.27%	18.20%	19.72%	22.30%	24.48%	22.46%	22.74%	6.17%
内蒙古	18.63%	17.31%	17.55%	17.35%	16.46%	18.43%	19.65%	19.05%	19.79%	20.27%	1.64%
辽宁	16.45%	16.70%	16.89%	17.89%	15.26%	14.99%	18.14%	18.94%	19.41%	18.75%	2.30%
吉林	19.26%	19.58%	17.21%	20.71%	17.37%	20.32%	21.60%	21.66%	22.10%	21.35%	2.09%
黑龙江	19.49%	19.87%	17.45%	20.04%	19.57%	20.43%	21.01%	21.32%	21.56%	22.83%	3.34%
江苏	25.39%	28.29%	28.34%	29.69%	29.50%	28.52%	28.64%	30.04%	30.37%	32.24%	6.85%
浙江	14.11%	15.42%	15.00%	15.78%	15.90%	15.22%	16.28%	16.38%	16.62%	16.64%	2.53%
安徽	23.02%	25.98%	26.59%	28.20%	28.13%	27.49%	27.82%	28.52%	27.76%	30.23%	7.21%
福建	19.08%	18.80%	18.77%	19.17%	19.70%	19.54%	20.01%	20.43%	20.46%	20.88%	1.80%
江西	25.24%	25.71%	26.82%	27.62%	28.85%	25.81%	28.89%	28.62%	30.17%	30.88%	5.64%
山东	21.86%	22.32%	22.53%	24.39%	24.15%	22.63%	24.08%	24.70%	25.05%	26.54%	4.68%
河南	25.35%	27.23%	27.96%	29.57%	28.43%	28.99%	30.33%	29.63%	29.09%	33.19%	7.84%
湖北	25.43%	26.85%	29.54%	29.18%	28.75%	28.75%	29.11%	29.85%	30.11%	29.71%	4.28%

续表

地区	2005年	2006年	2007年	2008年	2009年	2010年	2011年	2012年	2013年	2014年	2005~2014年
湖南	21.77%	22.84%	22.98%	23.85%	23.26%	21.76%	22.80%	24.03%	23.11%	23.97%	2.20%
广东	24.90%	24.85%	25.94%	24.53%	26.00%	25.90%	26.38%	27.65%	25.38%	27.66%	2.76%
广西	22.41%	23.32%	24.23%	24.63%	24.53%	24.11%	23.16%	24.45%	24.47%	24.62%	2.21%
海南	15.40%	18.86%	19.25%	19.54%	17.63%	16.42%	18.03%	19.95%	18.57%	19.31%	3.91%
重庆	16.60%	14.80%	16.29%	17.80%	17.13%	17.31%	16.93%	17.67%	17.61%	17.28%	0.68%
四川	20.46%	17.08%	17.44%	21.13%	18.91%	19.87%	20.78%	20.37%	20.53%	20.67%	0.21%
贵州	15.53%	14.59%	16.16%	16.66%	16.31%	16.29%	11.09%	16.95%	12.70%	16.79%	1.26%
云南	17.19%	18.59%	18.39%	19.68%	19.68%	18.87%	19.00%	19.86%	20.58%	20.97%	3.78%
陕西	20.54%	20.33%	20.10%	20.97%	21.16%	22.80%	22.95%	23.91%	22.65%	23.49%	2.95%
甘肃	20.45%	21.26%	23.00%	24.56%	23.28%	25.09%	25.66%	28.14%	24.42%	24.79%	4.34%
宁夏	15.15%	16.19%	15.07%	16.49%	16.99%	17.39%	17.53%	18.09%	17.55%	18.44%	3.29%
新疆	21.06%	22.19%	22.82%	21.63%	22.56%	22.19%	22.69%	22.64%	24.12%	23.60%	2.54%

2005~2014年，所有省区市耕地产出效率 E_2 增加，如表5-14最后一列所示。高于全国耕地产出效率 E_2 增量的省区市和低于全国耕地产出效率 E_2 增量的省区市的数量大致相当。高于全国耕地产出效率 E_2 增量的省区市有十个，从大到小依次为河南、安徽、江苏、山西、江西、山东、甘肃、湖北、海南和云南。低于全国耕地产出效率 E_2 增量的省区市有16个，从小到大依次为四川、重庆、贵州、内蒙古、福建、吉林、湖南、广西、辽宁、浙江、新疆、河北、广东、陕西、宁夏和黑龙江。河南的耕地产出效率 E_2 增量最大，增加了7.84个百分点；四川的耕地产出效率 E_2 增量最小，增加了0.21个百分点；前者是后者的37.33倍。

通过对比不同数据来源测算的我国耕地产出效率可知，尽管耕地产出效率 E_1 和 E_2 有差异，但两者之间还是存在共性。全国层面而言，2005~2014年，耕地产出效率 E_1 和 E_2 相差2~3个百分点，但都呈现出缓慢上升态势。就省级层面而言，耕地产出效率 E_1 和 E_2 高的省区市集中在黄河以南地区。就耕地产出效率变化的省域分布而言，耕地产出效率 E_1 和 E_2 增量较高的省区市集中在中部地区。

图5-3为2014年26个省区市耕地质量与耕地产出效率的关系，以及耕地质量与耕地产出效率在2005~2014年增量的关系。从图5-3（a）可以直观看出，耕地质量与耕地产出效率之间不存在直接相关性，即耕地质量与耕地产出效率不是一一对应，也就是说，某一省区市耕地质量的优劣名次没有决定其耕地产出效率高低的名次。但还是可以得出如下基本结论：耕地质量高的省区市其耕

地产出效率也高。耕地产出效率在 2005~2014 年的增量与耕地质量的关系更加复杂，一个基本的判断是耕地产出效率增量高的省区市主要是耕地质量高的省区市，如图 5-3（b）所示。耕地质量与耕地产出效率之间的关系，以及耕地质量与耕地产出效率增量之间的关系还需要进一步论述。

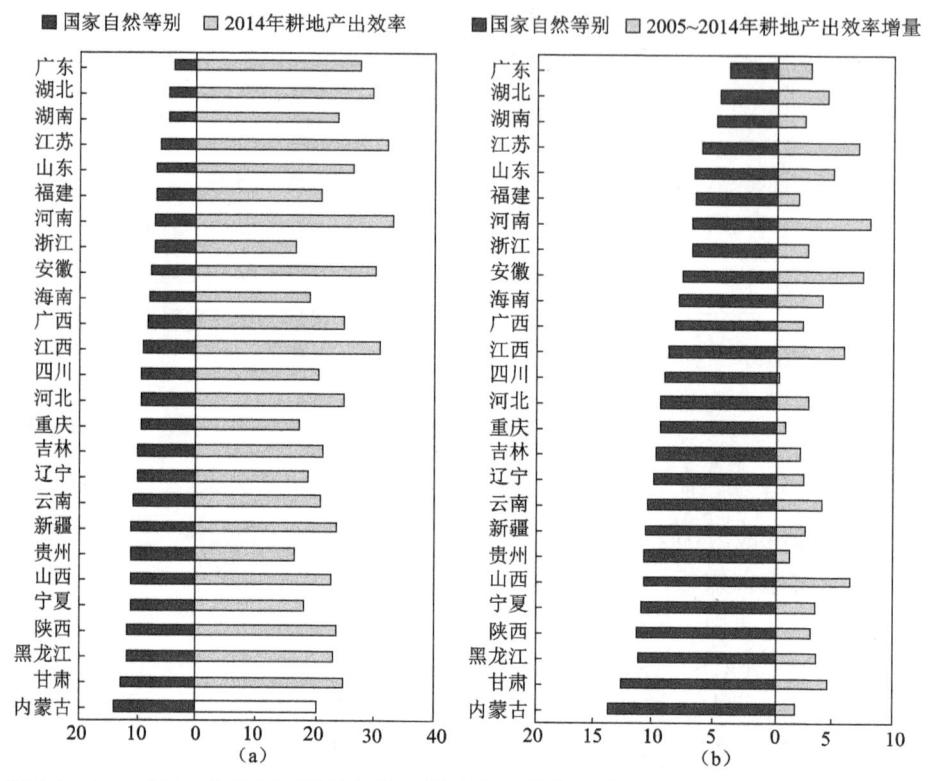

图 5-3　2014 年 26 个省区市耕地质量与耕地产出效率及其在 2005~2014 年增量的关系

第四节　本　章　小　结

1998~2014 年，我国耕地生产量与粮食总产量变化的趋势基本一致，即 1998~2003 年为下降期，2003~2014 年为上升期。稻谷、小麦和玉米三种主要粮食作物生产量之和超过耕地总生产量的 60%。我国耕地生产量较高的省区市集中于粮食主产区，而耕地生产量较低的省区市主要分布在东部沿海和青藏高原地区。

对不同阶段耕地生产量变化进行 LMDI 分解发现，就不同种类农作物的贡献程度而言，稻谷、小麦和玉米对耕地生产量增长的贡献最大，它们在 1998~2014 年的贡献程度达到了近 70%。就影响因素而言，种植规模缩小是造成 1998~2003

年耕地生产量（不包括蔬菜）减少的主要原因，生产力增加是 2003~2014 年耕地生产量（不包括蔬菜）增长的主要原因，而种植结构调整对耕地生产量的变化作用程度较低。

1998~2014 年时期，我国耕地生产力整体呈现波动上升态势，其中，1998~2000 年为下降期，2001~2014 年为波动上升期。超过一半省区市的耕地生产力的变化幅度在 1998~2003 年都降低。就区域分布而言，我国耕地生产力较高的省区市主要分布在南部沿海、黄淮海平原和东北地区，耕地生产力较低的省区市集中在西部地区。

我国粮食潜在生产力大致为 27 439×10^{6}J/亩。我国北方的粮食潜在生产力高于南方。小麦和玉米潜在生产力较高的省区市集中在我国的西北地区。小麦潜在生产力较低的省区市集中在我国的南方地区。早稻和晚稻潜在生产力较高的省区市主要分布于南部沿海地区。北方一季稻潜在生产力较高的省区市分布于西北和黄淮海地区；南方一季稻潜在生产力较高的省区市分布于东南沿海地区。

2014 年全国耕地产出效率平均值为 25%，年均复合增长率为 1.49%。尽管耕地产出效率 E_1 和 E_2 有差异，但两者之间在一定程度上还是存在一致性的。全国耕地产出效率处于缓慢上升态势，E_1 从 2005 年的 20.69%增加到 2014 年的 23.26%，年均复合增长率为 1.31%；E_2 从 2005 年的 22.68%增加到 2014 年的 26.27%，年均复合增长率为 1.65%。进一步，全国耕地产出效率在时序上可分为两个上升阶段：2005~2008 年和 2009~2014 年，前者的年均复合增长率略快于后者。就省级层面而言，耕地产出效率 E_1 和 E_2 高的省区市集中在黄河以南地区，尤其是长江中下游沿线地区。就耕地产出效率变化的省域分布而言，耕地产出效率 E_1 和 E_2 增量高的省区市集中在中部地区。耕地质量高的省区市其耕地产出效率也高；此外，耕地产出效率增量高的省区市主要是耕地质量高的省区市。

第六章　耕地质量禀赋与生产要素投入的约束替代效应

潜在生产力不变，因此，考察耕地产出效率的实质是考察生产要素投入带来粮食产量（耕地产能）变化的过程，其中生产要素投入是核心。从系统的角度看，粮食生产是一个生物的过程，也是一个技术的过程，还是一个经济的过程[①]。由于太阳能是恒定的，而自然辅助能是外生性的，故本书考察耕地产出效率的主要影响因素为人工辅助能。人工辅助能的输入是一个经济问题，属于价格理论的研究范畴。诱导创新理论认为生产要素之间价格的相对变化会引起要素替代和技术创新。要素替代可以在很大程度上消除土地资源约束的影响（Hayami and Ruttan，1985）。然而，与其他部门不一样的是，农业部门深受自然资源禀赋的影响，农业生产要素价格相对变化也不能完全反映资源条件的差异。也就是说，农业生产中的要素价格相对变化引发的要素替代需要考虑自然资源禀赋的约束（郑旭媛和徐志刚，2016）。这是采用价格理论需要考虑的问题，也是采用农业中诱导性技术变革模型需要考虑的问题。除此之外，人工辅助能的输入也是一个技术问题，生产要素的投入需要适应资源禀赋的差异，并且生产要素和资源禀赋相互作用共同影响粮食生产。在农业生产中，耕地质量是基础性的资源禀赋，也是本书的关注点。由于耕地质量等别基本不变，本章和第七章的分析都将假定耕地质量禀赋不变。第六章和第七章实际上为同一分析框架下的两个具体方面，这一分析框架是耕地质量禀赋约束下生产要素投入对耕地产出效率的影响机制。

耕地质量禀赋约束下生产要素投入影响耕地产出效率机理一个相对完整的分析框架，详见图 6-1。这一框架既包括生产要素投入先受耕地质量禀赋影响而后作用于耕地产出效率，也包括生产要素投入与耕地质量禀赋相互影响、共同作用于耕地产出效率。前者表现为约束替代效应，属于过程约束，侧重于经济层面；后者表现为交互效应，属于结果约束，侧重于技术层面。约束替代效应和交互效应的一个重要区别体现在时序上，即约束替代效应先由耕地质量禀赋影响生产要素投入，后为生产要素投入影响耕地产出效率；而交互效应为耕地质量禀赋与生产要素投入同时影响耕地产出效率。约束替代效应和交互效应的加总为综合效应，即首先耕地质量禀赋影响生产要素投入，其次耕地质量禀赋与生产要素投入共同影响耕地产出效率。本书分别考察了约束替代效应和交互效应，而没有考察

[①] 粮食作物生长首先是一个绿色植物光合作用的过程，其次是一个人工干预的过程，即投入生产要素的过程。生产要素之间需要有技术上的联系，才能共同促进粮食作物生长。配置这些有技术联系的生产要素，是一个经济的过程，遵循着投入产出最大化的基本原则。

综合效应，一是因为综合效应的理论分析需要有更多的假设前提，推导过程更加复杂；二是因为综合效应的实证检验需要更加翔实的数据，本书目前还无法做到。尽管如此，对约束替代效应和交互效应的单独考察还是有助于理解耕地质量禀赋约束下生产要素投入影响耕地产出效率的综合效应的发生机理的。

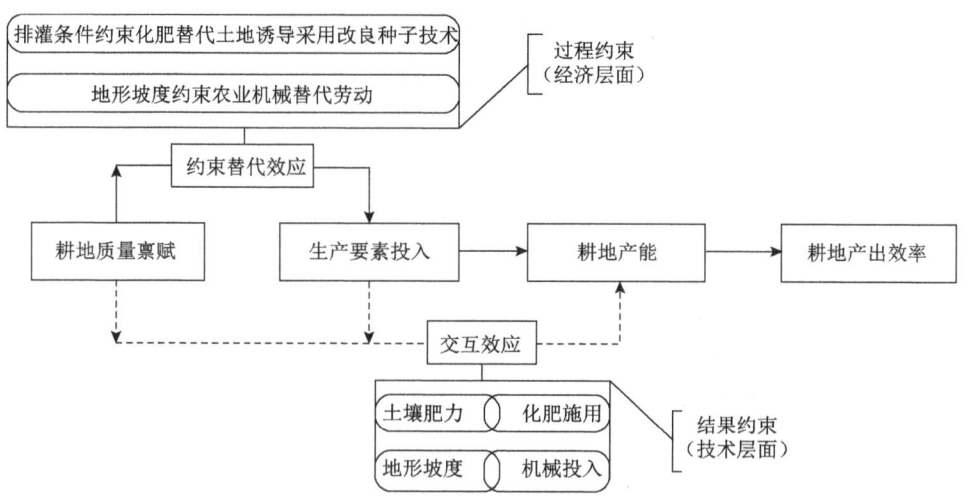

图 6-1　耕地质量禀赋约束下生产要素投入影响耕地产出效率的分析框架

耕地质量分解为：土壤肥力、地形坡度、排灌条件。其中：土壤肥力对应化肥，地形坡度对应机械，而排灌条件对应改良种子技术

第一节　理论分析与研究假说

生产要素投入先受耕地质量禀赋影响而后作用于耕地产出效率的分析范式包括三个层次：层次一，耕地质量禀赋（地形坡度）约束、劳动力成本上升与农业机械投入增加；层次二，耕地质量禀赋（排灌条件）约束、土地成本上升与化肥投入增长及采用改良种子技术；层次三，耕地质量禀赋约束、生产要素替代与耕地产出效率变化。层次一和层次二为约束替代效应发生的具体过程，层次三是在层次一和层次二的基础上约束替代效应发生的结果。

本书分析的约束替代效应发生的过程实质上是 Hayami 和 Ruttan（1985）构建的农业中诱导性技术变革模型受到耕地质量禀赋约束的情景。这种约束，主要体现在耕地的利用条件方面。耕地的利用条件优，外在的限制条件少，生产要素投入的便利性高，在某种程度上讲就是可以降低使用某种生产要素的成本，进一步讲就是可以降低生产要素替代的成本（如果生产要素发生替代的话）。例如，机械作业受到地形坡度的影响，相较平原地区，丘陵山区更难进行农业机械作业，进一步讲就是，丘陵山区的机械作业耗时更长，增加了成本（包括燃料动力费、维修护理费、固定资产折旧、人工成本等增加)。这里隐含着一个重要的前提条件是生产要素价格(成本)的相对变化不受耕地质量优劣的直接影响。这与速水佑次郎和拉坦改进的诱导创新理论隐含的价格能够反映资源条件不同(第一章第二节文献综述已阐述价格不能完全反映资源条件的差异)。本章将就耕地质量优劣是否影响生产要素成本相对变化进行实证检验。此外,没有证据表明本书采用的劳动力和土地成本及机械与化肥价格等数据和耕地质量之间存在直接的相关性。

某一生产要素价格上升也有可能造成生产规模减少,此时,生产要素及其替代要素的投入均减少。这一现象忽略了两个问题:一是生产要素的替代性;二是产出品的价格。前者表现为要素替代是否能够进行,包括是否有替代品、替代品的价格和替代实现的难度;后者表现为产品价格是否上涨。如果考虑了这两个方面,某一生产要素价格上升引发生产规模减小,应属于市场竞争下的优胜劣汰,这一问题本书不做考虑。这里,本书借鉴 Hicks(1932)的诱导创新理论与 Hayami 和 Ruttan(1985)的农业中诱导性技术变革模型(第二章第二节有比较详细的介绍)来分析生产要素价格相对变化引发生产要素替代,以及这一过程如何受到耕地质量禀赋的约束。

图 6-2 是耕地质量禀赋约束下生产要素价格相对变化引发的要素替代与规模扩展路径的一般过程。本章采用比较静态方法分析耕地质量禀赋约束要素替代过程。由于某一生产要素价格上升和价格下降引发的要素替代的分析过程相似,再者,我国粮食生产中要素替代来源于价格上升,如机械替代劳动(应瑞瑶和郑旭

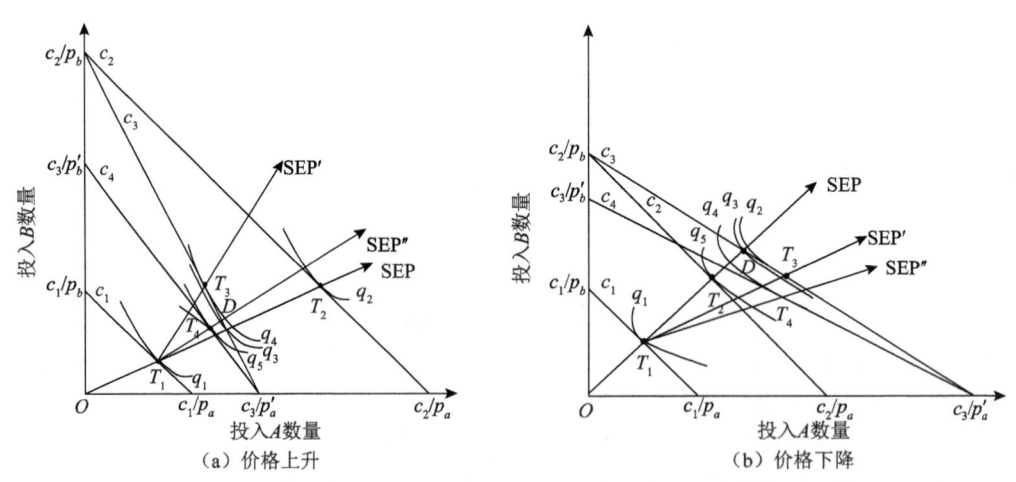

图 6-2 耕地质量禀赋约束下生产要素价格相对变化引发的要素替代与规模扩展路径

c 为两种可变生产要素 A 和 B 的等成本线;p 为每单位生产要素的价格;横坐标上的截距为 c/p_a,纵坐标上的截距为 c/p_b;等成本线的斜率为 p_a/p_b;q 为可变生产要素 A 和 B 的等产量线;D 为 c 与 p 的交点(非切点),T 为 c 与 p 的切点;通过所有这些切点的直(曲)线为生产要素 A 和 B 的规模扩展路径(SEP)。此外,等成本线和等产量线是事前设定的,这两类曲线的性状只是描述了一般的特征(如等产量曲线永不相交等),不做其他具体的假定(如等成本线斜率的大小)

媛，2013；郑旭媛和徐志刚，2015；钟甫宁，2016），因此，本章分析价格上升引发的生产要素替代过程，以及这一过程如何受到耕地质量禀赋的约束。

首先不考虑耕地质量禀赋约束。生产要素 A 和 B 的价格不变时，增加产量，即图 6-2（a）中的等产量线从 q_1 右上移动到 q_2，此时，等成本线将由 c_1 右上移动到 c_2，生产要素 A 和 B 的最优组合由 T_1 点移动到 T_2 点。这属于等比例上升，生产要素 A 和 B 的比值不变，没有发生要素替代。如果生产要素 A 的价格相对于 B 而言上涨，两者的等成本线会更加倾斜，即图 6-2（a）中等成本线 c_2 顺时针旋转至 c_3。若按照原来的规模扩展路径（SEP）增加产量，等产量线从 q_1 右上移动到 q_3，这样并没有实现产量的最大化，等成本线 c_3 与等产量线 q_3 的交点 D 也不是生产要素 A 和 B 的最优组合。在等产量线 q_3 右上方还存在一条与等成本线 c_3 相切的等产量线，即图 6-2（a）中的等产量线 q_4，此时的产量实现了最大化。生产要素 A 和 B 的规模扩展路径由 SEP 变为 SEP′，两者的最优投入组合由 D 点移动到 T_3 点。D 点到 T_3 点的过程称为生产要素价格相对上升诱发的要素替代。这是生产者追求利益最大化的必然结果。

接下来考虑耕地质量禀赋的约束。我们假定无耕地质量禀赋约束的要素替代发生在 M 地点。现在 N 地点相较于 M 地点而言受到耕地质量禀赋的约束。为了更加形象地描述这一约束过程，我们更具体地假定 N 地点为山地、M 地点为平原，要素替代为机械替代劳动。在 N 地点，由于地形条件不利于机械化作业的适宜程度，就算机械价格相对劳动力价格降低，要素替代也不可能像在 M 地点那样理想。N 地点采用机械化作业的成本（更确切的表述是机械替代劳动的成本）要高于 M 地点，类似于图 6-2（a）中生产要素 B 的价格同样上涨，等成本线 c_3 逆时针旋转至 c_4，此时，生产要素 A 和 B 的最优组合是 T_4 点（等成本线 c_4 与等产量线 q_5 的切点），规模扩展路径由 SEP′变为 SEP″。相较于无耕地质量禀赋约束的 T_3 点，T_4 点的生产要素 B 的投入量减少（当然，生产要素 A 的投入量同样减少）。T_3 点到 T_4 点的过程称为耕地质量禀赋约束下生产要素价格相对上升诱发的要素替代。需要说明的是，耕地质量禀赋的约束程度与要素替代的难易程度之间存在正向的相关性。

图 6-3 是耕地质量禀赋约束下农业产出不变时要素价格相对变化引发的要素替代的一般过程。同样采用比较静态方法分析耕地质量禀赋约束要素替代过程。因为某一生产要素价格上升和价格下降引发的要素替代的分析过程一样，再者，我国粮食生产中要素替代来源于价格上升，故本书在此分析价格上升引发的生产要素替代过程，以及这一过程如何受到耕地质量禀赋的约束。

首先不考虑耕地质量禀赋的约束。生产要素 A 和 B 的价格在 p_a 和 p_b 时，生产 q 数量的产品，两者投入的最优组合为点 T_1，即等成本线 c_1 和等产量线 q 的切点。当生产要素 A 的价格相较生产要素 B 上升时，生产要素 A 的投入量减少。如果要生产同样的 q 数量的产品，生产要素 B 的投入量增加，此时生产要素 A 和 B

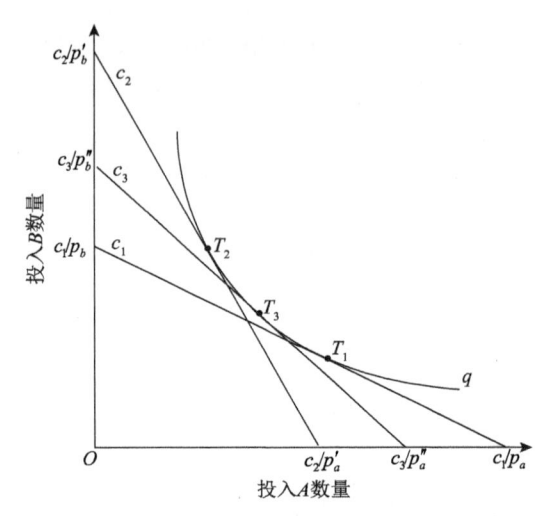

图 6-3　耕地质量禀赋约束下农业产出不变时要素价格相对变化引发的要素替代

的最佳投入组合为 T_2，即等成本线 c_2 和等产量线 q 的切点。T_1 点到 T_2 点的过程称为生产要素价格相对上升诱发的要素替代。

接下来考虑耕地质量禀赋的约束（分析方式和图 6-2 一样）。我们假定无耕地质量禀赋约束的要素替代发生在 M' 地点。现在 N' 地点相较于 M' 地点而言受到耕地质量禀赋的约束。为了更加形象地描述这一约束过程，我们更具体地假定 N' 地点为山区、M' 地点为平原，要素替代为机械替代劳动。在 N' 地点，由于地形条件不利于机械化作业的适宜程度，就算机械价格相对劳动力价格降低，要素替代也不可能像在 M' 地点那样理想。N' 地点采用机械化作业的成本（更确切的表述是机械替代劳动的成本）要高于 M' 地点，类似于图 6-3 中生产要素 B 的价格同样上涨，等成本线 c_2 变为 c_3，此时，生产要素 A 和 B 的最优组合是 T_3 点（等成本线 c_3 与等产量线 q 的切点）。相较于无耕地质量禀赋约束的 T_2 点，T_3 点的生产要素 B 的投入量减少（然而，生产要素 A 的投入量会增加）。T_2 点到 T_3 点的过程称为耕地质量禀赋约束下生产要素价格相对上升诱发的要素替代。此外，耕地质量禀赋的约束程度与要素替代的难易程度之间存在正向的相关性。

基于以上分析，本书首先就劳动力和机械动力这一对替代品之间的关系提出如下研究假说。

研究假说 6-1，劳动力成本（价格）上升[①]对农业机械投入增加具有正向的影响。

[①] 价格永远是相对价格，因此，就一对替代品而言，某一生产要素价格上升是相对于另一生产要素的价格而言。为了使研究假说简洁，本书只表述为某一生产要素价格上升，而实际上是说相对另一生产要素而言该生产要素价格上升，如劳动成本上升是相对于机械价格而言，土地成本上升是相对于化肥价格而言。

研究假说 6-2，地形坡度影响着农业机械替代劳动的过程，地形平坦有利于农业机械替代劳动，促进农业机械化。

农业生产中规模扩展路径的变迁，非常有可能诱导一种适应于某一（些）投入增加的生产要素（如图 6-2 和图 6-3 中的 B）的生物技术出现。这类似于速水佑次郎和拉坦构建的农业中诱导性技术变革模型中生物技术的进步过程（Hayami and Ruttan，1985；速水佑次郎和拉坦，2014）。他们同时指出，在生物技术进步的过程中，要求有更好的控制水和管理土的条件，如排灌系统这样的基础设施。因此，可以认为排灌条件在一定程度上约束着要素替代诱发生物技术的创新。在本书中，耕地质量禀赋高，意味着排灌条件好。在开放的经济市场中，公共部门或者企业研发新兴的种子技术不受区域的影响，也不受耕地质量优劣的影响。然而，新技术的扩散和采用在不同地区与不同行为主体之间却表现出很强的差异性（Foster and Rosenzweig，2010）。本章只考虑耕地质量禀赋对改良种子技术采用的影响。基于以上的分析，本书提出如下研究假说。

研究假说 6-3，土地成本（价格）上升对化肥投入增加具有正向的影响。

研究假说 6-4，化肥替代土地对采用改良种子技术具有正向的影响。

研究假说 6-5，排灌条件对化肥替代土地诱导采用改良种子技术具有正向的影响。

化肥替代土地诱导采用改良种子技术是提高粮食单产的，反映的是耕地产出效率。机械替代劳动（或许能够）诱导采用改良种子技术是适用于机械生产的，主要反映的是劳动生产率。而本书考察的是耕地产出效率，故不考虑耕地质量禀赋对机械替代劳动诱导采用改良种子技术的影响。此外，本书中农业机械投入既包括机播、机收、脱粒的费用，也包括机耕、运输、排灌等费用。而适用机械生产的改良种子技术往往是适用收割和脱粒的机械的，如联合收割机，这也是本书没有考虑耕地质量禀赋影响机械替代劳动诱导采用改良种子技术的原因。

粮食生产中，化肥是一种增产型投入，化肥替代土地，促使粮食单产增加，提高耕地产出效率。在这替代过程中，诱导采用吸收肥力且高产的改良种子技术，将进一步提高耕地产出效率。机械是一种省工型投入，机械替代劳动，提高了劳动生产率，而对耕地产出效率的影响方向还需要详细的论证。因劳动力成本上升诱发的机械替代劳动，有可能对耕地产出效率的提高产生反方向的影响。例如，亢霞和刘秀梅（2005）采用与本章相同来源的数据，运用随机前沿生产函数模型，估计出农业机械投入的产出弹性为-0.05，分品种看，机械的产出弹性在小麦、早籼稻和中籼稻的生产中为正，在玉米、大豆、粳稻和晚籼稻的生产中为负。

总之，耕地质量禀赋影响生产要素替代，生产要素作用于耕地产出效率。这一约束替代效应的分析严格按照价格理论中成本最小化生产决策过程和农业中诱导性技术变革过程的研究框架。面对要素成本（价格）上升，生产者有两个选择，即要素替代或产品替代（钟甫宁，2016）。本章重点分析了要素替代效应，并且考虑了耕地质量禀赋对粮食生产中要素替代难度的影响。

接下来的实证研究的逻辑思路是"先分后总、层层递进":第一步首先考察农业机械替代劳动,其次考察地形坡度对农业机械替代劳动的约束;第二步考察化肥替代土地,紧接着考察化肥替代土地诱导采用改良种子技术,进而考察排灌条件对化肥替代土地诱导采用改良种子技术的约束;第三步是在前两步的基础上,考察生产要素投入受耕地质量禀赋影响后对耕地产出效率的影响。不同步骤之间的估计结果可以相互检验实证分析的稳健性,进而提高了研究结果的可靠性。此外,本章进行了稳健性检验,并且从计量方面验证了诱导创新理论和农业中诱导性技术变革模型需要进一步考虑自然资源禀赋(即本书中的耕地质量禀赋)的约束。

第二节 地形坡度对农业机械替代劳动的影响

一、模型构建、估计方法和数据处理

(一)计量模型

本书考察的耕地质量禀赋(地形坡度)约束、劳动力成本上升与农业机械投入增加的具体模型如下:

$$JX_{ij} = \alpha_1 + \alpha_2 LJ_{it} + \alpha_3 (LJ_{it} \times ZR_i) + \alpha_4 Z_{it} + \mu_i + \varepsilon_{it} \quad (6-1)$$

式中,i 为样本省域;t 为样本年份;α_1 为常数项;α_2、α_3 和 α_4 为解释变量的系数;μ_i 为地区不可观测效应;ε_{it} 为随地区和时间而改变的扰动项。

JX_{ij} 为亩均机械费,即等于机械作业费+排灌费−水费+燃料动力费+维修护理费+固定资产折旧,以表示农业机械投入量。排灌费中的水费包括粮食生产者直接向水利工程供水单位购买灌溉用水的实际支出、集体统一向水利工程供水单位购买灌溉用水后将其分摊到生产者受益耕地上的实际支出,以及以其他方式分摊的水费支出。这实际上不属于机械投入,故本书将其从排灌费中减去。

LJ_{it} 为亩均劳动力成本与机械化农具价格指数(反映机械化农具价格的变动状况)的商值,即将亩均劳动力成本除以 2005 年=100 的机械化农具价格指数,以表示劳动力成本(价格)相较机械价格上升的程度。根据研究假说 6-1,劳动力成本(价格)上升对农业机械投入增加具有正向的影响,故 LJ_{it} 的系数 α_2 预期为正。本章采用两个变量来测度亩均劳动力成本:一是亩均人工成本,即粮食生产过程中直接使用的劳动力的成本,包括家庭用工折价和雇工费用两部分;二是亩均劳动成本,即劳动日工价与用工数量的乘积[1]。

---

[1] 具体指标解释详见 2006~2015 年《全国农产品成本收益资料汇编》。

$LJ_{it} \times ZR_i$ 为亩均劳动力成本与机械化农具价格指数商值和耕地质量自然等①的交互项，以捕捉地形坡度对机械替代劳动的影响。根据研究假说 6-2，地形坡度影响着农业机械替代劳动的过程，地形平坦有利于农业机械替代劳动，促进农业机械化。为了检验这种正向的影响，本书在式（6-1）中引入亩均劳动力成本与机械化农具价格指数商值和耕地质量自然等的交互项，即 $LJ_{it} \times ZR_i$，并且系数 α_3 预期为正。也就是说，耕地质量优，地形坡度小，农业机械替代劳动容易；反之，耕地质量差，地形坡度大，农业机械替代劳动难。

Z_{it} 为一组影响亩均机械投入的控制变量，具体包括亩均粮食生产的现金收益与现金成本的差值（表示种粮收益）、农村居民家庭人均经营耕地面积（表示经营规模）、成灾面积与受灾面积的比值（表示抗灾能力）。生产要素投入都是为了实现产出的最大化，实现最高的利润。机械投入亦如此，故采用亩均粮食生产的现金收益与现金成本的差值作为第一个控制变量。不同的经营规模对机械投入的要求不一样，一般而言，规模越大，机械投入越高，故采用农村居民家庭人均经营耕地面积作为影响机械投入的第二个控制变量。自然灾害同样会影响机械投入，如干旱时期，耕地经营主体会加大灌溉机械的投入，以减少干旱对粮食生产的不利影响。采用成灾面积与受灾面积的比值表征抗灾能力，作为影响机械投入的第三个控制变量。

（二）估计方法

估计不可观测效应模型，即式（6-1），将不可观测效应，即式（6-1）中的 μ_i，处理成固定效应还是随机效应是要优先考虑的一个问题。固定效应容许不可观测效应与模型中的解释变量相关，而随机效应则不然。也就是说，如果不可观测效应与解释变量相关，固定效应估计能得到一致的估计量，此时，随机效应估计量是有偏差的。如果不可观测效应与解释变量不相关，随机效应估计的效率高于固定效应。豪斯曼（Hausman）检验能从统计学意义上比较和选择固定效应还是随机效应，因此，本书选用豪斯曼检验选择式（6-1）的估计量。此外，尽管样本省域为 26 个，没有包括我国全部省域，但这些省域不是随机选取的，而是根据数据的可获取性原则确定的。我国幅员辽阔，各个省域之间耕地生产差异明显。因此，省域不可观测效应 μ_i 与模型中各个解释变量是相关的。综上，本章优选式（6-1）的固定效应估计量。

（三）数据来源与预处理

耕地质量自然等来源于《中国农用地质量发展研究报告（2015）》（国土资

---

① 耕地质量自然等的计算过程详见第二章第二节。需要说明的是，耕地质量自然等越大，耕地质量越劣。本章采用耕地质量自然等的负数，以实现数值越大、耕地质量越优的分析需要。

源部农用地质量与监控重点实验室，2016）中的图 1-6、图 1-8、图 1-10 和图 1-12，但提取的图中的数据存在一定程度的误差，耕地质量自然等只有 2014 年的数据。本书从已出版的 2013~2015 年《中国农用地质量发展研究报告》（国土资源部农用地质量与监控重点实验室，2014，2015，2016）可知，我国各省区市 2013~2015 年耕地质量等基本不变。故，本书假定研究期间（2005~2014 年）各样本省域耕地质量不变[①]。

早籼稻、中籼稻、晚籼稻、粳稻、小麦和玉米机械作业费、排灌费、水费、燃料动力费、维修护理费、固定资产折旧、现金收益、现金成本、人工成本、劳动日工价与用工数量数据来自 2006~2015 年《全国农产品成本收益资料汇编》。粮食播种面积、人均耕地面积、成灾面积、受灾面积和机械化农具价格指数数据来源于 2006~2015 年《中国统计年鉴》。为了消除价格变动的影响，机械费采用机械化农具价格指数平减。

耕地质量自然等指数是不同指定农作物的自然质量等指数的加总。故，某一粮食作物的播种面积大，其自然质量等对耕地质量自然等的贡献就大，如黑龙江的耕地质量自然等受玉米的自然质量等的影响最大。此外，被解释变量，即耕地产出效率和粮食单产，都是通过对稻谷、小麦和玉米三种粮食作物的有关数据进行加权平均计算得到的。因此，解释变量也应该进行相同的处理，也就是说，以早籼稻、中籼稻、晚籼稻、粳稻、小麦和玉米的播种面积的占比为权重计算得到机械费、现金收益与现金成本差值、人工成本和劳动成本的亩均数值[②]。各变量的描述性统计详见表 6-1。

表 6-1 各变量的描述性统计

变量	变量定义	单位	均值	标准差
机械费	亩均机械作业费、亩均排灌费（扣除水费）、亩均燃料动力费、亩均维修护理费、亩均固定资产折旧加总	元/亩	88.43	36.26
收益成本差值	亩均粮食生产现金收益与现金成本的差值	元/亩	178.18	110.81

---

① 进一步的论述见第二章第二节。
② 某一变量 X 的亩均数值的具体计算公式如下：
$$X=(X_1\times A_1/A_{123}+X_2\times A_2/A_{123}+X_3\times A_3/A_{123})\times A_4/A_{456}+X_5\times A_5/A_{456}+X_6\times A_6/A_{456}$$
其中，1~5 分别对应早籼稻、中籼稻和粳稻、晚籼稻、稻谷、小麦与玉米；A_i 为 i 类作物的播种面积；A_{123} 为早稻、中稻和一季晚稻、晚稻的播种面积之和；A_{456} 为稻谷、小麦和玉米的播种面积之和。中籼稻和粳稻对应中稻与一季晚稻，晚籼稻对应双季晚稻，早籼稻对应早稻，这三者的播种面积只有 2013 和 2014 年的数据，故这三类稻谷在研究期间（2005~2014 年）的播种面积占比为在 2013 年和 2014 年的播种面积占比的均值。

续表

变量	变量定义	单位	均值	标准差
人均耕地面积	农村居民家庭人均经营耕地面积	亩/人	2.72	2.86
成灾受灾比值	成灾面积与受灾面积的比值	%	48.97	12.69
人工成本	亩均人工成本与机械化农具价格指数的商值	元/亩	207.62	125.11
人工成本×地形坡度	亩均人工成本与机械化农具价格指数的商值×耕地质量自然等		−1938.41	1528.13
劳动成本	亩均劳动成本与机械化农具价格指数的商值	元/亩	165.23	78.91
劳动成本×地形坡度	亩均劳动成本与机械化农具价格指数的商值×耕地质量自然等		−1478.92	857.93

注：耕地质量自然等实际上是正数，并且数值越大，耕地质量越劣；本章取其负数，实现数值越大、耕地质量越优的分析需要

二、地形坡度影响农业机械替代劳动的估计结果与分析

（一）耕地质量禀赋对劳动力成本上升的影响

为了验证耕地质量禀赋对劳动力成本上升没有产生显著的直接影响，本书对两者进行一元线性回归，其普通最小二乘法和随机效应估计结果详见表6-2，其中，模型（6-1）和模型（6-2）为普通最小二乘法的估计结果，模型（6-3）和模型（6-4）为随机效应估计结果。拉格朗日乘子（Lagrangian multiplier，LM）检验强烈拒绝"不存在个体随机效应"的原假设，故选择随机效应估计结果。表6-2中模型（6-2）和模型（6-4）显示，耕地质量禀赋对人工成本上升和劳动成本上升均没有产生显著的影响。这说明，在农业发展中，仅考虑价格变化对生产要素替代的诱导作用是不全面的，还应该考虑自然资源禀赋对要素替代过程的影响。

表6-2 劳动力成本上升对耕地质量禀赋的回归结果

变量	人工成本		劳动成本	
	模型（6-1）	模型（6-2）	模型（6-3）	模型（6-4）
耕地质量	−11.7002***	−11.7002	0.7880	0.7880
	（3.0074）	（7.7519）	（1.9511）	（5.2143）
常数项	102.5413***	102.5413	172.3069***	172.3069***
	（28.0453）	（72.2906）	（18.1953）	（48.6263）
样本量	260	260	260	260
R^2	0.0554	0.0554	0.0006	0.0006
LM检验的显著性		0.0000		0.0000

注：①由于耕地质量是不随时间变化的变量，故本书采用随机效应估计方法；②模型（6-1）和模型（6-2）为普通最小二乘法估计结果，模型（6-3）和模型（6-4）为随机效应估计结果；③括号中是标准误

***表示在1%的水平上显著

(二) 考虑地形坡度的劳动力成本上升对农业机械投入的影响

式 (6-1) 的固定效应和随机效应的估计结果详见表 6-3。两组估计结果的豪斯曼检验的 p 值均为 0.0000，故采用固定效应估计结果。模型 (6-6) 和模型 (6-8) 的 F 检验皆在 1%的水平上显著，表明选取的解释变量对农业机械投入的解释能力强。

表 6-3 考虑地形坡度影响的农业机械投入的估计结果

变量	随机效应 模型 (6-5)	固定效应 模型 (6-6)	随机效应 模型 (6-7)	固定效应 模型 (6-8)
劳动成本	0.4896*** (0.0787)	0.6517*** (0.1021)		
劳动成本×地形坡度	0.0268*** (0.0075)	0.0367*** (0.0099)		
人工成本			0.5846*** (0.0669)	0.6382*** (0.0699)
人工成本×地形坡度			0.0400*** (0.0060)	0.0424*** (0.0065)
收益成本差值	0.0763*** (0.0185)	0.0837*** (0.0165)	0.0646*** (0.0171)	0.0699*** (0.0149)
人均耕地面积	7.1189*** (1.4607)	16.9178*** (3.0581)	8.2993*** (1.3774)	18.0330*** (2.7281)
成灾受灾比值	−0.1783 (0.1341)	−0.0621 (0.1169)	−0.1810 (0.1237)	−0.0907 (0.1052)
常数项	0.4896*** (0.0787)	−22.7426*** (11.7279)	19.3636* (10.0831)	−18.9288* (10.2788)
样本量	260	260	260	260
R^2	0.5274	0.5444	0.6124	0.6304
豪斯曼检验 p 值	0.0000		0.0000	
F 检验统计量		54.72***		78.12***

注：括号中是标准误
***和*表示在 1%和 10%的水平上显著

估计结果显示，劳动成本和人工成本的系数均为正，并且都通过 1%显著性水平的检验，说明劳动力成本上升对农业机械投入增加具有正向的影响，验证了研究假说 6-1。

从交互项来看，无论是劳动成本×地形坡度还是人工成本×地形坡度，其系数都为正，并且均在 1%的水平上显著，说明地形坡度影响着农业机械替代劳动过程，地形平坦对农业机械替代劳动具有正向的影响，验证了研究假说 6-2。耕地质量优、地势平坦的地区 (如平原) 利于机械作业，农业机械替代劳动的难度小；

反之，耕地质量差、地势崎岖的地区（如山区）不利于机械化，农业机械替代劳动的难度大。

此外，收益成本差值的系数为正，在1%的水平上显著，说明种粮收益的提高，会促使经营主体增加农业机械投入。土地经营规模与机械总投入存在正相关，机械总投入增加可能会引起单位面积机械投入增加，人均耕地面积的系数为正且在1%的水平上显著，这一点可以验证。模型（6-6）中成灾受灾比值的系数为负值，模型（6-8）中该系数同样为负值，但没有通过显著性检验。

（三）不考虑地形坡度的劳动力成本上升对农业机械投入的影响

本章第一节从理论上分析了Hicks（1932）的诱导创新理论与Hayami和Ruttan（1985）的农业中诱导性技术变革模型需要进一步考察自然资源禀赋的约束，即本书中的耕地质量禀赋的约束。上文对劳动力成本上升诱导农业机械投入增加这一过程受到地形坡度的影响进行了实证分析。如果不考虑地形坡度的约束，上文的实证分析结果将发生怎么样的变化呢？本小节的目的就是考察这种变化，进而从实证分析层面验证诱导创新理论和农业中诱导性技术变革模型需要进一步考虑自然资源禀赋的约束。

不考虑地形坡度约束的劳动力成本上升对农业机械投入影响的估计结果，即式（6-1）除去变量劳动成本×地形坡度和人工成本×地形坡度的固定效应与随机效应估计的结果见表6-4。表6-4中的劳动成本和人工成本的系数均为正，并且都通过1%显著性水平的检验，说明劳动力成本上升对农业机械投入增加有正向的影响。但是，系数数值明显减小，也就是说劳动力成本上升对农业机械投入增加的影响程度大幅降低。这表明采用诱导创新理论解释农业机械投入增加的程度下降。控制变量的系数的正负号都不变，并且这些变量的显著性水平基本不变。然而，相较表6-3，表6-4的R^2减少，说明模型估计效果下降。因此，计量结果表明考察劳动力成本上升对农业机械投入的影响需要考虑地形坡度的约束，以提高诱导创新理论和农业中诱导性技术变革模型的解释能力。

表6-4 不考虑地形坡度影响的机械投入的估计结果

变量	随机效应	固定效应	随机效应	固定效应
	模型（6-9）	模型（6-10）	模型（6-11）	模型（6-12）
劳动成本	0.2321*** (0.0308)	0.2879*** (0.0297)		
人工成本			0.1419*** (0.0190)	0.1936*** (0.0172)
收益成本差值	0.0705*** (0.0187)	0.0802*** (0.0169)	0.0634*** (0.0190)	0.0706*** (0.0162)

续表

变量	随机效应 模型（6-9）	固定效应 模型（6-10）	随机效应 模型（6-11）	固定效应 模型（6-12）
人均耕地面积	5.1854*** (1.3947)	15.1049*** (3.1017)	4.5834*** (1.3190)	15.7337*** (2.9401)
成灾受灾比值	−0.2266* (0.1357)	−0.0829 (0.1200)	−0.2732** (0.1373)	−0.1055 (0.1143)
常数项	34.5269*** (10.7881)	−10.4038 (11.5564)	48.6052*** (10.1390)	−10.9378 (10.8073)
样本量	260	260	260	260
R^2	0.4964	0.5169	0.5327	0.5616
豪斯曼检验 p 值	0.0000		0.0000	
F 检验统计量		61.52***		73.64***

注：括号中是标准误
***、**和*表示在1%、5%和10%的水平上显著

（四）稳健性检验

本书采用耕地质量自然等表示地形坡度变量，尽管两者具有明显的相关性，但仍然不能完全等同。在此，分别采用坡度≤2°的耕地比重和坡度≤6°的耕地比重[1]表示地形坡度变量，重新对式（6-1）进行估计。估计方法同上，以检验上述计量结果的稳健性。

将坡耕地面积比重替代耕地质量自然等表征地形坡度变量之后的式（6-1）的固定效应估计结果详见表6-5。豪斯曼检验的显著性 p 值均为0.0000，故采用固定效应估计结果（为了使表格简洁，没有列入随机效应的估计结果）。所有模型的 F 检验皆在1%的水平上显著，表明选取的解释变量对农业机械投入的解释能力强。

表6-5　农业机械投入的固定效应估计结果（稳健性检验）

变量	模型（6-13）	模型（6-14）	模型（6-15）	模型（6-16）
劳动成本	0.1421*** (0.0476)	0.1111* (0.0587)		

---

[1] 1984年中国农业区划委员会颁发的《土地利用现状调查技术规程》对耕地坡度分为五级，即≤2°、2°~6°、6°~15°、15°~25°、>25°。这一规定延续至今。坡度≤2°的耕地视为平地，坡度≥6°的耕地不利于机械作业。坡耕地比重数据来源于各省域第二次全国土地调查主要数据成果的公报，和耕地质量自然等一样，坡耕地比重也只有一年的数据。鉴于数据的可获取性原则，样本省域为22个，即福建、甘肃、广东、广西、贵州、海南、河北、河南、黑龙江、湖北、湖南、吉林、江苏、江西、内蒙古、宁夏、山东、山西、四川、云南、浙江和重庆。

续表

变量	模型（6-13）	模型（6-14）	模型（6-15）	模型（6-16）
劳动成本×坡度≤2°的耕地比重	0.0048*** (0.0013)			
劳动成本×坡度≤6°的耕地比重		0.0040*** (0.0012)		
人工成本			0.0849** (0.0231)	0.0309 (0.0283)
人工成本×坡度≤2°的耕地比重			0.0043*** (0.0007)	
人工成本×坡度≤6°的耕地比重				0.0043*** (0.0007)
收益成本差值	0.0756*** (0.0174)	0.07549*** (0.0175)	0.0559*** (0.0161)	0.0539*** (0.0159)
人均耕地面积	8.7938*** (3.3826)	8.7912*** (3.4328)	9.2506*** (3.0307)	8.2182*** (3.0226)
成灾受灾比值	−0.0274 (0.1294)	−0.0471 (0.1296)	−0.0426 (0.1176)	−0.0469 (0.1161)
常数项	−8.6439 (12.1988)	−7.4582 (12.2493)	−0.0426 (10.9231)	−0.3827 (10.2780)
样本量	220	220	220	220
R^2	0.5372	0.5315	0.6111	0.6205
F 检验统计量	44.80***	43.79***	60.66***	63.11***

注：括号中是标准误

***、**和*表示在1%、5%和10%的水平上显著

估计结果显示，除了第4列之外，劳动成本和人工成本的系数均为正，并且都通过10%显著性水平的检验，说明劳动力成本上升对农业机械投入增加有正向的影响，验证了研究假说6-1，也说明前文的估计结果具有一定的稳健性。

从交互项来看，劳动成本×坡度≤2°的耕地比重、劳动成本×坡度≤6°的耕地比重、人工成本×坡度≤2°的耕地比重和人工成本×坡度≤6°的耕地比重的系数都为正，并且均在1%的水平上显著，说明地形坡度影响着农业机械替代劳动过程，地形平坦对农业机械替代劳动具有正向的影响，验证了研究假说6-2，也说明前文的估计结果具有一定的稳健性。

此外，控制变量收益成本差值和人均耕地面积的系数正负号及显著性水平与表6-3的估计结果一致；而成灾受灾比值的系数正负号不变，但显著性水平下降。

第三节 排灌条件对化肥替代土地诱导采用改良种子技术的影响

一、模型构建、估计方法和数据处理

（一）计量模型

考察耕地质量禀赋（排灌条件）约束、土地成本上升与化肥投入增长及改良种子技术采用的具体似不相关回归模型如下：

$$\begin{cases} \text{HF}_{it} = \beta_{11} + \beta_{12}\text{TF}_{it} + \beta_{13}Z'_{it} + \mu'_i + \varepsilon'_{it} & (6\text{-}2) \\ \text{ZZ}_{it} = \beta_{21} + \beta_{22}\text{THF}_{it} + \beta_{23}(\text{THF}_{it} \times \text{ZR}_i) + \beta_{24}Z''_{it} + \mu''_i + \varepsilon''_{it} & (6\text{-}3) \end{cases}$$

式中，下标 i 为样本省域；t 为样本年份；β_{11} 和 β_{21} 为常数项；β_{12}、β_{13}、β_{22}、β_{23} 和 β_{24} 为解释变量的系数；μ'_i 和 μ''_i 为地区不可观测效应；ε'_{it} 和 ε''_{it} 为随地区与时间而改变的扰动项。

式（6-2）中各变量解释如下。

HF_{it} 为亩均化肥费，即实际施用的各种化肥的费用，以表示化肥投入量。化肥包括氮肥、磷肥、钾肥、复混肥，以及钙肥、微肥、菌肥等其他肥料。

TF_{it} 为亩均土地成本与化学肥料价格指数（化学肥料价格的变动状况）的商值，即将土地成本除以 2005 年=100 的化学肥料价格指数，以表示土地成本（价格）上升相较化肥价格上升的程度。根据研究假说 6-3，土地成本（价格）上升对化肥投入增加具有正向的影响，故 TF_{it} 的系数 β_{12} 预期为正。土地成本是指土地作为一种生产要素投入生产中的成本，包括流转地租金和自营地折租。本书不区分流转地租金和自营地折租，只将土地作为一种生产要素投入农业生产中所需的费用。无论是流转地租金上涨还是自营地折租上涨，都意味着农户使用土地这一生产要素的成本上升。

Z'_{it} 为一系列影响亩均化肥费的控制变量，具体包括亩均粮食生产的现金收益与现金成本的差值（表示种粮收益）、人均粮食产量（表示粮食生产地位）、成灾面积与受灾面积的比值（表示抗灾能力）。生产要素投入都是为了实现产出的最大化，实现最高的利润。化肥投入亦如此，故采用亩均粮食生产的现金收益与现金成本的差值作为第一个控制变量。人均粮食产量越高的地区，其粮食生产地位越重要。粮食主产区受到的国家政策扶植力度大，种粮主体的生产积极性高，这将影响农业生产要素的投入，故采用人均粮食产量作为影响亩均化肥费的第二

个控制变量。自然灾害同样会影响着化肥投入，如洪水退后耕地经营主体会增施化肥，以减少对粮食生产的不利影响；但如果受灾程度大、受灾时间长，耕地经营主体会减少化肥施用。故采用成灾面积与受灾面积的比值作为影响亩均化肥费的第三个控制变量。

式（6-3）中各变量解释如下。

ZZ_{it} 为采用的种子技术变量，使用农用种子价格指数与农村居民消费价格指数的比值来测度。技术进步往往很难直接采用变量来捕捉[1]。技术进步可以通过物化于产品而显现出来[2]，而价格是衡量产品质量优差的一个重要指标[3]。公共部门或者企业通过投入研发出适应性更强、产出率更高的优良品种。这些物化了种子技术的品种在市场上的售价较高。在一段时期内，种子价格的变动是可以反映出种子技术改良的基本态势的。农用种子价格指数反映了种子价格的变动状况。种子价格的变动需要剔除农村居民消费价格指数的影响。故本章采用农用种子价格指数与农村居民消费价格指数的比值来测度种子技术。

实证分析中，衡量种子技术（质量）是一个难点，已有研究涉及的不多。Rozelle 等（2003）曾构建了两种衡量种子质量的方法：产出边界（yield frontier）和采用的产出潜力（adopted yield potential），前者指某一品种在实验站的最高单位产出量，后者指农民采用的所有品种在实验站的平均单位产出量。这两种方法由于采用的是实验站数据，更多地反映了在特定条件下的种子质量水平，但可能未能反映农民大规模使用的种子的质量水平。因为采用的产出潜力和实际单位产出之间存在较大的差距，如 1981 年两者相差 51%，1995 年相差 38%；而产出边界和实际产出之间的差距则更大，分别为 61%和 55%。Bustos 等（2016）与 Mcarthur 和 Mccord（2017）均采用新品种的播种面积比重来衡量一个地区的种子技术水平。亢霞和刘秀梅（2005）采用种子费用来反映种子质量。进一步，陈龙江和 Reed（2016）采用基于单位面积种子用量构建的指数和基于单位种子平均价格构建的指数两种方法测量玉米种子总体质量水平。其中，种子平均价格为单位面积种子费用与单位面积种子用量的商值。根据新农产品成本核算体系释义答疑发现，种子费用指实际播种使用的种子、种苗、秧苗等支出，而种子用量指实际播种的种

---

[1] 经济学中常用生产率和全要素生产率来衡量，多数实证分析的计量模型采用时间虚拟变量来捕捉。

[2] Schultz（1964）认为，技术变化的实质是一种生产要素增加、减少或改变的结果。作为生产要素改变的典型，更优品质的种子（如对化肥具有反应且高产品种）完全可以表示种子技术改良。

[3] 杰克·赫舒拉发、阿米亥·格雷泽和大卫·赫舒拉发在其著作《价格理论及其应用：决策、市场与信息（原书第 7 版）》（李俊慧和周燕译，2009 年）第九章中详细地论述了价格和质量的关系。

子数量。可见，两者的统计范围不一致，两者的商值不是种子价格。陈龙江和 Reed（2016）采用单位面积种子用量来测度种子质量水平，这是基于我国玉米种植中单位面积种子用量减少的客观事实而定的，他们认为单位面积种子用量越少，种子质量越高。按照这一方法，他们发现 2004~2014 年，我国玉米种子质量最高的 3 个省市为重庆、贵州和湖北，质量最低的 3 个省区为新疆、甘肃和辽宁；前者种子用量大约是后者的两倍，也就是说重庆、贵州和湖北的玉米种子质量是新疆、甘肃与辽宁的玉米种子质量的两倍左右。此外，玉米种子质量提高最快的 3 个省份为吉林、甘肃、山西，提高最慢的为湖北、宁夏和黑龙江；前者种子用量的减少幅度大约为后者的三倍，也就是说吉林、甘肃、山西的玉米种子质量的改良程度是湖北、宁夏和黑龙江的玉米种子质量的改良程度的三倍左右。一个不可否定的事实是，种子质量高的地区，要么为粮食主产区（更倾向采用种子技术），要么为经济发达区（更倾向创新种子技术）。然而，采用单位面积种子用量反映出来的省际差异在很大程度上不符合这一事实。因此，采用单位面积种子用量来衡量种子质量还需要进一步论证。

THF_{it} 为亩均土地成本与亩均化肥费的比值，以表示化肥替代土地。根据研究假说 6-4，化肥替代土地对采用改良种子技术具有正向的影响，故 THF_{it} 的系数 β_{22} 预期为正。遵循速水佑次郎和拉坦对要素比例与要素价格比率的关系及要素替代进行实证分析的模式（Hayami and Ruttan，1985；速水佑次郎和拉坦，2014），以及本章第一节对约束替代效应的理论分析，本书采用亩均土地成本与亩均化肥费的比值表征化肥替代土地这一变量。亩均土地成本与亩均化肥费的比值变化可以反映出两者的相对变化，也可以反映化肥替代土地的过程。也就是说，亩均土地成本与亩均化肥费的比值增大，发生化肥替代土地；亩均土地成本与亩均化肥费的比值减小，没有发生化肥替代土地。

$THF_{it} \times ZR_i$ 为亩均土地成本与亩均化肥费的比值和耕地质量自然等的交互项，以捕捉排灌条件对化肥替代土地诱导采用改良种子技术的影响。根据研究假说 6-5，排灌条件对化肥替代土地诱导采用改良种子技术具有正向的影响。为了检验这种正向的影响，本书在式（6-3）中引入亩均土地成本与亩均化肥费的比值和耕地质量自然等的交互项，即 $THF_{it} \times ZR_i$，并且系数 β_{23} 预期为正。也就是说，耕地质量越优，排灌条件越好，对化肥替代土地诱导采用改良种子技术的影响程度越大。

Z''_{it} 为一系列影响采用改良种子技术的控制变量，具体包括亩均粮食生产的现金收益与现金成本的差值（表示种粮收益）、人均粮食产量（表示粮食生产地位）、成灾面积与受灾面积的比值（表示抗灾能力）。生产要素投入都是为了实现产出的最大化，实现最高的利润。采用改良种子技术亦如此，故采用亩均粮食生产的现金收益与现金成本的差值作为第一个控制变量。人均粮食产量越高的地区，其粮食生产地位越重要。粮食主产区受到的国家政策扶植力度大，种粮主体的生产积极性高,这将影响农业生产要素的投入,故采用人均粮食产量作为影响采用改良种子技术的第二个控制变量。自然灾害同样会影响改良种子技术的采用,如干旱易发地区的耕地经营主体会使用耐旱的种子,故采用成灾面积与受灾面积的比值作为影响采用改良种子技术的第三个控制变量。

(二)估计方法

本节首先分别对式(6-2)和式(6-3)进行固定效应与随机效应估计,优选固定效应估计量;其次对式(6-2)和式(6-3)进行似不相关回归可行广义最小二乘法估计,即系统估计。不同步骤之间的估计结果可以相互检验实证分析的稳健性,进而提高了研究结果的可靠性。

估计不可观测效应模型,即式(6-2)和式(6-3),将不可观测效应,即式(6-2)和式(6-3)中的μ_i'与μ_i'',处理成固定效应还是随机效应是要优先考虑的一个问题。固定效应容许不可观测效应与模型中的解释变量相关,而随机效应则不然。也就是说,如果不可观测效应与解释变量相关,固定效应估计能得到一致的估计量,此时,随机效应估计量是有偏差的。如果不可观测效应与解释变量不相关,随机效应估计的效率高于固定效应。豪斯曼检验能从统计学意义上比较和选择固定效应还是随机效应,因此,本书选用豪斯曼检验选择式(6-2)和式(6-3)的估计量。此外,尽管样本省域为26个,没有包括我国全部省域,但这些省域不是随机选取的,而是根据数据的可获取性原则确定的。我国幅员辽阔,各个省域之间耕地生产差异明显。因此,省域不可观测效应μ_i'和μ_i''与模型中各个解释变量是相关的。故,本书优选式(6-2)和式(6-3)的固定效应估计量。

尽管式(6-2)和式(6-3)的变量之间没有内在的联系,但两式的扰动项之间可能存在相关性,因为同一省域的不可观测因素可以同时对化肥投入和种子技术采用产生影响。如果将式(6-2)和式(6-3)同时进行联合估计,可以提高估计效率。因此,本书采用似不相关回归可行广义最小二乘法对式(6-2)和式(6-3)进行估计。这样也可以检验式(6-2)和式(6-3)的固定效应估计量的稳健性。Wooldridge(2009)认为,对每个横截面观测引入一个虚拟变量后使用二阶段最小二乘法可以用来估计基于面板数据的联立方程。这类似于采用虚拟变量回归[最小二乘虚拟变量(least squares dummy variable,LSDV)]模型估计固定效应模型。因此,本书在对省级面板数据进行似不相关回归可行广义最小二乘法估计时加入省域不可观测效应。

(三)数据来源与预处理

耕地质量自然等来源于《中国农用地质量发展研究报告(2015)》(国土资

源部农用地质量与监控重点实验室，2016）中的图1-6、图1-8、图1-10和图1-12。进一步论述详见本章第二节。

早籼稻、中籼稻、晚籼稻、粳稻、小麦和玉米的亩均化肥费、现金收益、现金成本与亩均土地成本数据来自2006~2015年《全国农产品成本收益资料汇编》。粮食播种面积、人均粮食产量、成灾面积、受灾面积、农村居民消费价格指数和化学肥料价格指数数据来源于2006~2015年《中国统计年鉴》。为了消除价格变动的影响，化肥费采用化学肥料价格指数平减。

解释变量的处理方法与本章第二节一样，也就是说，以早籼稻、中籼稻、晚籼稻、粳稻、小麦和玉米的播种面积的占比为权重计算得到化肥费、现金收益与现金成本的差值和土地成本的亩均数值。各变量的描述性统计详见表6-6。

表6-6 各变量的描述性统计

变量	变量定义	单位	均值	标准差
种子技术	农用种子价格指数与农村居民消费价格指数的比值	—	113.65	17.76
化肥费	亩均化肥费	元/亩	90.48	15.96
收益成本差值	亩均粮食生产现金收益与现金成本的差值	元/亩	178.18	110.81
成灾受灾比值	成灾面积与受灾面积的比值	%	48.97	12.69
土地替代化肥	亩均土地成本与亩均化肥费的比值	%	99.99	45.90
土地替代化肥×排灌条件	亩均土地成本与亩均化肥费的比值×耕地质量自然等	—	-913.24	559.75
人均粮食产量	人均粮食产量	kg/人	453.59	263.27
土地成本	土地成本与化肥价格指数的商值	元/亩	90.49	42.85

注：耕地质量自然等实际上是正数，并且数值越大，耕地质量越劣；本章取其负数，实现数值越大、耕地质量越优的分析需要

二、排灌条件影响化肥替代土地诱导采用改良种子技术的估计结果与分析

（一）耕地质量禀赋对土地成本上升的影响

为了验证耕地质量禀赋对土地成本上升没有产生显著的直接影响，本书对两者进行一元线性回归，其普通最小二乘法和随机效应估计结果详见表6-7，其中，模型（6-17）为普通最小二乘法估计结果，模型（6-18）为随机效应估计结果。LM检验强烈拒绝"不存在个体随机效应"的原假设，故选择随机效应估计结果。表6-7中模型（6-18）显示，耕地质量禀赋对土地成本上升没有产生显著的影响。这说明，在农业发展中，仅考虑价格变化对生产要素替代的诱导作用是不全面的，还应该考虑自然资源禀赋对要素替代过程的影响。

表 6-7　土地成本上升对耕地质量禀赋的回归结果

变量	土地成本	
	模型（6-17）	模型（6-18）
耕地质量	−2.1852** (1.0511)	−2.1852 (2.8117)
常数项	70.8631*** (9.8024)	70.8631*** (26.2204)
样本量	260	260
R^2	0.0165	0.0165
LM 检验的显著性		0.0000

注：①由于耕地质量是不随时间变化的变量，故本书采用随机效应估计方法；②模型（6-17）为普通最小二乘法估计结果，模型（6-18）为随机效应估计结果；③括号中是标准误
***和**表示在1%和5%的水平上显著

（二）考虑排灌条件的土地成本上升对采用改良种子技术的影响

式（6-2）的固定效应和随机效应的估计结果详见表 6-8。对模型（6-19）和模型（6-20）进行豪斯曼检验，发现豪斯曼检验的 p 值为 0.5878，不能拒绝原假设，故从统计学意义上来看应该采用随机效应的估计结果。无论是固定效应还是随机效应，其估计结果均显示，各变量系数的显著性和正负号没有变化。固定效应的 F 检验在 1%的水平上显著，表明模型（6-20）中解释变量对化肥投入的解释能力强。

表 6-8　土地成本影响化肥投入的估计结果

变量	随机效应	固定效应
	模型（6-19）	模型（6-20）
土地成本	0.1334*** (0.0212)	0.1268*** (0.0220)
收益成本差值	−0.0009 (0.0056)	−0.0004 (0.0057)
人均粮食产量	0.0061 (0.0059)	0.0103 (0.0067)
成灾受灾比值	−0.0981** (0.0394)	−0.0944** (0.0398)
常数项	80.5860*** (4.3154)	79.0238*** (3.5554)
样本量	260	260
R^2	0.2858	0.2870
豪斯曼检验 p 值	0.5878	
F 检验统计量		23.15***

注：括号中是标准误
***和**表示在1%和5%的水平上显著

估计结果显示，核心变量土地成本的系数为正，并且通过 1%显著性水平的检验，说明土地成本上升对化肥投入增加具有正向的影响，验证了研究假说 6-3。尽管收益成本差值的系数为负，但没有通过显著性检验。而人均粮食产量的

系数为正，同样没有通过显著性检验。成灾受灾比值的系数在模型（6-19）和模型（6-20）中都为负值，均在5%的水平上显著，说明成灾受灾比值高，即抗灾能力弱的省区市，其化肥投入少。

式（6-3）的固定效应和随机效应的估计结果详见表6-9。对模型（6-21）和模型（6-22）进行豪斯曼检验，发现豪斯曼检验的p值为0.0010，故，采用固定效应估计结果。模型（6-22）的F检验在1%的水平上显著，表明解释变量对采用改良种子技术的解释能力强。

表6-9　考虑排灌条件影响的种子技术采用的估计结果

变量	随机效应 模型（6-21）	固定效应 模型（6-22）
土地替代化肥	39.0713*** (7.9874)	60.6858*** (11.6078)
土地替代化肥×排灌条件	2.8779*** (0.9126)	5.2656*** (1.3863)
收益成本差值	0.0469*** (0.0095)	0.0414*** (0.0099)
人均粮食产量	0.0345*** (0.0102)	0.0640*** (0.0133)
成灾受灾比值	0.0191 (0.0698)	0.0409 (0.0684)
常数项	75.9090*** (6.4174)	62.6281*** (6.6142)
样本量	260	260
R^2	0.3688	0.3841
豪斯曼检验p值	0.0010	
F检验统计量		54.72***

注：括号中是标准误
***表示在1%的水平上显著

估计结果显示，土地替代化肥的系数为正，并且通过1%显著性水平的检验，说明化肥替代土地对采用改良种子技术具有正向的影响，验证了研究假说6-4。

从交互项来看，土地替代化肥×排灌条件的系数为正，并且均在1%的水平上显著，说明排灌条件对化肥替代土地诱导采用改良种子技术具有正向的影响，验证了研究假说6-5。也就是说，耕地质量优、排灌条件便利的地区，经营主体更倾向于采用对化肥吸收好、高产的新品种。

此外，收益成本差值的系数为正，在1%的水平上显著，说明种粮收益的提高会促使经营主体采用改良种子技术。人均粮食产量的系数为正且在1%的水平上显著，说明粮食生产地位高的地区，经营主体更倾向于采用改良种子技术。成灾受灾比值的系数为正，但不显著。

式（6-2）和式（6-3）的似不相关回归可行广义最小二乘法估计结果详见表6-10。相较单独的固定效应估计结果，似不相关回归可行广义最小二乘法估计结果中，R^2 明显增大。此外，Breusch-Pagan 独立性测验 p 值为 0.0047，故可以在 1%的显著性水平上拒绝式（6-2）和式（6-3）的扰动项相互独立的原假设。因此，使用似不相关回归进行系统估计可以提高式（6-2）和式（6-3）的估计效率。

表 6-10 考虑排灌条件影响的化肥投入及种子技术采用的
似不相关回归可行广义最小二乘法估计结果

变量	化肥费	种子技术
土地成本	0.1277*** （0.0207）	
土地替代化肥		59.820*** （10.7431）
土地替代化肥×排灌条件		4.7281*** （1.2809）
收益成本差值	−0.0005（0.0054）	0.0376*** （0.0093）
人均粮食产量	0.0102* （0.0063）	0.0566*** （0.0124）
成灾受灾比值	−0.0943** （0.0374）	0.0399（0.0642）
常数项	79.1193*** （3.7638）	66.7018*** （6.4903）
样本量	260	260
R^2	0.8469	0.6362
Breusch-Pagan 独立性测验 p 值	0.0047	

注：括号中是标准误
***、**和*表示在 1%、5%和 10%的水平上显著

估计结果显示，核心变量土地成本的系数为正，并且通过 1%显著性水平的检验，说明土地成本上升对化肥投入增加具有正向的影响，验证了研究假说 6-3。土地替代化肥的系数为正，同样通过 1%显著性水平的检验，说明化肥替代土地对采用改良种子技术具有正向的影响，验证了研究假说 6-4。土地替代化肥×排灌条件的系数为正，并且在 1%的水平上显著，说明排灌条件对化肥替代土地诱导采用改良种子技术具有正向的影响，验证了研究假说 6-5。这说明上文单独进行固定效应估计的计量结果具有稳健性。

与表 6-8 相比，表 6-10 中的控制变量除了人均粮食产量对化肥费的正向影响的显著性提高之外，收益成本差值和成灾受灾比值的系数的显著性均不变，并且两者系数的正负号也没有变化。

（三）不考虑排灌条件的土地成本上升对采用改良种子技术的影响

本章第一节从理论上分析了 Hicks（1932）的诱导创新理论和 Hayami 和 Ruttan（1985）的农业中诱导性技术变革模型需要进一步考察自然资源禀赋的约束，即本书中的耕地质量禀赋的约束。上文对化肥替代土地诱导采用改良种子技术这一过程受到排灌条件的影响进行了实证分析。如果不考虑排灌条件的约束，上文的

实证分析结果将发生怎么样的变化呢？本小节的目的就是考察这种变化，进而从实证分析层面验证诱导创新理论和农业中诱导性技术变革模型需要进一步考虑自然资源禀赋的约束。

不考虑排灌条件约束的化肥替代土地诱导采用改良种子技术影响的估计结果，即式（6-3）除去变量土地替代化肥×排灌条件的固定效应和随机效应估计结果见表 6-11，式（6-2）和式（6-3）的似不相关回归可行广义最小二乘法的估计结果见表 6-12。

表 6-11　不考虑排灌条件影响的种子技术采用的估计结果

变量	随机效应 模型（6-23）	固定效应 模型（6-24）
土地替代化肥	15.9432*** （0.0798）	18.7296*** （3.6699）
收益成本差值	0.0444*** （0.0096）	0.0361*** （0.0101）
人均粮食产量	0.0144*** （0.0082）	0.0358*** （0.0133）
成灾受灾比值	−0.0227 （0.0702）	0.0071 （0.0698）
常数项	84.3524*** （5.9534）	71.9119*** （6.3229）
样本量	260	260
R^2	0.3303	0.3453
豪斯曼检验 p 值	0.0020	
F 检验统计量		30.33***

注：括号中是标准误
***表示在1%的水平上显著

表 6-12　不考虑排灌条件影响的化肥投入和种子技术采用的似不相关回归可行广义最小二乘法估计结果

变量	化肥费	种子技术
土地成本	0.1277*** （0.0207）	
土地替代化肥		22.8650*** （3.4377）
收益成本差	−0.0005 （0.0054）	0.0321*** （0.0095）
人均粮食产量	0.0102** （0.0063）	0.0302*** （0.0107）
成灾受灾比值	−0.0943** （0.0374）	0.0100 （0.0656）
常数项	79.1193*** （3.7638）	66.7018*** （6.4903）
样本量	260	260
R^2	0.8469	0.6129
Breusch-Pagan 独立性测验 p 值	0.0047	

注：括号中是标准误
***和**表示在1%和5%的水平上显著

表 6-11 中的土地替代化肥的系数为正,并且都通过 1%显著性水平的检验,说明化肥替代土地对诱导采用改良种子技术有正向的影响。但是,与表 6-9 相比较,土地替代化肥的系数数值明显减小,也就是说土地替代化肥对采用改良种子技术的正向促进作用程度大幅降低。这表明采用 Hayami 和 Ruttan（1985）构建的农业中诱导性技术变革模型解释种子技术采用的能力下降。相较表 6-9 中的模型（6-22）,表 6-11 中的模型（6-24）的控制变量的系数的正负号都不变,并且其显著性水平不变。然而,相较表 6-9,表 6-11 的 R^2 减小,说明模型估计效果下降。因此,计量结果表明考察化肥替代土地对诱导采用改良种子技术的影响需要考虑排灌条件的约束,以提高诱导创新理论和农业中诱导性技术变革模型的解释能力。

同样,表 6-12 中土地替代化肥的系数为正,并且通过 1%显著性水平的检验,说明化肥替代土地对诱导采用改良种子技术有正向的影响。但是,与表 6-10 相比较,土地替代化肥的系数数值明显减小。相较表 6-10,表 6-12 中的控制变量的系数的正负号都不变,并且其显著性水平基本不变;此外,式（6-2）的估计结果基本不变。然而,相较表 6-10,表 6-12 的 R^2 减小,说明模型估计效果下降。因此,计量结果表明考察化肥替代土地对诱导采用改良种子技术的影响需要考虑排灌条件的约束。

第四节　耕地质量禀赋约束、要素替代与耕地产出效率

一、模型构建、估计方法和数据处理

（一）计量模型

考察耕地质量禀赋约束、要素替代与耕地产出效率的具体联立方程组如下:

$$\begin{cases} \mathrm{XL}_{it} = \varphi_1 + \varphi_2 \mathrm{JX}_{it} + \varphi_3 \mathrm{HF}_{it} + \varphi_4 \mathrm{ZZ}_{it} + \varphi_5 \mathrm{NY}_{it} \\ \qquad + \varphi_6 \mathrm{SYCB}_{it} + \varphi_7 \mathrm{RJGD}_{it} + \varphi_8 \mathrm{CZSZ}_{it} + \varphi_9 Z'''_{it} + \mu'''_i + \varepsilon'''_{it} \\ \mathrm{JX}_{ij} = \alpha_1 + \alpha_2 \mathrm{LJ}_{it} + \alpha_3 (\mathrm{LJ}_{it} \times \mathrm{ZR}_i) + \alpha_4 Z_{it} + \mu_i + \varepsilon_{it} \\ \mathrm{HF}_{it} = \beta_{11} + \beta_{12} \mathrm{TF}_{it} + \beta_{13} Z'_{it} + \mu'_i + \varepsilon'_{it} \\ \mathrm{ZZ}_{it} = \beta_{21} + \beta_{22} \mathrm{THF}_{it} + \beta_{23} (\mathrm{THF}_{it} \times \mathrm{ZR}_i) + \beta_{24} Z''_{it} + \mu''_i + \varepsilon''_{it} \end{cases} \quad (6\text{-}4)$$

式中,下标 i 为样本省域; t 为样本年份; μ'''_i 为地区不可观测效应; ε'''_{it} 为随地区和时间而改变的扰动项; XL_{it} 为耕地产出效率,计算过程详见第五章第三节; NY_{it} 为亩均农药费,其余变量与式（6-1）~式（6-3）一样。

化肥和农药是粮食生产中传统的投入品，化肥属于增产型投入，而农药既可以减少粮食生产过程中的病虫害，又可以调节粮食生产过程，属于稳产型投入。鉴于我国当前化肥和农药都过量使用，两者对耕地产出效率的影响有待进一步验证。农业机械是省工型投入，机械投入对耕地产出效率的影响方向同样需要论证。具有化肥反应的、高产的种子技术有利于耕地产出效率的提高。收益成本影响着经营主体的种粮积极性，对耕地产出效率有着正向的影响。人均耕地面积反映的是经营规模，经营规模对粮食单产的影响方向备受争议。本章将估计人均耕地面积对耕地产出效率的影响。抗灾能力影响着粮食生产，也影响着粮食单产。因此，本章认为，成灾受灾比值对耕地产出效率有着正向的影响。

根据前文耕地质量禀赋约束下生产要素投入影响耕地产出效率的分析框架可知，耕地质量禀赋和生产要素投入先影响粮食产量，进而影响耕地产出效率。故在估计式（6-4）时，本书考虑了粮食单产替换耕地产出效率的情况，以提高实证分析的稳健性。此外，在对式（6-4）进行三阶段最小二乘法估计时，引入两个额外的外生变量，即年平均温度和年总降水量，以控制气候变量对耕地产出效率的影响。

（二）估计方法

式（6-4）是根据理论分析框架构建的一个联立方程，本章将其作为一个整体进行估计，也就是系统估计。三阶段最小二乘法是最常用的系统估计方法。首先对每个方程进行二阶段最小二乘法估计，其次对整个系统的扰动项之协方差矩阵进行估计，最后对整个系统进行广义最小二乘法估计。Wooldridge（2009）认为，对每个横截面观测引入一个虚拟变量后使用二阶段最小二乘法来估计基于面板数据的联立方程。据此，本书在对式（6-4）进行三阶段最小二乘法来估计时加入省域不可观测效应，这类似于采用虚拟变量回归估计固定效应模型。

（三）数据来源及预处理

耕地产出效率和粮食单产数据来源于第五章。早籼稻、中籼稻、晚籼稻、粳稻、小麦和玉米亩均农药费数据来自 2006~2015 年《全国农产品成本收益资料汇编》。粮食播种面积和农药及农药械价格指数来源于 2006~2015 年《中国统计年鉴》。年平均温度和年总降水量，来自 2006~2015 年《中国气象年鉴》，各省区市的数据用其省会城市和中心城市的数据代替。为了消除价格变动的影响，农药费采用农药及农药械价格指数平减。其余变量的数据来源详见本章第二节和第三节。各变量处理方法与本章第二节一样。

各变量的描述性统计详见表 6-13。

表 6-13 各变量的描述性统计

变量	变量定义	单位	均值	标准差
耕地产出效率	产量/潜在生产力×100%#	%	21.89	4.39
粮食单产	单位播种粮食产量×热值#	10^6J/亩	6228.50	1119.03
耕地质量	耕地质量自然等##	—	-8.98	2.52
机械费	亩均机械作业费、亩均排灌费（扣除水费）、亩均燃料动力费、亩均维修护理费、亩均固定资产折旧加总	元/亩	88.43	36.26
种子技术	农用种子价格指数与农村居民消费价格指数的比值	—	113.65	17.76
化肥费	亩均化肥费	元/亩	90.48	15.96
农药费	亩均农药费	元/亩	21.56	18.46
收益成本差值	亩均粮食生产现金收益与现金成本的差值	元/亩	178.18	110.81
人均耕地面积	农村居民家庭人均经营耕地面积	亩/人	2.72	2.86
成灾受灾比值	成灾面积与受灾面积的比值	%	48.97	12.69
人工成本	亩均人工成本与机械化农具价格指数的商值	元/亩	207.62	125.11
人工成本×地形坡度	亩均人工成本与机械化农具价格指数的商值×耕地质量自然等	—	-1938.41	1528.13
劳动成本	亩均劳动成本与机械化农具价格指数的商值	元/亩	165.23	78.91
劳动成本×地形坡度	亩均劳动成本与机械化农具价格指数的商值×耕地质量自然等	—	-1478.92	857.93
土地替代化肥	亩均土地成本与亩均化肥费的比值	%	99.99	45.90
土地替代化肥×排灌条件	亩均土地成本与亩均化肥费的比值×耕地质量自然等	—	-913.24	559.75
人均粮食产量	人均粮食产量	kg/人	453.59	263.27
土地成本	土地成本与化肥价格指数的商值	元/亩	90.49	42.85
年平均温度	年平均温度	℃	15.93	14.89
年总降水量	年总降水量	mm	1019.42	1448.84

#第五章有详细的解释

##耕地质量自然等实际上是正数，并且数值越大，耕地质量越劣；本章取其负数，实现数值越大、耕地质量越优的分析需要

二、耕地质量禀赋约束下要素替代影响耕地产出效率的估计结果与分析

（一）考虑耕地质量禀赋的生产要素投入对耕地产出效率的影响

联立方程组，即式（6-4）的三阶段最小二乘法估计结果详见表 6-14。模型（6-25）和模型（6-26）没有引入年平均温度与年总降水量气候外生变量，而模型（6-27）和模型（6-28）引入了这两个气候外生变量。对比这四个模型，

发现核心变量系数的正负号和显著性水平都没有变化,说明计量结果具有一定的稳健性。

表 6-14 考虑耕地质量禀赋的耕地产出效率的三阶段最小二乘法估计结果

变量	模型（6-25）	模型（6-26）	模型（6-27）	模型（6-28）
机械费	−0.0326***	−0.0366***	−0.0336***	−0.0363***
	（0.0089）	（0.0089）	（0.0088）	（0.0088）
种子技术	0.1203***	0.1213***	0.1209***	0.1187***
	（0.0186）	（0.0171）	（0.0184）	（0.0168）
化肥费	0.0886***	0.0969***	0.0897***	0.0969***
	（0.0150）	（0.0151）	（0.0149）	（0.0150）
农药费	0.0469	0.0516*	0.0484*	0.0527**
	（0.0301）	（0.0277）	（0.0300）	（0.0277）
收益成本差值	0.0056***	0.0059***	0.0057***	0.0060***
	（0.0013）	（0.0011）	（0.0013）	（0.0011）
人均耕地面积	−0.3690**	−0.3467*	−0.3640**	−0.3333*
	（0.1915）	（0.1849）	（0.1916）	（0.1840）
成灾受灾比值	0.0047	0.0053	0.0047	0.0053
	（0.0075）	（0.0071）	（0.0075）	（0.0070）
R^2	0.8853	0.8824	0.8844	0.8851
机械投入方程				
劳动成本	0.5016***		0.5021***	
	（0.0865）		（0.0864）	
劳动成本×地形坡度	0.0265***		0.0266***	
	（0.0084）		（0.0084）	
人工成本		0.5562***		0.5555***
		（0.0625）		（0.0624）
人工成本×地形坡度		0.0371***		0.0370***
		（0.0058）		（0.0058）
收益成本差值	0.0912***	0.0781***	0.0914***	0.0781**
	（0.0153）	（0.0139）	（0.0153）	（0.0139）
人均耕地面积	17.6163***	18.6867***	17.6363***	18.6931***
	（2.7602）	（2.5161）	（2.7601）	（2.5163）
成灾受灾比值	−0.0738	−0.0939	−0.0739	−0.0939
	（0.1096）	（0.0987）	（0.1096）	（0.0987）
R^2	0.7392	0.7889	0.7392	0.7889
化肥投入方程				
土地成本	0.0893***	0.1029***	0.0894***	0.1029***
	（0.0202）	（0.0204）	（0.0202）	（0.0204）
收益成本差值	0.0030	0.0016	0.0030	0.0016
	（0.0054）	（0.0054）	（0.0054）	（0.0054）
人均粮食产量	0.0162***	0.0148**	0.0162***	0.0148**
	（0.0062）	（0.0063）	（0.0062）	（0.0063）

续表

变量	模型（6-25）	模型（6-26）	模型（6-27）	模型（6-28）
成灾受灾比值	−0.1016***	−0.0985***	−0.1016***	−0.0984***
	（0.0374）	（0.0374）	（0.0374）	（0.0374）
R^2	0.8450	0.8461	0.8450	0.8461
种子技术采用方程				
土地替代化肥	32.8869***	39.7189***	33.0512***	40.2871***
	（8.6485）	（9.1965）	（8.6510）	（9.2426）
土地替代化肥×排灌条件	2.9226***	3.4290***	2.9393***	3.4851***
	（0.9908）	（1.0725）	（0.9912）	（1.0785）
收益成本差值	0.0471***	0.0447***	0.0470***	0.0446***
	（0.0090）	（0.0091）	（0.0091）	（0.0091）
人均粮食产量	0.0673***	0.0672***	0.0671***	0.0676***
	（0.0104）	（0.0110）	（0.0104）	（0.0110）
成灾受灾比值	0.0220	0.0281	0.0222	0.0287
	（0.0640）	（0.0640）	（0.0634）	（0.0640）
R^2	0.6228	0.6298	0.6231	0.6301
样本量	260	260	260	260
气候外生变量	否	否	是	是

注：括号中是标准误

***、**和*表示在1%、5%和10%的水平上显著

表6-14的结果可以进一步验证前文实证分析的稳健性。估计结果显示，劳动成本和人工成本、劳动成本×地形坡度和人工成本×地形坡度的系数都为正，并且均在1%的水平上显著，这验证了式（6-1）的核心内容，即劳动力成本上升对农业机械投入增加具有正向的影响（研究假说6-1），而地形坡度影响着农业机械替代劳动的过程（研究假说6-2）。土地成本、土地替代化肥和土地替代化肥×排灌条件的系数均为正，且都在1%的水平上显著，这验证了式（6-2）和式（6-3）的核心内容，即土地成本上升对化肥投入增加具有正向的影响（研究假说6-3），化肥替代土地对采用改良种子技术具有正向的影响（研究假说6-4），排灌条件对化肥替代土地诱导采用改良种子技术具有正向的影响（研究假说6-5）。

机械费的系数为负，在1%的水平上显著，说明农业机械投入没有促进耕地产出效率提高，反而产生了负向影响，尽管影响程度不大（亩均农业机械投入增加1元，耕地产出效率下降0.03个百分点~0.04个百分点）。种子技术的系数为正，在1%的水平上显著，说明种子技术促进了耕地产出效率提高，并且影响程度大，其系数为0.12左右。化肥费的系数为正，在1%的水平上显著，说明化肥的投入有利于耕地产出效率的提高。尽管机械和种子技术都受到耕地质量禀赋的影响，但这二者对耕地产出效率的影响方向和影响程度不同。

控制变量农药费的系数为正，在模型（6-25）中不显著，而在模型（6-26）

和模型（6-27）中的显著性水平为10%，在模型（6-28）中的显著性水平为5%。尽管可以认为农药的投入有利于耕地产出效率的提高，但这一结果在统计上的显著性不满意。收益成本差值的系数为正，在1%的水平上显著，说明种粮收益增加促进了耕地产出效率的提高。人均耕地面积的系数为负，在模型（6-25）和模型（6-27）中的显著性水平为5%，而在模型（6-26）和模型（6-28）中的显著性水平为10%，同样可以认为人均经营规模扩大对耕地产出效率提高的负向影响在统计上的显著性不满意。抗灾能力（成灾受灾比值）对耕地产出效率的影响没有通过显著性检验。

将粮食单产替换粮食产出效率，式（6-4）的三阶段最小二乘法估计结果详见表6-15。与表6-14一样，表6-15中的模型（6-29）和模型（6-30）没有引入年平均温度与年总降水量气候外生变量，而模型（6-31）和模型（6-32）引入了这两个气候外生变量。

表6-15　粮食单产的三阶段最小二乘法估计结果

变量	模型（6-29）	模型（6-30）	模型（6-31）	模型（6-32）
机械费	−6.5058**	−6.8158***	−6.7778***	−6.7799***
	(2.7398)	(2.7363)	(2.7051)	(2.7044)
种子技术	24.3218***	21.2951***	24.6057***	20.8384***
	(5.7483)	(5.2963)	(5.7106)	(5.2199)
化肥费	34.9843***	36.4529***	35.2842***	36.4678***
	(4.6775)	(4.6691)	(4.6573)	(4.6461)
农药费	5.2566	7.3999	5.6515	7.6397
	(9.6323)	(8.8954)	(9.6236)	(8.8879)
收益成本差值	2.4383***	2.6010***	2.4475***	2.6193***
	(0.3637)	(0.3298)	(0.3642)	(0.3288)
人均耕地面积	−50.7443	−23.1142	−50.0065	−20.2421
	(58.6193)	(56.0934)	(58.7017)	(55.9928)
成灾受灾比值	1.3871	1.5726	1.3990	1.5809
	(2.1714)	(2.0467)	(2.1749)	(2.0411)
R^2	0.8650	0.8724	0.8635	0.8737
机械投入方程				
劳动成本	0.5374***		0.5380***	
	(0.0876)		(0.0875)	
劳动成本×地形坡度	0.0298***		0.0299***	
	(0.0085)		(0.0085)	
人工成本		0.5822***		0.5819***
		(0.0628)		(0.0628)
人工成本×地形坡度		0.0394***		0.0394***
		(0.0058)		(0.0058)
收益成本差值	0.0904***	0.0774***	0.0906***	0.0774***
	(0.0153)	(0.0139)	(0.0153)	(0.0139)
人均耕地面积	18.2803***	19.0248***	18.2973***	19.0188***
	(2.7720)	(2.5222)	(2.7717)	(2.5223)

续表

变量	模型（6-29）	模型（6-30）	模型（6-31）	模型（6-32）
成灾受灾比值	−0.0686 (0.1097)	−0.0917 (0.0987)	−0.0686 (0.1097)	−0.0917 (0.0987)
R^2	0.7402	0.7896	0.7401	0.7895
化肥投入方程				
土地成本	0.0882*** (0.0201)	0.1016*** (0.0203)	0.0884*** (0.0201)	0.1017*** (0.0203)
收益成本差值	0.0027 (0.0054)	0.0013 (0.0054)	0.0027 (0.0054)	0.0012 (0.0054)
人均粮食产量	0.0183*** (0.0062)	0.0171*** (0.0062)	0.0183*** (0.0062)	0.0172*** (0.0062)
成灾受灾比值	−0.1003*** (0.0374)	−0.0971*** (0.0374)	−0.1003*** (0.0374)	−0.0970*** (0.0374)
R^2	0.8448	0.8459	0.8448	0.8459
种子技术采用方程				
土地替代化肥	27.2973*** (9.4352)	38.0768*** (10.0424)	27.3283*** (9.4306)	38.4249*** (10.0624)
土地替代化肥×排灌条件	2.0410** (1.0110)	2.9896*** (1.1877)	2.0373** (1.1019)	3.0256*** (1.1903)
收益成本差值	0.0439*** (0.0091)	0.0420*** (0.0092)	0.0439*** (0.0091)	0.0420*** (0.0092)
人均粮食产量	0.0647*** (0.0111)	0.0648*** (0.0117)	0.0645*** (0.0111)	0.0649*** (0.0117)
成灾受灾比值	0.0206 (0.0641)	0.0285 (0.0641)	0.0206 (0.0641)	0.0287 (0.0641)
R^2	0.6210	0.6303	0.6411	0.6305
样本量	260	260	260	260
气候外生变量	否	否	是	是

注：括号中是标准误

***、**表示在1%、5%的水平上显著

相较表6-14，表6-15中核心变量系数的正负号和显著性均没有变化，这实证检验了研究假说6-1～研究假说6-5。也就是说，劳动成本和人工成本、劳动成本×地形坡度和人工成本×地形坡度的系数都为正，并且均在1%的水平上显著，这验证了式（6-1）的核心内容，即劳动力成本上升对农业机械投入增加具有正向的影响（研究假说6-1），而地形坡度影响着农业机械替代劳动的过程（研究假说6-2）。土地成本、土地替代化肥和土地替代化肥×排灌条件的系数均显著为正，这验证了式（6-2）和（6-3）的核心内容，即土地成本上升对化肥投入增加具有正向的影响（研究假说6-3），化肥替代土地对采用改良种子技术具有正向的影响（研

究假说 6-4），排灌条件对化肥替代土地诱导采用改良种子技术具有正向的影响（研究假说 6-5）。

机械费的系数为负，在 1%的水平上显著，说明农业机械投入没有促进粮食单产提高，反而产生了负向影响。种子技术的系数为正，在 1%的水平上显著，说明种子技术促进了粮食单产提高，并且影响程度大，其系数为超过 20。化肥费的系数为正，在 1%的水平上显著，说明化肥的投入有利于粮食单产的提高。尽管机械和种子技术都受到耕地质量禀赋的影响，但这二者对粮食单产的影响方向和影响程度不同。

控制变量农药费和人均耕地面积都没有通过显著性检验，其余两个控制变量系数的显著性和正负号没有变化。整体而言，本章的实证分析的计量结果具有一致性。

（二）不考虑耕地质量禀赋的生产要素投入对耕地产出效率的影响

不考虑耕地质量禀赋约束的生产要素投入对耕地产出效率变化的影响的估计结果，即式（6-4）除去交互项变量的三阶段最小二乘法估计结果见表 6-16。表 6-16 中的 4 个模型相比，除了变量机械费和土地替代化肥的显著性水平降低之外，其余变量的显著性水平基本不变，此外，除了成灾受灾比值之外的其余变量的估计系数的正负号都不变。相较表 6-14，表 6-16 的 R^2 减小，说明模型估计效果下降，此外，核心变量系数减小，说明采用诱导创新理论解释生产要素投入变化的程度下降。因此，实证分析的计量结果表明考察耕地产出效率的影响因素时需要考虑耕地质量禀赋的约束，以提高诱导创新理论和农业中诱导性技术变革模型的解释能力。

表 6-16　不考虑耕地质量影响的耕地产出效率的三阶段最小二乘法估计结果

变量	模型（6-33）	模型（6-34）	模型（6-35）	模型（6-36）
机械费	−0.0228*	−0.0193	−0.0277**	−0.0276*
	(0.0139)	(0.0147)	(0.0088)	(0.0142)
种子技术	0.1418***	0.1472***	0.1575***	0.1591***
	(0.0391)	(0.0426)	(0.0377)	(0.0168)
化肥费	0.0493***	0.0435**	0.0539***	0.0458**
	(0.0201)	(0.0213)	(0.0197)	(0.0209)
农药费	0.0611	0.0556	0.0560	0.0500
	(0.0437)	(0.0432)	(0.0435)	(0.0429)
收益成本差值	0.0035*	0.0028	0.0032	0.0026
	(0.0021)	(0.0021)	(0.0021)	(0.0021)
人均耕地面积	−0.6834***	−0.7699***	−0.6805***	−0.7688***
	(0.2457)	(0.2532)	(0.2448)	(0.2521)
成灾受灾比值	0.0013	0.0010	0.0015	0.0012
	(0.0121)	(0.0123)	(0.0121)	(0.0122)
R^2	0.8583	0.8485	0.8369	0.8314

续表

变量	模型（6-33）	模型（6-34）	模型（6-35）	模型（6-36）
机械投入方程				
劳动成本	0.2283*** (0.0239)		0.2253*** (0.0237)	
人工成本		0.1573*** (0.0142)		0.1566*** (0.0142)
收益成本差值	0.0903*** (0.0157)	0.0814*** (0.0151)	0.0911*** (0.0157)	0.0818*** (0.0150)
人均耕地面积	16.9271*** (2.7749)	17.4291*** (2.6661)	16.7582*** (2.7737)	17.2945*** (2.6642)
成灾受灾比值	−0.0884 (0.1127)	−0.1054 (0.1074)	−0.0900 (0.1128)	−0.1062 (0.1074)
R^2	0.7233	0.7484	0.7229	0.7463
化肥投入方程				
土地成本	0.0945*** (0.0203)	0.1095*** (0.0205)	0.0946*** (0.0203)	0.1096*** (0.0205)
收益成本差值	0.0026 (0.0053)	0.0011 (0.0054)	0.0026 (0.0054)	0.0011 (0.0054)
人均粮食产量	0.0151** (0.0062)	0.0132** (0.0063)	0.0149** (0.0062)	0.0131** (0.0063)
成灾受灾比值	−0.1008*** (0.0374)	−0.0976*** (0.0374)	−0.1010*** (0.0374)	−0.0976*** (0.0374)
R^2	0.8455	0.8465	0.8455	0.8465
种子技术采用方程				
土地替代化肥	4.5509** (2.3957)	4.1271* (2.4244)	4.7357** (2.3878)	4.2283* (2.4229)
收益成本差值	0.0493*** (0.0093)	0.0495*** (0.0092)	0.0495*** (0.0093)	0.0498*** (0.0092)
人均粮食产量	0.0570*** (0.0089)	0.0584*** (0.0093)	0.0547*** (0.0087)	0.0567*** (0.0091)
成灾受灾比值	−0.0014 (0.0656)	0.0011 (0.0656)	−0.0028 (0.0656)	0.0022 (0.0656)
R^2	0.5900	0.5884	0.5907	0.5889
样本量	260	260	260	260
气候外生变量	否	否	是	是

注：括号中是标准误

***、**和*表示在1%、5%和10%的水平上显著

（三）稳健性检验

本书采用耕地质量自然等既表示地形坡度变量，又表示排灌条件变量，尽管

两者具有一定的关系,但使用同一变量表示这两方面可能导致计量结果的不稳健。在此,分别采用坡度≤2°的耕地比重和坡度≤6°的耕地比重[①]表示地形坡度变量,重新对式(6-4)进行估计。估计方法同上,以检验上述计量结果的稳健性。

将坡耕地面积比重替代耕地质量自然等表征地形坡度变量之后的联立方程组,即式(6-4)进行三阶段最小二乘法估计,详见表6-17。为了使内容简洁,表6-17只汇报引入气候外生变量(即年平均温度和年总降水量)的估计结果。

表6-17 耕地产出效率的三阶段最小二乘法估计结果(稳健性检验)

变量	模型(6-37)	模型(6-38)	模型(6-39)	模型(6-40)
机械费	−0.0499***	−0.0481***	−0.0548***	−0.0550***
	(0.0120)	(0.0112)	(0.0132)	(0.0121)
种子技术	0.2053***	0.1833***	0.2340***	0.2090***
	(0.0275)	(0.0246)	(0.0300)	(0.0251)
化肥费	0.1305***	0.1332***	0.1375***	0.1443***
	(0.0227)	(0.0214)	(0.0249)	(0.0230)
农药费	0.0281	0.0340	0.0224	0.0319
	(0.0338)	(0.0323)	(0.0330)	(0.0307)
收益成本差值	0.0037**	0.0045***	0.0029*	0.0039***
	(0.0016)	(0.0014)	(0.0016)	(0.0014)
人均耕地面积	−0.6300**	−0.5333**	−0.8198***	−0.6938***
	(0.2520)	(0.2386)	(0.2570)	(0.2373)
成灾受灾比值	0.0065	0.0065	0.0046	0.0067
	(0.0107)	(0.0099)	(0.0109)	(0.0098)
R^2	0.7623	0.7993	0.7053	0.7534
机械投入方程				
劳动成本	0.1543***	0.1314***		
	(0.0410)	(0.0505)		
劳动成本×坡度≤2°的耕地比重	0.0026**			
	(0.0011)			
劳动成本×坡度≤6°的耕地比重		0.0023**		
		(0.0010)		
人工成本			0.0858***	0.0381
			(0.0205)	(0.0255)
人工成本×坡度≤2°的耕地比重			0.0033***	
			(0.0006)	
人工成本×坡度≤6°的耕地比重				0.0035***
				(0.0006)
收益成本差值	0.0839***	0.0836***	0.0657***	0.0631***
	(0.0161)	(0.0162)	(0.0150)	(0.0148)

---

① 与本章第二节一致。

续表

变量	模型（6-37）	模型（6-38）	模型（6-39）	模型（6-40）
人均耕地面积	11.0789***	11.1912***	10.5645***	9.6958***
	(3.0802)	(3.1253)	(2.7969)	(2.8002)
成灾受灾比值	-0.0719	-0.0805	-0.0655	-0.0638
	(0.1208)	(0.1211)	(0.1100)	(0.1087)
R^2	0.7462	0.7439	0.7886	0.7944
化肥投入方程				
土地成本	0.0605***	0.0584***	0.0739***	0.0732***
	(0.0195)	(0.0194)	(0.0197)	(0.0197)
收益成本差值	0.0080	0.0082	0.0067	0.0067
	(0.0051)	(0.0051)	(0.0051)	(0.0051)
人均粮食产量	0.0101*	0.0106*	0.0088	0.0092
	(0.0057)	(0.0057)	(0.0057)	(0.0058)
成灾受灾比值	-0.0766**	-0.0769**	-0.0732**	-0.0732**
	(0.0368)	(0.0368)	(0.0368)	(0.0368)
R^2	0.8559	0.8557	0.8572	0.8572
种子技术采用方程				
土地替代化肥	22.0283***	24.8019**	21.8814***	27.4011***
	(7.7076)	(7.8899)	(7.7881)	(8.1211)
土地替代化肥×排灌条件	1.6275*	1.9371**	1.4913*	1.9686**
	(0.8915)	(0.9143)	(0.9114)	(0.9571)
收益成本差值	0.0395***	0.0389***	0.0380***	0.0363***
	(0.0091)	(0.0091)	(0.0091)	(0.0092)
人均粮食产量	0.0477***	0.0506***	0.0460***	0.0492***
	(0.0102)	(0.0102)	(0.0106)	(0.0107)
成灾受灾比值	-0.0037	0.0001	-0.0029	0.0037
	(0.0666)	(0.0666)	(0.0666)	(0.0666)
R^2	0.6214	0.6249	0.6235	0.6304
样本量	220	220	220	220
气候外生变量	是	是	是	是

注：括号中是标准误
***、**和*表示在1%、5%和10%的水平上显著

表6-17的估计结果显示，劳动成本和人工成本[模型（6-40）除外]、劳动成本×坡度≤2°的耕地比重和劳动成本×坡度≤6°的耕地比重、人工成本×坡度≤2°的耕地比重和人工成本×坡度≤6°的耕地比重的系数都显著为正，这验证了劳动力成本上升对农业机械投入增加具有正向的影响（研究假说6-1），而地形坡度影响着农业机械替代劳动的过程（研究假说6-2）。土地成本、土地替代化肥和土地替代化肥×排灌条件的系数均显著为正，这验证了土地成本上升对化肥投入

增加具有正向的影响（研究假说 6-3），化肥替代土地对采用改良种子技术具有正向的影响（研究假说 6-4），排灌条件对化肥替代土地诱导采用改良种子技术具有正向的影响（研究假说 6-5）。尽管有些变量的估计系数的显著性水平降低，但还是可以验证研究假说 6-1～研究假说 6-5。

本节考察影响耕地产出效率的核心变量机械费、种子技术和化肥费的系数正负号及显著性水平与表 6-14 相比较均没有发生变化。此外，控制变量成灾受灾比值的系数正负号和显著性水平不变。控制变量农药费、收益成本差和人均耕地面积的系数正负号不变，显著性水平降低。因此，表 6-17 的估计结果表明前文的计量分析结果具有稳健性。

（四）耕地质量禀赋对耕地产出效率的直接影响

由于只有一年的耕地质量自然等数据，本章没有在模型中直接估计耕地质量对耕地产出效率的影响。在此，对这一问题进行单独考察。

采用已有的 2014 年省级层面的耕地质量、耕地产出效率和粮食单产的数据进行一元线性回归，普通最小二乘法估计结果详见表 6-18 的模型（6-41）和模型（6-42）。表 6-18 的模型（6-43）和模型（6-44）为 2005～2014 年省级层面的耕地质量、耕地产出效率与粮食单产的数据进行一元线性回归的随机效应估计结果。普通最小二乘法和随机效应的估计结果基本相似，结果表明耕地质量与耕地产出效率之间存在显著的正向关系，而耕地质量与粮食单产之间存在负向关系，但没有通过显著性检验。可见，这和上文稳健的估计结果不一致。此外，R^2 数值偏小，表 6-18 的模型（6-41）表明样本省域耕地质量解释了耕地产出效率波动的 21.34%，这只是一小部分，表明耕地质量对耕地产出效率（粮食生产）的直接影响还需要进一步检验。

表 6-18 耕地产出效率对耕地质量的回归结果

变量	耕地产出效率	粮食单产	耕地产出效率	粮食单产
	模型（6-41）	模型（6-42）	模型（6-43）	模型（6-44）
耕地质量	0.8636***	−121.2191	0.8179***	−76.5626
	(0.2735)	(77.9954)	(0.2927)	(80.4643)
常数项	31.3135***	5706.3150***	29.2377***	5540.9080***
	(2.8770)	(715.2225)	(2.7296)	(750.3735)
样本量	26	26	260	260
R^2	0.2134	0.0640	0.2198	0.0297
F 检验统计量	9.97***	2.42		

注：①由于耕地质量是不随时间变化的变量，故本书采用随机效应估计方法；②模型（6-41）和模型（6-42）为普通最小二乘法估计结果，模型（6-43）和模型（6-44）为随机效应估计结果；③括号中为稳健标准误

***表示在 1% 的水平上显著

近年来，我国耕地质量下降（Kong，2014；郧文聚等，2015），但粮食持续增产，这一现象可以说明耕地质量对粮食增产的直接影响不明显，而生产要素投入对粮食增产的直接贡献很大。然而，正如本书得出的结论，生产要素的投入受到耕地质量的影响。从这个角度讲，考察耕地质量禀赋与生产要素投入影响耕地产出效率的约束替代效应是合适且有效的。

（五）对结果的进一步解释

劳动力成本上升推动了农业机械化，在这一过程中，耕地质量禀赋（即地形坡度）影响着机械替代劳动。耕地质量优、地势平坦的地区（如平原），便于农业机械作业，劳动力成本上升促进农业机械投入增加的正向作用得到强化，即农业机械替代劳动更加容易。而耕地质量差、地势崎岖的地区（如山地），不利于农业机械作业，劳动力成本上升促进农业机械投入增加的正向作用被削弱，即农业机械替代劳动困难。这有助于我们解释劳动力成本上升背景下粮食生产变迁的差异性：同为东部地区，耕地质量较高、便于机械化的江苏和山东逐渐成为我国的一个粮食总产量高聚集区，而耕地质量较低、不利于机械化的浙江、福建和广东逐渐成为我国的一个粮食总产量低聚集区（Zou and Wu，2017）。然而，农业机械替代劳动，没有提高粮食单产，也没有提高耕地产出效率。这是因为，机械是一种省工型投入，是以提高劳动生产率为目标的。此外，不利于机械替代劳动的地区（山地），容易弃耕（坡耕地）（Macdonald et al.，2000；应瑞瑶和郑旭媛，2013；Zou and Wu，2017），这使质量差、单产低的耕地转为其他用途，扣除这些耕地（其单产小于平原地区）之后，这些地区汇总后的粮食单产有可能更高。

土地成本上升诱发了化肥投入增加。这为解释我国过度施用化肥但近年来化肥投入持续增长提供了一个新的视角。化肥是一种增产型投入，化肥替代土地，有利于增加粮食单产，提高耕地产出效率。实证分析也验证了这一点。化肥替代土地会诱导经营主体采用改良种子技术，这些新种子提高了对化肥的反应程度，进一步增加粮食单产，从而更加提高耕地产出效率。耕地质量禀赋（即排灌条件）影响着化肥替代土地诱导经营主体采用改良种子技术这一过程。耕地质量优意味着排灌条件好，利于新品种的生长，可以使其尽可能稳产、高产。故耕地质量优的地区更倾向采用改良种子技术。因此，耕地质量优的地区，促进了化肥替代土地诱导经营主体采用改良种子技术这一过程，也提高了粮食单产，从而进一步提高了耕地产出效率。实证分析验证了这一点。

第五节 本章小结

本章构建了耕地质量禀赋约束下生产要素投入影响耕地产出效率机理的分析框架，随后从理论上阐述了耕地质量禀赋约束生产要素替代，生产要素投入影响耕地产出效率，并提出了五个研究假说。采用 2005~2014 年省级层面的数据实证分析了耕地质量禀赋与生产要素投入影响耕地产出效率的约束替代效应。利用相互联系并且层层递进的研究方式对耕地质量禀赋（地形坡度）约束、劳动力成本上升与农业机械投入增加，耕地质量禀赋（排灌条件）约束、土地成本上升与化肥投入增加及种子技术采用，耕地质量禀赋约束、要素替代与耕地产出效率变化三方面的问题进行了实证分析，计量结果可以相互验证实证分析的稳健性。此外，本章进行了稳健性检验，并且从计量方面验证了诱导创新理论和农业中诱导性技术变革模型需要进一步考虑自然资源禀赋（即本书中的耕地质量禀赋）的约束。

地形坡度显著影响着农业机械替代劳动的过程：耕地质量优、地势平坦，利于农业机械作业，便于农业机械替代劳动；耕地质量差、地势崎岖，不利于农业机械作业，加大了农业机械替代劳动的难度。作为一种省工型投入，农业机械化并没有增加粮食单产，在一定程度上抑制了耕地产出效率的提高。

排灌条件显著影响着化肥替代土地诱导采用改良种子技术的过程：耕地质量优、排灌条件便利，利于新品种生长，从而促进了化肥替代土地诱导经营主体采用改良种子技术；耕地质量差、排灌条件差，不利于新品种生长，从而抑制了化肥替代土地诱导经营主体采用改良种子技术。作为一种增产型投入，化肥增加了粮食单产，从而提高了耕地产出效率。化肥替代土地诱导经营主体采用改良种子技术进一步增加了粮食单产，从而进一步提高了耕地产出效率。

总之，耕地产出效率提升主要来源于种子技术改良。化肥对耕地产出效率有着正向影响，但影响程度不大；而农药对耕地产出效率的影响不稳定。农业机械投入对耕地产出效率有着负面的影响，但影响程度较小。此外，耕地质量禀赋直接对耕地产出效率的作用程度相对较低，而耕地质量禀赋对耕地产出效率的影响更多的是通过作用于生产要素投入来实现的。

第七章　耕地质量禀赋与生产要素投入的交互效应

第一节　文献梳理与研究假说

本章将研究耕地质量禀赋约束下生产要素投入影响耕地产出效率机理分析框架中的技术约束层面，即耕地质量禀赋与生产要素投入影响耕地产出效率的交互效应。耕地质量禀赋与生产要素投入相互作用于耕地产出效率的分析范式包括两个方面，即耕地质量禀赋与化肥施用影响耕地产出效率的交互效应，耕地质量禀赋与农业机械投入影响耕地产出效率的交互效应。前者体现了耕地质量禀赋中的土壤肥力，后者体现了耕地质量禀赋中的地形坡度。

优质的耕地，代表耕地的地力好、土壤肥力高，这在很大程度上与化肥的功效一样。从这个意义上来说，耕地质量禀赋（土壤肥力）与化肥有替代性。假定土壤肥力为 G，化肥为 F，两者之间的替代率为 φ（正数），$G=\varphi F$。只考察土壤肥力和化肥施用影响粮食单产 Y 的交互效应的方程可表述为：$Y=\alpha_0+\alpha_1 G+\alpha_2 G\times F+\alpha_3 F+\varepsilon \to Y=\alpha_0+\alpha_1\varphi F+\alpha_2\varphi F\times F+\alpha_3 F+\varepsilon \to Y=\alpha_0+(\alpha_1\varphi+\alpha_3)F+\alpha_2\varphi F^2+\varepsilon$。农业生产中，生产要素的投入遵循着边际报酬递减规律。鉴于我国存在过度施用化肥的事实（陈锡文，2002；仇焕广等，2014；Huang et al.，2015；Smith and Siciliano，2015），原农业部也制定了《到 2020 年化肥使用量零增长行动方案》。因此，本书认为化肥与粮食单产之间的二次关系类似于一个抛物线型，故判定上式中二次项系数 α_2 为负数，也就是土壤肥力和化肥施用共同影响粮食单产的交互效应为负。土壤肥力和化肥施用共同影响粮食单产的交互效应为负，说明化肥施用对粮食单产的影响程度随着土壤肥力的提高而降低，也说明土壤肥力对粮食单产的影响程度随着化肥施用的增加而降低。尽管边际报酬递减规律适用于长期，但是给定生产技术可以更加容易解释这一规律（本章的实证分析考虑了这一点）。这一分析过程同样适用于土壤肥力和化肥施用共同影响耕地产出效率的交互效应。基于以上分析，本书提出如下研究假说。

研究假说 7-1，化肥对耕地产出效率的影响程度随着土壤肥力的提高而降低，土壤肥力对耕地产出效率的影响程度随着化肥投入的增加而降低。

我国农业劳动力成本正在不断上升，在这一背景之下，农业机械投入对农业生产具有重要的作用（钟甫宁，2016）。我国粮食生产的空间格局向平原地区聚集，一个重要的原因是平原地区便于机械化，这表明我国粮食生产空间格局变化遵循着机械替代劳动的过程（徐海亚和朱会义，2015；Zou and Wu，2017）。正如前文所述，机械替代劳动受到耕地质量禀赋的约束。耕地质量禀赋高，地形坡度小，利用条件优，便于机械化作业，机械替代劳动也更容易。因此，在农业机械投入相同并且达到一定程度的情景下，质量高、地势平坦的耕地产出效率高于质量低、地势崎岖的耕地产出效率。进一步讲，在劳动力成本一样且劳动力投入减少的情况下，因耕地质量禀赋优而利于机械化的地块的产出效率高于耕地质量禀赋差而不利于机械化的地块。一个极端的例子是山区耕地因劳动力减少并且当前机械技术还难以作业而被抛荒（Macdonald et al.，2000；应瑞瑶和郑旭媛，2013；Zou and Wu，2017）。基于以上分析，本书提出如下研究假说。

研究假说 7-2，机械对耕地产出效率的影响程度随着地形坡度的减小而提高，地形坡度对耕地产出效率的影响程度随着农业机械投入的增加而提高。

总之，耕地质量禀赋与生产要素投入影响耕地产出效率的交互效应的分析遵循了相关的理论和已有的研究结论。本章对耕地质量禀赋与生产要素投入影响耕地产出效率的交互效应进行实证分析。实证分析采用了地块层面的数据并运用空间计量模型，以最大限度控制不同样本的差异（尤其是生产技术的差异），减少数据和估计方法两个方面可能造成的偏误。如果采用省级层面的数据，估计耕地质量禀赋与生产要素投入对耕地产出效率的共同影响，必定会造成较大的偏误，因为不同省区市之间的生产技术和自然条件差异大，而计量模型很难控制这些差异。

本章采用的耕地质量变量为地块层面数据，而生产要素变量为县级层面数据。由于具备了将县级平均数据修订为地块层面数据的可能性；再者，地块作为样本更加"微观"，并且在空间上具有连续性，相较县级样本，地块样本之间的差异更小，更利于考察耕地质量禀赋与生产要素投入对耕地产出效率的交互影响。因此，本章将从地块层面考察耕地质量禀赋与生产要素投入影响耕地产出效率的交互效应。在模型设定时，一是构造耕地质量禀赋和化肥的交互作用项，以考察土壤肥力与化肥施用影响耕地产出效率的交互效应；二是构造耕地质量禀赋和农业机械的交互作用项，以考察地形坡度与农业机械投入影响耕地产出效率的交互效应。地块具有更加明显的地理（空间）信息，故本章在估计模型时重点关注空间效应，主要是空间依赖性[①]。

河南省的耕地产出效率相对较高，2014 年耕地产出效率 E_1 和 E_2 分别为 27.67%（排第四）与 33.19%（排第一），选取河南省作为案例区进一步考察耕地

[①] "地理学第一定律"认为，所有事物均与其他事物相关，但是较近的事物比较远的事物更加相关。原文为"Everything is related to everything else, but near things are more related than distant things"（Tobler，1970）。根据该定律，当采用具有明显地理（空间）信息的数据时，空间计量模型是一个优选。空间效应可划分为空间依赖性和空间异质性，由于传统的计量经济学考虑了个体之间的异质性（如异方差），空间计量经济学重点考察的是空间依赖性。

质量禀赋与生产要素投入对耕地产出效率的影响,即实证分析耕地质量禀赋与生产要素投入影响耕地产出效率的交互效应,具有一定的代表性。此外,作为粮食主产区,河南省的粮食产量居全国第二位,小麦产量为全国最高,以 2014 年为例,河南省谷物总产量为 5604.6 万 t(仅次于黑龙江省),占全国总产量的 10.05%;河南省小麦总产量为 3329.0 万 t,占全国总产量的 26.38%。可见,河南省对确保我国"谷物基本自给、口粮绝对安全"的作用巨大;与此同时,河南省消耗了我国最多的化肥和第二多的农药。高投入的传统要素对粮食增产的贡献多大?是否存在不经济的现状?这是值得考虑的问题。另外,原国土资源部发布的《全国耕地质量等别调查与评定主要数据成果》显示,"高等地主要分布在河南、江苏、山东、湖北、安徽、江西、广西、四川、广东、湖南、河北、浙江等 12 个省(区)"。高等的耕地质量对河南省粮食增产的贡献多大?回答这一问题在国家实施"藏粮于地"战略的环境下显得更加重要。因此,本章采用河南省的耕地质量等别评定结果和统计年鉴数据考察耕地质量禀赋与生产要素投入影响耕地产出效率的交互效应,并对上述问题进行探析。

第二节 计量模型、估计方法与数据来源

一、模型构建

为了考察耕地质量禀赋(土壤肥力)与化肥投入及耕地质量禀赋(地形坡度)和农业机械投入影响耕地产出效率的交互效应,验证研究假说 7-1 和研究假说 7-2,本书设定了地块层面的计量模型,具体如下:

$$\ln XL_i = \beta_0 + \beta_1 \ln ZR_i + \beta_2 (\ln ZR_i \times \ln HF_i) + \beta_3 \ln HF_i \\ + \beta_4 (\ln ZR_i \times \ln JX_i) + \beta_5 \ln JX_i + \beta_6 \ln NY_i \\ + \beta_7 \ln XL_{ji} + \mu_i \quad (7\text{-}1)$$

式中,XL_i 为耕地产出效率;ZR_i 为耕地自然质量分值;HF_i 为单位面积化肥施用量;NY_i 为单位面积农药使用量;JX_i 为单位面积农用机械总动力;XL_{ji} 为滞后 j 期耕地产出效率;μ_i 为随机扰动项;$\beta_1 \sim \beta_7$ 为待估参数;i 为地块。

各变量进一步解释如下。

XL_i 为粮食单产与光温生产潜力指数的比值。这是根据第五章的耕地产出效率的概念和计算方法而定的。

ZR_i 为耕地自然质量分值。耕地自然质量分值越大,耕地质量禀赋越优,土壤肥力越高,地形越平坦。ZR_i 对 XL_i 的影响考虑了 HF_i 与 JX_i 的大小。此时,$\ln ZR_i$ 对 $\ln XL_i$

的偏效应（保持所有其他变量不变）为 $\Delta \ln XL_i / \Delta \ln ZR_i = \beta_1 + \beta_2 \ln HF_i + \beta_4 \ln JX_i$。

$\ln ZR_i \times \ln HF_i$ 为耕地自然质量分值与单位面积化肥施用量的交互项。根据研究假说 7-1，化肥与土壤肥力影响耕地产出效率的交互效应为负，即化肥对耕地产出效率的影响程度随着土壤肥力的提高而降低，土壤肥力对耕地产出效率的影响程度随着化肥投入的增加而降低。因此，$\ln ZR_i \times \ln HF_i$ 的系数 β_2 预期为负。

HF_i 为化肥施用折纯量与农作物播种面积的商值。HF_i 对 XL_i 的影响考虑了 ZR_i 的大小。此时，$\ln HF_i$ 对 $\ln XL_i$ 的偏效应（保持所有其他变量不变）为 $\Delta \ln XL_i / \Delta \ln HF_i = \beta_2 \ln ZR_i + \beta_3$。

NY_i 是农药使用量与农作物播种面积的商值。农药既可以减少粮食生产过程中的病虫害，又可以调节粮食生产过程。与化肥的增产效果不同，农药的效果是稳产。

JX_i 是农用机械总动力与农作物播种面积的商值。没有采用劳动力变量，一是劳动力变量与 JX_i 之间存在一定的共线性①，二是劳动力变量应该包括劳动力数量和质量两方面，质量涉及年龄、身体健康状况、受教育程度、农业生产技能等方面，属于人力资本范畴。而人力资本度量是一个难点问题（李海峥等，2010）。$\ln JX_i$ 对 $\ln XL_i$ 的偏效应（保持所有其他变量不变）为 $\Delta \ln XL_i / \Delta \ln JX_i = \beta_4 \ln ZR_i + \beta_5$。

$\ln ZR_i \times \ln JX_i$ 为耕地自然质量分值与单位面积农用机械总动力的交互项。研究假说 7-2，机械与地形坡度影响耕地产出效率的交互效应为正，即机械对耕地产出效率的影响程度随着地形坡度的减小而提高，地形坡度对耕地产出效率的影响程度随着农业机械投入的增加而提高。因此，$\ln ZR_i \times \ln JX_i$ 的系数 β_4 预期为正。

XL_{ji} 是滞后 j 期的耕地产出效率。Wooldridge（2009）认为，在使用横截面数据估计模型时，使用一个滞后被解释变量是解释导致被解释变量当期差异的历史因素的一个简单方法。粮食生产具有惯性，粮食生产在连续时期的多数投入要素和生产技术都是相同的。在式（7-1）中引入 XL_{ji}，可以控制之前耕地产出效率的影响，也就可以在很大程度上控制生产技术（耕作技术等）和经营主体管理能力的差异，或者说控制之前粮食生产观测不到但可能与耕地质量禀赋和生产要素投入相关的因素。这样估计耕地质量禀赋与传统生产要素对粮食生产效率的影响时，可以得到一个更好的估计结果。如果两块耕地以前具有相同的产出效率，那么 $\beta_1 \sim \beta_6$ 就度量了各变量增加或减少一个单位对当期的产出效率的影响程度。本书依次采用滞后一期和滞后二期的耕地产出效率，主要是控制外生因素（如干旱②）的影响，以提高模型估计的稳健性。

---

① 张金萍和秦耀辰（2011）在分析影响河南省 108 个县域粮食单产的生产因素时，认为劳动力变量的引入使自变量之间存在较严重的多重共线性问题，故将其剔除。

② 干旱灾害是影响河南省农业生产的主要自然灾害之一（朱业玉等，2011）。

二、估计方法

由于采用具有明显空间属性的地块数据,本书将式(7-1)设定为空间计量模型来估计是必要且合适的。在空间分布上,越相近的地块,其受影响的自然因素越相似,如上文提到的干旱,又如耕地的肥力。在生产投入方面,距离越相近的地块,其耕作方式基本上也越相似。因此,基于地块层面考察耕地产出效率,必须考虑空间自相关性,也就是地理位置相近的地块具有相似的产出效率。

本章采用空间自回归模型、空间误差模型和带空间自回归误差项的空间自回归模型,以考察式(7-1)忽略的空间依赖性。空间自回归模型和空间误差模型是带空间自回归误差项的空间自回归模型的特殊形式,这三类空间计量模型统称为Cliff-Ord模型。当空间数据表现出强烈的空间依赖性或者空间自相关时,Cliff-Ord模型能够产生更加精确的估计结果(Kazar and Celik,2012)。

作为一种测度空间自相关的常用方法,全局Moran's I的计算公式如下:

$$I = \frac{n}{\sum_i \sum_j W_{i,j}} \frac{\sum_i \sum_j W_{i,j}(\mathrm{XL}_i - \overline{\mathrm{XL}})(\mathrm{XL}_j - \overline{\mathrm{XL}})}{\sum_i (\mathrm{XL}_i - \overline{\mathrm{XL}})^2} \quad (7\text{-}2)$$

式中,n 为地块的数量;$\overline{\mathrm{XL}}$ 为耕地产出效率的均值;$W_{i,j}$ 为空间权重矩阵 W 的元素,即地块 i 和 j 的空间关系,W 可表示如下:

$$W = \begin{bmatrix} w_{11} & w_{12} & \cdots & w_{1n} \\ w_{21} & w_{22} & \cdots & w_{2n} \\ \vdots & \vdots & & \vdots \\ w_{n1} & w_{n2} & \cdots & w_{nn} \end{bmatrix} \quad (7\text{-}3)$$

样本中的619个地块没有相邻地块(即为孤岛),故本章构建基于距离规则的空间权重。w_{ij} 为地块 i 与 j 之间的欧式距离的倒数,并对 W 进行"行标准化",即将式(7-3)中的每个元素(w_{ij})除以其所在行元素之和,即 $w_{ij}/\sum_j w_{ij}$。通过行标准化之后,每行元素之和为1。基于不同规则构建的空间权重矩阵改变了样本中某一地块受周围地块的影响程度,可以视为空间依赖性的大小。本章中,两个地块之间距离越近,两者之间的相互影响程度越大。

全局Moran's I的取值范围为 $-1 \leqslant I \leqslant 1$。在给定的显著性水平下,当 $0 < I \leqslant 1$ 时,表明地块层面的耕地产出效率存在正向的空间自相关;当 $-1 \leqslant I < 0$ 时,表明地块层面的耕地产出效率存在负向的空间自相关;当 $I=0$ 时,表明地块层面的耕地产出效率为随机分布,即不存在空间自相关。

用标准化统计量 Z 来检验 Moran's I 的显著性水平，其计算公式如下：

$$Z = \frac{I - E(I)}{\sqrt{\mathrm{VAR}(I)}} \quad (7\text{-}4)$$

式中，$E(I)$ 与 $\mathrm{VAR}(I)$ 分别为 Moran's I 的期望值和方差。

将空间依赖性纳入式（7-1）并设定成带空间自回归误差项的空间自回归模型的具体形式如下：

$$\begin{aligned}\ln \mathrm{XL}_i &= \alpha_0 + \lambda W \ln \mathrm{XL}_i + \alpha_1 \ln \mathrm{ZR}_i + \alpha_2 (\ln \mathrm{ZR}_i \times \ln \mathrm{HF}_i) + \alpha_3 \ln \mathrm{HF}_i \\ &\quad + \alpha_4 (\ln \mathrm{ZR}_i \times \ln \mathrm{JX}_i) + \alpha_5 \ln \mathrm{JX}_i + \alpha_6 \ln \mathrm{NY}_i + \beta_7 \ln \mathrm{XL}_{ji} \\ &\quad + \rho M \mu_i + \varepsilon_i \end{aligned} \quad (7\text{-}5)$$

式中，λ 和 ρ 分别为空间自回归系数和空间自相关系数。当 $\lambda=0$ 或者 $\lambda \neq 0$ 但没有通过显著性检验时，式（7-5）变为空间误差模型，即

$$\begin{aligned}\ln \mathrm{XL}_i &= \alpha_0 + \alpha_1 \ln \mathrm{ZR}_i + \alpha_2 (\ln \mathrm{ZR}_i \times \ln \mathrm{HF}_i) + \alpha_3 \ln \mathrm{HF}_i \\ &\quad + \alpha_4 (\ln \mathrm{ZR}_i \times \ln \mathrm{JX}_i) + \alpha_5 \ln \mathrm{JX}_i + \alpha_6 \ln \mathrm{NY}_i + \beta_7 \ln \mathrm{XL}_{ji} \\ &\quad + \rho M \mu_i + \varepsilon_i \end{aligned} \quad (7\text{-}6)$$

$\ln \mathrm{XL}_i$ 的空间依赖性通过误差项来体现；当 $\rho=0$ 或者 $\rho \neq 0$ 但没有通过显著性检验时，式（7-5）变为空间自回归模型，即

$$\begin{aligned}\ln \mathrm{XL}_i &= \alpha_0 + \lambda W \ln \mathrm{XL}_i + \alpha_1 \ln \mathrm{ZR}_i + \alpha_2 (\ln \mathrm{ZR}_i \times \ln \mathrm{HF}_i) + \alpha_3 \ln \mathrm{HF}_i \\ &\quad + \alpha_4 (\ln \mathrm{ZR}_i \times \ln \mathrm{JX}_i) + \alpha_5 \ln \mathrm{JX}_i + \alpha_6 \ln \mathrm{NY}_i + \beta_7 \ln \mathrm{XL}_{ji} + \varepsilon_i \end{aligned} \quad (7\text{-}7)$$

$\ln \mathrm{XL}_i$ 的空间依赖性通过自身来体现；当 $\lambda=0$ 和 $\rho=0$，或者 $\lambda \neq 0$ 和 $\rho \neq 0$ 但没有通过显著性检验时，式（7-5）为一般的线性回归模型，即为式（7-1）；当 $\lambda \neq 0$ 和 $\rho \neq 0$ 且通过显著性检验时，式（7-5）为带空间自回归误差项的空间自回归模型，$\ln \mathrm{XL}_i$ 的空间依赖性既通过自身来体现，又体现在误差项中。W 和 M 分别是被解释变量和扰动项的空间权重矩阵，在本章中 $W=M$。

空间自回归模型、空间误差模型和带空间自回归误差项的空间自回归模型均可以采用最大似然估计法与广义空间二阶段最小二乘法两种方法估计。最大似然估计法是最早被用来估计这三类空间计量模型的方法（Anselin，1988，2006；Anselin and Rey，2014）。但是，到目前为止空间计量模型最大似然估计法的估计量的大样本理论尚不健全（陈强，2014）。例如，Arraiz 等（2010）证明了在异方差的情况下，准最大似然估计法的估计量不一致。后来，Kelejian 和 Prucha（1997，1999，2010）、Lee（2003，2007）、Anselin 和 Rey（2014）建议采用广

义空间二阶段最小二乘法来估计空间自回归模型、空间误差模型和带空间自回归误差项的空间自回归模型。一是异方差情况下的估计量仍然不变,结果稳健(Arraiz et al.,2010);二是广义空间二阶段最小二乘法的计算更加便捷,样本太大也不会产生困难(陈强,2014)。因此,本章同时给出了空间自回归模型、空间误差模型和带空间自回归误差项的空间自回归模型的广义空间二阶段最小二乘法估计结果,通过在 Stata 软件中采用 spreg 命令来实现。

根据第六章耕地质量禀赋约束下生产要素影响耕地生产效率的分析框架可知,耕地质量禀赋与生产要素投入先影响粮食产量,进而影响耕地产出效率。因此,在估计式(7-5)~式(7-7)时,本书考虑了粮食单产替换耕地产出效率的情况,以提高实证分析的稳健性。

三、数据来源及预处理

本章采用的数据有两个来源:①河南省各县(市)粮食产量[①](10^3kg)、粮食播种面积(10^4hm^2)、农作物播种面积(10^4hm^2)、农用机械总动力(10^8W)、化肥施用折纯量(10^3kg)和农药使用量(10^3kg)数据来源于 2012~2015 年《河南省统计年鉴》;②各地块的耕地自然质量分值、光温(气候)生产潜力指数、土地利用系数和土地经济系数数据来自河南省土地整治中心。地块数据的完成时间为 2013 年,因此,县级数据也定为 2013 年。考虑到河南省最重要的粮食作物是冬小麦[②],故所有的县级数据都采用 2013~2014 年的均值。此外,均值处理方式也可以在一定程度上消除异常值。滞后一期为 2012~2013 年,滞后二期为 2011~2012 年。

按照《农用地质量分等规程》(GB/T 28407—2012)的定义,土地利用系数(计算公式 $LY = CL/CL_{max}$)是样点指定作物单产与当地该指定作物最高单产的比值,可以用来表征不同地块粮食单产的差异,也可以用来表征耕地产出效率的差异;而土地经济系数是样点指定作物"产量—成本"指数与当地该指定作物"产量—成本"指数最高值的比值,即 $JJ = \dfrac{CL/C}{A}$。土地利用系数与土地经济系数的比值可表示为 $LY/JJ = \dfrac{CL}{CL_{max}} \times \dfrac{A}{CL} \times C = \dfrac{A}{CL_{max}} \times C$,由于最高单产($CL_{max}$)和"产量—成本"指数最高值($A$)均由国土部门指定,本章将它们设定为不变值,因此,LY/JJ 可以反映地块层面的成本信息。本章采用 LY 修订耕地产出效率和粮食单产数据,LY/JJ 修订投入要素数据,以实现地块层面数据和县级平均值数据

---

① 粮食为小麦、玉米和稻谷。
② 冬小麦一般在 9 月中下旬~10 月上旬播种,翌年 5 月底~6 月中下旬成熟。

的融合。这其实是将加总之后的县级数据平均之后反推为地块层面数据的过程。这不是一个精确的推导过程，本章这样修订数据是希望采用地块层面的数据更加细致地考察耕地质量禀赋与生产要素投入对耕地产出效率的交互影响。

在 Arcgis 10.2 for Desktop 平台上，将县级层面数据与地块层面数据相乘，即县级层面的耕地产出效率和粮食单产数据与地块层面的土地利用系数相乘，县级层面的化肥、机械和农药数据及地块层面的土地利用系数与土地经济系数的商值相乘，获取了用来估计式（7-1）所需的地块层面数据。例如，兰考县的粮食单产的县级平均值与其辖区内所有地块的土地利用系数相乘，得到了兰考县地块层面的粮食单产数据。

各变量的描述性统计结果见表 7-1。被解释变量中，ln（耕地自然质量分值）的标准差小于 ln（化肥施用量）、ln（农用机械总动力）和 ln（农药使用量），其中 ln（农药使用量）的标准差最大，ln（化肥施用量）和 ln（农用机械总动力）的标准差基本相当。而解释变量中，ln（耕地产出效率）的标准差小于 ln（粮食单产）。

表 7-1 各变量的描述性统计

变量	均值	标准差	最小值	最大值
ln（耕地产出效率）	2.9329	0.2726	0.8159	3.5404
滞后一期 ln（耕地产出效率）	2.9468	0.2537	2.1299	3.5342
滞后二期 ln（耕地产出效率）	2.9622	0.2327	2.2637	3.5229
ln（粮食单产）	5.5546	0.3072	4.8055	6.1918
滞后一期 ln（粮食单产）	5.5661	0.2964	4.8092	6.2023
滞后二期 ln（粮食单产）	5.5815	0.2734	4.8589	6.2027
ln（耕地自然质量分值）	5.1348	0.1087	4.3944	5.2883
ln（耕地自然质量分值）×ln（化肥施用量）	17.0516	2.0952	10.8932	22.7185
ln（化肥施用量）	3.3186	0.3851	2.2835	4.3434
ln（耕地自然质量分值）×ln（农用机械总动力）	−3.9471	1.9166	−9.4534	1.0389
ln（农用机械总动力）	−0.7702	0.3768	−1.8221	0.1994
ln（农药使用量）	−0.7645	0.5781	−2.7405	0.6363

注：各个变量均采用地块层面的相关数值进行了修正，故没有单位

各变量之间的相关性详见表 7-2。除了本身具有联系的变量，如 ln（耕地产出效率）与滞后一期 ln（耕地产出效率）、ln（耕地自然质量分值）×ln（化肥施用量）与 ln（化肥施用量）之间的相关系数大之外，其余变量，如 ln（耕地产出效率）与 ln（耕地自然质量分值）、ln（化肥施用量）与 ln（农用机械总动力）之间的相关系数均不超过 0.50。

表 7-2 各变量之间的相关性

变量	ln（耕地产出效率）	滞后一期 ln（耕地产出效率）	滞后二期 ln（耕地产出效率）	ln（粮食单产）	滞后一期 ln（粮食单产）	滞后二期 ln（粮食单产）	ln（耕地自然质量分值）	ln（耕地自然质量分值）×ln（化肥施用量）	ln（化肥施用量）	ln（耕地自然质量分值）×ln（农用机械总动力）	ln（农用机械总动力）	ln（农药使用量）
ln（耕地产出效率）	1.00											
滞后一期 ln（耕地产出效率）	0.95	1.00										
滞后二期 ln（耕地产出效率）	0.95	0.99	1.00									
ln（粮食单产）	0.88	0.89	0.87	1.00								
滞后一期 ln（粮食单产）	0.87	0.91	0.88	0.99	1.00							
滞后二期 ln（粮食单产）	0.87	0.90	0.89	0.99	0.99	1.00						
ln（耕地自然质量分值）	0.31	0.32	0.31	0.43	0.44	0.44	1.00					
ln（耕地自然质量分值）×ln（化肥施用量）	0.36	0.39	0.37	0.44	0.46	0.44	0.42	1.00				
ln（化肥施用量）	0.32	0.36	0.33	0.39	0.41	0.39	0.27	0.99	1.00			
ln（耕地自然质量分值）×ln（农用机械总动力）	0.29	0.28	0.27	0.38	0.35	0.35	0.15	0.46	0.46	1.00		
ln（农用机械总动力）	0.30	0.29	0.28	0.40	0.37	0.37	0.19	0.48	0.47	1.00	1.00	
ln（农药使用量）	0.34	0.33	0.34	0.36	0.35	0.37	0.18	0.40	0.39	0.25	0.26	1.00

注：显著性水平均为 1%。

第三节　耕地质量禀赋和生产要素投入共同影响耕地产出效率的估计结果与分析

一、耕地产出效率和粮食单产的空间自相关性

首先考察耕地产出效率和粮食单产的空间自相关性，通过计算，得到了两者的全局 Moran's I，详细计算结果见表 7-3。由表 7-3 可知，ln（耕地产出效率）的全局 Moran's I 为 0.8099，显著性 p 值为 0.0000。这表明河南省地块层面的耕地产出效率存在显著且高程度的空间自相关。故，采用空间计量模型（7-1）的效率更高。ln（粮食单产）的全局 Moran's I 为 0.9318，显著性 p 值为 0.0000。同样，表明河南省地块层面的粮食单产存在显著且高程度的空间自相关。河南省耕地产出效率和粮食单产的全局 Moran's I 的计算结果验证了前文的推断。同时表明应将式（7-1）转换成 Cliff-Ord 模型进行广义空间二阶段最小二乘法估计。

表 7-3　耕地产出效率和粮食单产的全局 Moran's I 的计算结果

变量	Moran's I	$E(I)$	$VAR(I)$	Z	p
ln（耕地产出效率）	0.809 9	−0.000 1	0.000 0	172.390 5	0.000 0
ln（粮食单产）	0.931 8	−0.000 1	0.000 0	198.269 2	0.000 0

二、耕地产出效率的估计结果

式（7-5）～式（7-7）的广义空间二阶段最小二乘法的结果详见表 7-4。估计结果显示，λ 和 ρ 的系数均为正，且通过了 1% 水平上的显著性检验。这表明模型存在空间依赖性（空间自相关性），与上文的全局 Moran's I 的计算结果保持一致。同时说明将式（7-1）转换成 Cliff-Ord 模型进行估计是合适的。

表 7-4　耕地产出效率的广义空间二阶段最小二乘法估计结果

变量	带空间自回归误差项的空间自回归模型		空间自回归模型		空间误差模型	
	模型（7-1）	模型（7-2）	模型（7-3）	模型（7-4）	模型（7-5）	模型（7-6）
ln（耕地自然质量分值）	0.3442***	0.4697***	0.4611***	0.6876***	0.3805***	0.5529***
	(0.0408)	(0.0321)	(0.0565)	(0.0645)	(0.0479)	(0.0477)
ln（耕地自然质量分值）×ln（化肥施用量）	−0.0688***	−0.1127***	−0.0995***	−0.1808***	−0.0763***	−0.1320***
	(0.0085)	(0.0110)	(0.0149)	(0.0171)	(0.0136)	(0.0134)
ln（化肥施用量）	0.3343***	0.5656***	0.4762***	0.9098***	0.3737***	0.6643***
	(0.0427)	(0.0575)	(0.0768)	(0.0885)	(0.0707)	(0.0697)

续表

变量	带空间自回归误差项的空间自回归模型		空间自回归模型		空间误差模型	
	模型（7-1）	模型（7-2）	模型（7-3）	模型（7-4）	模型（7-5）	模型（7-6）
ln（耕地自然质量分值）×ln（农用机械总动力）	0.1167*** (0.0192)	0.0900*** (0.0263)	0.1783*** (0.0285)	0.1268*** (0.0282)	0.1234*** (0.0267)	0.1091*** (0.0268)
ln（农用机械总动力）	−0.5719*** (0.1038)	−0.4392** (0.1374)	−0.8842*** (0.1475)	−0.6244*** (0.1458)	−0.6042*** (0.1394)	−0.5301*** (0.1397)
ln（农药使用量）	0.0092*** (0.0024)	0.0016 (0.0021)	0.0168*** (0.0021)	0.0038* (0.0016)	0.0094*** (0.0022)	0.0038* (0.0019)
滞后一期 ln（耕地产出效率）	0.9988*** (0.0057)		0.9820*** (0.0068)		1.0147*** (0.0076)	
滞后二期 ln（耕地产出效率）		1.0235*** (0.0080)		1.0087*** (0.0062)		1.0412*** (0.0079)
常数项	−2.163*** (0.1905)	−3.7180*** (0.1601)	−2.6459*** (0.2867)	−4.7989*** (0.3296)	−1.9221*** (0.2442)	−2.9206*** (0.2451)
λ	0.1618*** (0.0150)	0.4321*** (0.0150)	0.1598*** (0.0147)	0.4425*** (0.0126)		
ρ	3.8216*** (0.1551)	3.7349*** (0.5626)			3.3658*** (0.2945)	2.5218*** (0.1414)
样本量	7326	7326	7326	7326	7326	7326

注：Cliff-Ord 模型都使用异方差稳健的标准误
***、**和*表示在 1%、5%和 10%的水平上显著

尽管采用带空间自回归误差项的空间自回归模型，如表 7-4 的模型（7-1）和模型（7-2）所示的估计结果（因为 λ 和 ρ 的系数同时显著），本章还是首先比较一下空间自回归模型、空间误差模型和带空间自回归误差项的空间自回归模型的估计结果。由表 7-4 可知，所有变量系数的正负号都不变；除了 ln（农用机械总动力）和 ln（农药使用量）之外，其余变量系数的显著性不变。说明估计结果具有一定的稳健性。

比较引入滞后一期和滞后二期解释变量 ln（耕地产出效率）的估计结果，发现空间自回归模型、空间误差模型和带空间自回归误差项的空间自回归模型中变量系数的正负号皆不变；除了 ln（农用机械总动力）和 ln（农药使用量）之外，其余变量系数的显著性不变。这同样说明估计结果具有一定的稳健性。在一定程度上表明考察农业机械和农药投入对粮食生产的影响时，需要小心谨慎，否则计量结果可能存在偏差。

耕地质量禀赋对耕地产出效率有着显著的正向影响。由表 7-4 的模型（7-1）和模型（7-2）可知，ln（耕地自然质量分值）的系数为正，显著性水平为 1%，说明改善耕地质量禀赋有助于提升耕地产出效率。

耕地质量禀赋对耕地产出效率的影响程度不高。在化肥和机械的均值上，ln（耕地自然质量分值）对 ln（耕地产出效率）的偏效应为 0.026，联合假设的 F 检

验 p 值为 0.0000。也就是说，耕地自然质量分值增加 1%，耕地产出效率增加 0.026%。表明耕地质量禀赋对耕地产出效率的影响在统计上是显著的，但在经济上不显著，即影响程度不高。这暗示着，在其他条件不变的情况下，就目前河南省化肥施用量和机械化程度而言，提升当前的耕地质量禀赋，即提高土壤肥力对提高耕地产出效率的作用不明显。

ln（耕地自然质量分值）与 ln（化肥施用量）交互项的系数为负，显著性水平为 1%，这验证了研究假说 7-1，即化肥对耕地产出效率的影响程度随着土壤肥力的提高而降低，土壤肥力对耕地产出效率的影响程度随着化肥投入的增加而降低。也就是说，耕地质量禀赋（土壤肥力）与化肥施用共同影响耕地产出效率的交互效应为负。

单独来看，化肥投入对耕地产出效率具有显著的正向影响。由表 7-4 的模型（7-1）和模型（7-2）可知，ln（化肥施用量）的系数为正，显著性水平为 1%，说明化肥投入有助于提高耕地产出效率。

考虑到耕地的肥力，化肥投入对耕地产出效率的影响为负。在耕地自然质量分值的均值上，ln（化肥施用量）对 ln（耕地产出效率）的偏效应为–0.019 和–0.013，联合假设的 F 检验 p 值 0.0000。这暗示着，在其他条件不变的情况下，就目前河南省耕地质量禀赋平均状况而言，增加当前的化肥投入量会降低耕地产出效率。这验证了我国存在过度施用化肥的现象，这与很多文献（陈锡文，2002；仇焕广等，2014；Huang et al.，2015；Smith and Siciliano，2015）的研究结果一致。这在一定程度上也可以表明原农业部制定的《到 2020 年化肥使用量零增长行动方案》的必要性和正确性。

ln（耕地自然质量分值）与 ln（农用机械总动力）交互项的系数为正，显著性水平为 1%，这验证了研究假说 7-2，即农业机械对耕地产出效率的影响程度随着地形坡度的减小而提高，地形坡度对耕地产出效率的影响程度随着农业机械投入的增加而提高。也就是说，耕地质量禀赋（地形坡度）与农业机械投入共同影响耕地产出效率的交互效应为正。

单独来看，农业机械投入对耕地产出效率具有负向影响，但显著性水平不高。由表 7-4 的模型（7-1）可知，ln（农用机械总动力）的系数为负，显著性水平为 1%；表 7-4 的模型（7-2）显示 ln（农用机械总动力）的系数为负，显著性水平为 5%；对于样本量为 7326 而言，5%的统计显著性水平不是令人满意的。说明农业机械投入对耕地产出效率的单独影响还需要进一步验证。

考虑到耕地的地形坡度，农业机械投入对耕地产出效率的影响显著为正。在耕地自然质量分值的均值上，ln（农用机械总动力）对 ln（耕地产出效率）的偏效应为 0.0273 和 0.0229，联合假设的 F 检验 p 值 0.0000。这意味着，在其他条件不变的情况下，就目前河南省耕地质量禀赋平均状况而言，增加当前的农业机械投入可以提高耕地产出效率。进一步表明，耕地质量禀赋的提高，即减小地形坡度有利于增加农业机械投入对耕地产出效率提升的贡献。

农药投入对耕地产出效率具有正向影响，但显著性不高，并且不稳定。由表 7-4 的模型（7-1）可知，ln（农药使用量）的系数为正，显著性水平为 1%；表 7-4 的模型（7-2）显示 ln（农药使用量）的系数为正，但没有通过显著性检验。说明农药投入对耕地产出效率的影响还需要进一步验证。

滞后一期和滞后二期的耕地产出效率均与当期的耕地产出效率高度相关。估计结果显示，滞后一期 ln（耕地产出效率）和滞后二期 ln（耕地产出效率）的系数分别为 0.9988 与 1.0235，并且都通过了 1%水平上的显著性检验。这说明，如果前一期和前二期的耕地产出效率提高 1%，当期的耕地产出效率也将提高约 1%。这一作用程度高于其他解释变量的作用程度。表明在其他条件不变的情况下，耕地产出效率的提高严重依赖已有的生产方式。

三、粮食单产的估计结果

将粮食单产替换上文中的耕地产出效率，式（7-5）～式（7-7）的广义空间二阶段最小二乘法的结果详见表 7-5。估计结果显示，λ 和 ρ 的系数均为正，且通过了 1%水平上的显著性检验。这表明模型存在空间依赖性（空间自相关性），与上文的全局 Moran's I 的计算结果保持一致。同时说明将式（7-1）转换成 Cliff-Ord 模型的正确性，这与表 7-4 的估计结果相一致。

表 7-5 粮食单产的广义空间二阶段最小二乘法估计结果

变量	带空间自回归误差项的空间自回归模型		空间自回归模型		空间误差模型	
	模型（7-7）	模型（7-8）	模型（7-9）	模型（7-10）	模型（7-11）	模型（7-12）
ln（耕地自然质量分值）	0.3556*** (0.0422)	0.4920*** (0.0422)	0.4648*** (0.0562)	0.7032*** (0.0583)	0.3760*** (0.0506)	0.5264*** (0.0556)
ln（耕地自然质量分值）×ln（化肥施用量）	−0.0828*** (0.0102)	−0.1325*** (0.0111)	−0.1118*** (0.0140)	−0.1941*** (0.0153)	−0.0877*** (0.0125)	−0.1409*** (0.0144)
ln（化肥施用量）	0.4107*** (0.0525)	0.6730*** (0.0572)	0.5427*** (0.0717)	0.9813*** (0.0787)	0.4356*** (0.0642)	0.7164*** (0.0742)
ln（耕地自然质量分值）×ln（农用机械总动力）	0.0880*** (0.0145)	0.0697*** (0.0134)	0.1393*** (0.0173)	0.1032*** (0.0159)	0.0953*** (0.0154)	0.0802*** (0.0149)
ln（农用机械总动力）	−0.4127*** (0.0749)	−0.3221*** (0.0693)	−0.6753*** (0.0886)	−0.4978*** (0.0815)	−0.4480*** (0.0795)	−0.3721*** (0.0767)
ln（农药使用量）	0.0083*** (0.0022)	0.0010 (0.0020)	0.0149*** (0.0019)	0.0023 (0.0015)	0.0090*** (0.0022)	0.0024 (0.0019)
滞后一期 ln（粮食单产）	0.9829*** (0.0056)		0.9708*** (0.0053)		0.9946*** (0.0040)	

续表

变量	带空间自回归误差项的空间自回归模型		空间自回归模型		空间误差模型	
	模型（7-7）	模型（7-8）	模型（7-9）	模型（7-10）	模型（7-11）	模型（7-12）
滞后二期 ln（粮食单产）		1.0141*** (0.0047)		1.0078*** (0.0039)		1.0312*** (0.0039)
常数项	−2.4549*** (0.2162)	−4.1762*** (0.2101)	−2.9178*** (0.2908)	−5.3785*** (0.3029)	−1.8276*** (0.2561)	−2.8489*** (0.2845)
λ	0.1430*** (0.0133)	0.2871*** (0.0142)	0.1490*** (0.0096)	0.3195*** (0.0091)		
ρ	3.7343*** (0.1516)	3.1621*** (0.1003)			3.2391*** (0.0914)	2.5050*** (0.0496)
样本量	7326	7326	7326	7326	7326	7326

注：Cliff-Ord 模型都使用异方差稳健的标准误
***表示在 1%的水平上显著

尽管采用带空间自回归误差项的空间自回归模型，如表 7-5 的模型（7-7）和模型（7-8）所示的估计结果（因为 λ 和 ρ 的系数同时显著），本书还是首先比较一下空间自回归模型、空间误差模型和带空间自回归误差项的空间自回归模型的估计结果。由表 7-5 可知，所有变量系数的正负号都不变；除了 ln（农药使用量）之外，其余变量系数的显著性不变。说明估计结果具有一定的稳健性。

比较引入滞后一期和滞后二期解释变量 ln（粮食单产）的估计结果，发现空间自回归模型、空间误差模型和带空间自回归误差项的空间自回归模型中变量的系数正负号皆不变；除了 ln（农药使用量）之外，其余变量系数的显著性不变。这也说明估计结果具有一定的稳健性。这在一定程度上表明考察农药投入对粮食生产的影响时，需要小心谨慎，否则计量结果可能存在偏误。

耕地质量禀赋对粮食单产有着显著的正向影响。由表 7-5 的模型（7-7）和模型（7-8）可知，ln（耕地自然质量分值）的系数为正，显著性水平为 1%，说明改善耕地质量禀赋有助于提高粮食单产。

耕地质量禀赋对粮食单产的影响程度不高。在化肥和机械的均值上，ln（耕地自然质量分值）对 ln（粮食单产）的偏效应为 0.0130 和−0.0014，联合假设的 F 检验 p 值为 0.0000。这说明，在其他条件不变的情况下，就目前河南省化肥施用量和机械化程度而言，耕地质量禀赋对粮食单产的影响不稳定，并且耕地质量禀赋对粮食单产的影响程度相对较低。

ln（耕地自然质量分值）与 ln（化肥施用量）交互项的系数为负，显著性水平为 1%，这表明，化肥对粮食单产的影响程度随着土壤肥力的提高而降低，土壤肥力对粮食单产的影响程度随着化肥投入的增加而降低。也就是说，耕地质量禀赋（土壤肥力）与化肥施用共同影响粮食单产的交互效应为负。

单独来看，化肥投入对粮食单产具有显著的正向影响。由表 7-5 的模型（7-7）和模型（7-8）可知，ln（化肥施用量）的系数为正，显著性水平为 1%，说明化肥投入有助于提高粮食单产。

考虑到耕地的肥力，化肥投入对粮食单产的影响为负。在耕地自然质量分值的均值上，ln（化肥施用量）对 ln（粮食单产）的偏效应为–0.0145 和–0.0074，联合假设的 F 检验 p 值 0.0000。这意味着，在其他条件不变的情况下，就目前河南省耕地质量禀赋平均状况而言，增加当前的化肥投入量会降低粮食单产，尽管减少幅度很小。这同样验证了我国存在过度施用化肥的现象，这与很多文献（陈锡文，2002；仇焕广等，2014；Huang et al.，2015；Smith and Siciliano，2015）的研究结果一致。这在一定程度上也表明原农业部制定的《到 2020 年化肥使用量零增长行动方案》的必要性和正确性。

ln（耕地自然质量分值）与 ln（农用机械总动力）交互项的系数为正，显著性水平为 1%，说明，农业机械对耕地产出效率的影响程度随着地形坡度的减小而提高，地形坡度对耕地产出效率的影响程度随着农业机械投入的增加而提高。也就是说，耕地质量禀赋（地形坡度）与农业机械投入共同影响粮食单产的交互效应为正。

单独来看，农业机械投入对粮食单产具有显著的负向影响。由表 7-5 的模型（7-7）和模型（7-8）显示，ln（农用机械总动力）的系数为负，显著性水平为 1%。说明农业机械投入对粮食单产的影响显著为负。

考虑到耕地的地形坡度，农业机械投入对粮食单产的影响显著为正。在耕地自然质量分值的均值上，ln（农用机械总动力）对 ln（粮食单产）的偏效应为 0.0392 和 0.0358，联合假设的 F 检验 p 值 0.0000。这暗示着，在其他条件不变的情况下，就目前河南省耕地质量禀赋平均状况而言，增加当前的农业机械投入会增加粮食单产。进一步表明，耕地质量禀赋的提高，即减小地形坡度有利于增加农业机械投入对粮食单产提升的贡献。

农药投入对粮食单产具有正向影响，但显著性不高，并且不稳定。由表 7-5 的模型（7-7）可知，ln（农药使用量）的系数为正，显著性水平为 1%；表 7-5 的模型（7-8）显示 ln（农药使用量）的系数为正，但没有通过显著性检验。说明农药投入对粮食单产的影响还需要进一步验证。

滞后一期和滞后二期的粮食单产均与当期的粮食单产高度相关。估计结果显示，滞后一期 ln（粮食单产）和滞后二期 ln（粮食单产）的系数分别为 0.9829 与 1.0141，并且都通过了 1%水平上的显著性检验。这说明，如果前一期和前二期的粮食单产提高 1%，当期的粮食单产也将提高约 1%。这一作用程度高于其他解释变量的作用程度。表明在其他条件不变的情况下，粮食单产的提高严重依赖已有的生产方式。

四、对模型构建和估计的进一步解释

式（7-1）的构建完全是基于本章构建的耕地质量禀赋与生产要素投入影响耕地产出效率的交互效应的分析框架。变量的选取，还考虑了数据的可获取性原则。尽管只选取了三个生产要素作为解释变量，但它们是影响粮食生产的主要传统因素。此外，本书引入了滞后的耕地产出效率和粮食单产变量以控制之前粮食生产中观测不到但可能与耕地质量禀赋及生产要素投入相关的因素，如耕作技术、经营主体管理能力的差异等。需要考虑的一个重要情况是，之前和当期的耕地产出效率和粮食单产受到的外生因素是否一样？影响粮食生产的外生变量主要是气候因素，而河南省干旱频发，如2014年7月，河南省遭遇63年来最严重的"夏旱"。尽管本书采用连续两年的均值数据，仍然不能保障之前与当期的耕地产出效率和粮食单产受到的外生因素相同。为了进一步控制这种差异，本书在式（7-1）中依次引入了滞后一期和滞后二期的被解释变量，通过对比估计结果，以考察模型估计的稳健性。

将式（7-1）转换成Cliff-Ord模型，并采用空间计量模型进行估计也可以控制与耕地质量禀赋和生产要素相关的、具有地理空间分布特征的因素，如上文提到的外生气候因素，又如耕地的肥力、耕作制度等。本章选取了三种Cliff-Ord模型，即空间自回归模型、空间误差模型和带空间自回归误差项的空间自回归模型，以全面考虑这些因素的空间效应，即空间依赖性，以及可能出现的形式，以提高实证分析的可靠性。

五、对耕地质量禀赋直接贡献的探讨

耕地质量禀赋对河南省耕地产出效率的直接贡献相对较低。从上文的分析可以得到如下解释：①耕地质量禀赋（土壤肥力）对耕地产出效率（粮食单产）的影响程度随着化肥投入的增加而降低，并且化肥存在过度被施用的现象；②现有生产技术和经营主体的管理能力没有改变，因为本书在模型中控制了滞后的耕地产出效率和粮食单产；③耕地质量禀赋整体差异不够明显，与其他变量相比较，ln（耕地自然质量分值）的标准差最小。

耕地质量禀赋是粮食生产的基础，提升耕地质量禀赋，意味着耕地拥有更优的土壤质量、更完善的灌溉设施和更便利的利用条件。这也有利于提高经营主体的种粮积极性和适度规模经营。这是粮食生产供给侧结构性改革的重要一环。如果提升耕地质量禀赋和改善粮食生产技术相结合，可能对提高粮食生产效率的贡献更大并且见效更快。

本章的分析结果表明农业机械对耕地产出效率的影响程度随着地形坡度的减小而提高，同样，地形坡度对耕地产出效率的影响程度随着农业机械投入的增加而提高。将普及农用机械使用和提高耕地质量禀赋相结合，可以进一步增强农业机械投入对提升耕地产出效率的贡献程度。

当前河南省耕地质量禀赋和传统生产要素对提升粮食生产效率的影响有限。为此，应统筹耕地质量禀赋提高与生产技术改善和农用机械普及，将"藏粮于地"和"藏粮于技"相结合，而不是孤立对待"地"与"技"，进而提高耕地质量禀赋和生产要素对粮食生产效率提升的贡献程度。

第四节 本 章 小 结

本章构建了耕地质量禀赋与生产要素投入共同作用于耕地产出效率的分析框架，提出了两个研究假说。同时，本章采用河南省地块层面数据，利用空间计量模型考察了耕地质量禀赋与生产要素投入影响耕地产出效率的交互效应，即实证分析了耕地质量禀赋（土壤肥力）与化肥施用及耕地质量禀赋（地形坡度）与农业机械投入影响耕地产出效率的交互效应，以验证本章提出的两个研究假说。在模型估计时，将粮食单产替换耕地产出效率，以及引入滞后二期解释变量替换滞后一期解释变量，均发现三种 Cliff-Ord 模型（即空间自回归模型、空间误差模型和带空间自回归误差项的空间自回归模型）的广义空间二阶段最小二乘法估计结果是稳健的。

土壤肥力与化肥施用共同影响耕地产出效率的交互效应为负，即化肥对耕地产出效率的影响程度随着土壤肥力的提高而降低，土壤肥力对耕地产出效率的影响程度随着化肥投入的增加而降低。在河南省当前的化肥施用量水平下，耕地质量对耕地产出效率的贡献不大。而考虑耕地质量禀赋，化肥投入对耕地产出效率有着负向影响，化肥投入不经济。

地形坡度与农业机械投入共同影响耕地产出效率的交互效应为正，即农业机械对耕地产出效率的影响程度随着地形坡度的减小而提高，地形坡度对耕地产出效率的影响程度随着农业机械投入的增加而提高。尽管农业机械投入对耕地产出效率的单独影响为负，但考虑到耕地质量禀赋（地形坡度）之后，农业机械投入对耕地产出效率的偏效应显著为正。

本章提出了两点建议：一是将提高耕地质量禀赋与改善生产技术和农业机械化相结合，统筹"藏粮于地"和"藏粮于技"，可能对提升耕地产出效率有着事半功倍之效；二是只有改变现有生产方式，才能提高耕地质量禀赋和生产要素对提高粮食单产的贡献程度，从而进一步提升耕地产出效率。

第八章　研究结论与政策启示

第一节　主　要　结　论

从考虑生产要素投入和不考虑生产要素投入两个视角对耕地质量禀赋影响粮食生产开展研究。不考虑生产要素投入时，首先分析耕地质量禀赋差异，其次采用耕地国家利用等别与标准粮产量的对应关系，分析耕地质量禀赋对产能的影响，包括耕地质量差异对产能的影响、不同质量的耕地数量变化对区域产能的影响，以及耕地质量变化对产能的影响三个方面。考虑生产要素投入时，构建了耕地质量禀赋约束下生产要素投入影响耕地产出效率的分析框架，形成了约束替代效应和交互效应两个分析模式，即过程约束和结果约束，并且分别采用省级面板数据和地块层面数据进行了实证研究。在此之前，借鉴生态系统中的能量流动原理，本书界定了耕地产出效率的概念，评价了我国耕地产出效率。本书的主要结论如下。

第一，耕地质量禀赋较好的地区耕地数量减少较快，耕地产能减少较大。

2010～2020年长三角地区耕地数量和质量均存在下降趋势，减少的耕地主要集中在利用等别较高、质量较优的区域；相对于低等别耕地，高等别耕地数量变化对粮食产能影响更大。整体而言，2011～2013年河南省平原区地级市的耕地产能多下降，丘陵山地面积较大地级市的耕地产能提升较多，主要原因是平原区的地级市减少耕地面积相对多、新增耕地面积相对较少，而丘陵山地面积较大的地级市则刚好相反。

第二，经过2005～2014年均1.49%的增长，全国耕地产出效率平均值为25%，其中，高值主要为长江中下游沿江省区市。

2005～2014年，全国耕地产出效率的年均复合增长率为1.49%，到2014年全国耕地产出效率的平均值为25%。进一步，全国耕地产出效率在时序上可分为两个上升阶段：2005～2008年和2009～2014年，前者的年均复合增长率略快于后者。就省域分布而言，耕地产出效率高的省区市集中在黄河以南地区，尤其是长江中下游沿线地区，而低的省区市主要分布在黄河以北地区。就耕地产出效率变化的省域分布而言，耕地产出效率增幅较大的省区市集中在中部地区。

第三，粮食生产中生产要素替代过程受到了耕地质量禀赋的约束。劳动力成本上升诱导机械替代劳动，地势平坦降低了机械-劳动替代难度。土地成本上升诱导化肥替代土地，便利的灌溉条件有助于化肥替代土地诱导采用改良种子技术。

劳动力成本上升对农业机械投入增加具有显著的正向影响，地形坡度决定了机械替代劳动的实现难度。地势平坦有利于农业机械作业，降低了机械-劳动替代难度，进一步加强了劳动力成本上升促进农业机械投入增加的正向作用。土地成本上升对化肥投入增加具有显著的正向影响，化肥替代土地会诱导经营主体采用改良种子技术，灌溉条件对这一诱导过程具有重要的影响。便利的排灌条件有利于保障粮食新品种的生长，减少旱涝灾害带来的不利影响，进而加强了化肥替代土地诱导采用改良种子技术的正向作用。

第四，生产要素对耕地产出效率的影响同样受到了耕地质量禀赋的约束。土壤肥力的提高降低了化肥对耕地产出效率的贡献，地势平坦提高了农业机械化对耕地产出效率的贡献。

土壤肥力和化肥共同作用于耕地产出效率，两者影响耕地产出效率的交互效应显著为负，即化肥对耕地产出效率的影响程度随着土壤肥力的提高而降低，反过来，土壤肥力对耕地产出效率的影响程度随着化肥投入的增加而降低。地形坡度和农业机械投入共同作用于耕地产出效率，两者影响耕地产出效率的交互效应显著为正，即农业机械对耕地产出效率的影响程度随着地形坡度的减小而提高，反过来，地形坡度对耕地产出效率的影响程度随着农业机械投入的增加而提高。

第五，相较耕地质量禀赋，生产要素投入，尤其是种子技术和生产技术对耕地产出效率的影响更大。耕地质量禀赋对耕地产出效率的影响更多的是通过作用于生产要素投入来实现的。

耕地产出效率的提高严重依赖已有的生产技术或者生产方式。以种子技术为代表的新兴投入品对耕地产出效率的贡献程度远高于传统投入品。化肥对耕地产出效率的贡献受到土壤肥力的影响，而农药对耕地产出效率的影响不稳定。无论是采用省级层面还是地块层面的数据，估计结果都表明耕地质量禀赋对耕地产出效率提高的直接贡献程度相对较低。然而，耕地质量禀赋可以通过约束生产要素投入显著作用于耕地产出效率。

第二节 创新、不足与展望

本书的创新点有以下几方面。

（1）本书在农业中诱导性技术变革模型中引入了耕地质量禀赋的约束，丰富了农业中诱导性技术变革模型理论。借鉴速水佑次郎和拉坦提出的农业中诱导性技术变革模型分析框架，本书系统分析了诱导性农业机械替代劳动的过程及其受到耕地质量禀赋（地形坡度）约束的情景，以及诱导性化肥替代土地的过程和化肥替代土地会诱导采用改良种子技术的过程及其受到耕地质量禀赋（排灌条件）约束的情景。

（2）构建了耕地质量禀赋约束下生产要素影响耕地产出效率（粮食生产）的

一个更加完善的分析框架。将耕地质量禀赋约束下生产要素影响耕地产出效率的机制分为约束替代效应和交互效应。约束替代效应是生产要素投入先受耕地质量禀赋影响而后作用于耕地产出效率；交互效应是生产要素投入与耕地质量禀赋相互影响共同作用于耕地产出效率。第三种效应是综合效应，即约束替代效应和交互效应的加总，首先是耕地质量禀赋影响生产要素投入，其次是耕地质量和生产要素投入共同影响耕地产出效率。

（3）从农作物生产潜力的角度估算了我国的耕地产出效率，充实了土地生产力评价研究，同时，有利于了解我国耕地生产性功能的发挥程度。本书采用县级的粮食作物光温生产潜力指数和播种面积数据，利用加权平均方法得到了全国和省级层面耕地潜在生产力和耕地产出效率。本书借鉴了20世纪八九十年代开展的中国土地资源生产能力评价的成果。

本书的不足之处有以下几方面。

（1）本书在理论分析中重点关注农业发展中的主要生产要素，而对其他生产要素关注不够。在耕地质量禀赋约束下生产要素影响耕地产出效率的约束替代效应的分析框架主要考察了地形坡度对农业机械替代劳动的影响，以及排灌条件对化肥替代土地诱导采用改良种子技术的影响；在耕地质量禀赋约束下生产要素影响耕地产出效率的交互效应的分析框架侧重于土壤肥力和化肥投入及地形坡度与农业机械投入共同影响耕地产出效率。

（2）鉴于数据的可获取性，本书没有实证分析耕地质量禀赋约束下生产要素影响耕地产出效率的综合效应，而只是分别考察了耕地质量禀赋约束下生产要素影响耕地产出效率的约束替代效应和交互效应；尽管对约束替代效应和交互效应的单独考察有助于理解综合效应的发生机理，但耕地质量数据的不连续性和不完整性可能会对模型估计产生一定的影响。

进一步的研究展望有如下几点。

（1）分析全国和省级层面耕地潜在生产力的时序变化特征。采用县级单位的时序数据，包括粮食作物播种面积及更新的光温生产潜力指数，测算全国和省级层面的耕地潜在生产力，并进一步分析其时序变化特征，总结出全国和省级层面耕地潜在生产力的变化规律。

（2）进一步完善耕地质量禀赋约束下生产要素影响耕地产出效率变化的机制的研究。一是考察耕地质量禀赋约束下生产要素影响耕地产出效率变化的综合效应；二是考察耕地质量禀赋与除了机械、化肥和种子技术之外的生产要素影响耕地产出效率变化的约束替代效应及交互效应。

（3）采用耕地质量的面板数据进一步实证分析耕地质量禀赋和生产要素影响耕地产出效率变化的约束替代效应与交互效应，以更加翔实的数据检验约束替代效应和交互效应的理论假说。

第三节 政 策 启 示

针对耕地质量禀赋对耕地产出效率的影响更多的是通过作用于生产要素投入来实现，传统投入品对提高耕地产出效率的贡献相对较小，种子技术和生产技术等新兴投入品对提高耕地产出效率的贡献相对较大这三方面的问题，本书提出耕地产出效率提升能力建设的路径和保障措施。

一、耕地产出效率提升能力建设的路径

以往我国粮食生产的策略是高投入和高产出，耕地产出效率的提升过度依赖传统的生产要素投入。化肥、农药等传统投入品的过量使用已经带来了严重的生态和环境问题；与此同时，传统投入品对耕地产出效率提升的贡献已处于边际递减阶段。因此，未来我国耕地产出效率提升能力建设必须扭转这一现状。正如前文所述，综合考虑耕地质量禀赋与生产要素投入才能进一步提高两者对耕地产出效率的影响程度。

因此，耕地产出效率提升能力建设的路径是通过工程建设提升耕地质量，促进粮食生产要素投入优化和技术创新与推广，减少耕地质量禀赋约束，两条路径相辅相成一起构成我国耕地产出效率提升能力建设的路径。我国耕地产出效率提升能力建设路径的设置对应"藏粮于地"和"藏粮于技"战略。统筹"藏粮于地"和"藏粮于技"是题中应有之义。基于这两点，不同地区应实施差别化的粮食生产和耕地产出效率提升策略。

（一）工程建设提升耕地质量，促进要素投入优化

提高耕地质量，就是通过人工力量改变那些易变的耕地特性。耕地质量包含地力条件和利用条件双重属性。故，提高耕地质量，一是提高土壤肥力，二是改善利用条件，以利于新兴生产要素替代传统生产要素。本章提出了耕地质量提高的三条具体路径：土壤改良，减少化肥依赖；土地平整，便于机械作业；水利建设，完善排灌条件。

1. 土壤改良，减少化肥依赖

土壤有机质含量是耕地土壤肥力的基础。将建设占用耕地的耕作层土壤剥离出来，用于土地开发、整理、复垦项目或其他需要土壤的项目，以改善耕作条件，增加耕地土壤有机质含量，提高补充耕地的质量。

除此之外，沙漠化地区，应以水定地，增强耕地防风固沙能力；石漠化地区，

加大保水、保肥、保土建设，提高水土资源涵养能力；盐碱化地区，改善排灌条件，加强水资源利用，多途径改良盐碱地；东北黑土地地区，综合治理水土流失，防止黑土层变薄。这些都可以起到改良土壤、增加土壤肥力的作用。

2. 土地平整，便于机械作业

土地平整，既包括减小田面坡度，也包括减少耕地破碎化。这样可以提高粮食生产过程中机耕、机播、机收和脱粒等机械作业的适宜程度，从而提高规模效应，实现耕地利用的规模经济。然而，平整土地绝对不能以牺牲耕作层为代价。

土地平整还包括修建和完善田间道路交通设施，提高田间道路的通达度和荷载标准，满足农业机械自身通行及农用物资、产品运输的需求。

对于坡耕地，有条件的地区应该通过土地整治使其变为梯田，这样利于小型农业机械、半机械作业。

3. 水利建设，完善排灌条件

水利建设，既包括区域尺度的水利基础设施建设，如水库、河道等的修建和完善；也包括农田尺度的水利基础设施建设，如灌溉渠、排水沟道等的修建和完善。前者可以调节水资源的时空分布，为粮食生产和耕地利用创造良好条件；后者可以调节农田水分状况，满足粮食作物需水的需求。

当前，水利基础设施建设的重点是完善农田排灌沟渠网络。加强灌溉水源设施建设，配套建设机井、农田排灌等设施。

（二）农业技术创新和推广，减少耕地质量禀赋约束

传统生产要素对耕地产出效率变化的影响程度不明显，而新兴生产要素投入受到耕地质量禀赋约束。因此，本小节提出的技术层面的路径主要是顺应耕地质量禀赋和增加新兴生产要素投入。具体路径包括：创新种子技术，吸收肥力和利于机械化；改进农业机械技术，适应不同地形条件；改革生产技术，增加新兴要素投入。

1. 创新种子技术，吸收肥力和利于机械化

《"十三五"国家科技创新规划》中明确提出"培育一批有效聚合高产、高效、优质、多抗、广适等多元优良性状的突破性动植物新品种""加强作物抗虫、抗病、抗旱、抗寒基因技术研究"。本书主要从吸收肥力和利于机械化两方面来考察种子技术创新。

吸收肥力的种子技术，一方面能够提高化肥的吸收率，减少化肥污染，也能够提高化肥对耕地产出效率提升的贡献程度；另一方面可以提高耕地地力对耕地产出效率提升的贡献程度。利于机械化的种子技术，对于开展粮食作物生产的全程机械化有着重要的促进作用，可进一步减少农业劳动力成本上升对粮食生产带来的负面影响。

2. 改进农业机械技术，适应不同地形条件

改进农业机械技术，减少地形坡度对机械化及机械替代劳动的约束，提高农业机械化水平和劳动生产率，破解"谁来种地、怎么种地"的难题。

平原地区，改进以深松整地及水稻机械化育（插）秧和玉米机收为重点的大中型机械技术，逐步实现耕整地、种植、植保、收获、烘干、秸秆处理等主要环节的大中型机械化。丘陵山区，改进以微耕机、手扶式机插秧和小型化收割为重点的轻简型机械化技术。

3. 改革生产技术，增加新兴要素投入

改革生产技术，主要是调整现有粮食生产中不同生产要素的投入比例，更确切的是减少传统生产要素投入比重，增加新兴生产要素投入比重。首先是调整肥料施用，即改变当前以无机肥（化肥）为主的施肥模式，转而采用无机、有机肥料混合施用模式，如测土配方施肥。这样可以增加耕地土壤有机质含量，提高土壤肥力。其次是调整动力投入，即开展粮食作物生产的全程机械化推进行动。这样可以减少农业劳动力成本上升带来的负面影响。

二、耕地产出效率提升能力建设的保障

耕地产出效率提升能力建设的路径都直接或者间接地需要公共部门的投资。有效的制度供给是公共部门投资有序、高效不可或缺的保障因素。针对上文提出的具体路径，相应的保障措施包括：政府主导多渠道融资，推进水土工程建设；科研投入与成果转化，降低农业技术采用成本；明晰牵头和参与职责，协调涉农部门工作；目标考核和第三方评估，确保农业政策落地。

（一）政府主导多渠道融资，推进水土工程建设

土地整治和农田水利基础设施建设对于提高耕地质量、诱导生产要素替代和保障粮食生产有着巨大的正向作用，但两者也都需要大量的资金予以保障。土地整治和农田水利基础设施建设属于基础设施建设，公共利益属性极强，然而短期内的经济效益甚微。这从本质上就决定了类似于这些水土工程建设必须由政府主导。

作为一种以参与方的"双赢"或"多赢"为合作理念的现代融资模式，政府和社会资本合作应该被鼓励参与土地整治和农田水利基础设施建设。此外，有条件的地区，应鼓励农业企业、农民合作社、家庭农场、专业大户等新型经营农业主体投资土地整治和农田水利基础设施建设。总之，按照"谁投资、谁受益"的原则，政府主动引导，社会积极参与，拓宽土地整治和农田水利基础设施建设的投资渠道，推进水土工程建设。

（二）科研投入与成果转化，降低农业技术采用成本

只有降低农业技术采用成本，农业技术才能被大规模地运用到耕地产出效率提升能力建设之中。降低农业技术采用成本涉及两个缺一不可的方面：一是科研投入，二是成果转化。应用技术方面的科研投入因为其收益周期短而主要集中在私人企业；基础理论方面的科研投入因为其收益周期长而主要集中在高校和科研院所。应用技术方面的科研投入可由市场调节，而基础理论方面的科研投入需要政府扶持和个人、社会等的资助。对于基础理论方面的科研成果转化问题，国家应制定相应的法律予以鼓励。总之，农业科研投入，可以加大技术的供给力度；农业成果转化，可以加速技术的规模应用。两者共同作用可以降低农业技术采用的成本，从而诱导经营主体采用新技术、新方法进行粮食生产，提高耕地产出效率。

（三）明晰牵头和参与职责，协调涉农部门工作

耕地提质增效涉及土地整治、水利基础设施建设和农业科研投入与服务等多领域，这些领域又涉及诸多问题，尤其是资金保障和绩效评价。因此，确定牵头部门和参与部门，明确各自的职责就显得非常重要。土地整治应由自然资源部、国家发展和改革委员会（简称国家发改委）牵头，农业农村部、水利部等部门参与。水利基础设施建设应由水利部、国家发改委牵头，农业农村部、自然资源部等部门参与。农业科技投入与服务应由农业农村部、国家发改委牵头，国家粮食和物资储备局、科学技术部等部门参与。牵头部门要进一步明晰第一牵头负责部门职责和第二牵头负责部门的职责。参与部门要着重起到绩效评价的作用。

（四）目标考核和第三方评估，确保农业政策落地

无论在土地整治、水利基础设施建设还是在农业科技扶持方面，国家都有相应的政策，中央政府和地方政府投入了大量的资金。当前，政府部门内部实施的目标责任考核是评价农业政策效果的主要措施。尽管这是一种有效的措施，但也存在一些不足。占补平衡中出现的占优补劣就是一个例子。因此，为了确保农业政策落地，在当前目标考核的基础上，政府部门还应该纳入其他措施予以补充。

近年来，第三方评估被引入到国务院督查政策落实的工作中，并取得了明显的成效。作为政府绩效管理形式的组成部分，第三方评估是一种必要且有效的外部制衡机制，能够在很大程度上弥补传统的政府自我评估的缺陷。第三方评估通常包括独立第三方评估和委托第三方评估。第三方评估的模式可以分为高校专家评估模式、专业公司评估模式、社会代表评估模式和民众参与评估模式四种。在农业政策的第三方评估中，应该确保第三方地位的独立性和评估结果的权威性。

参考文献

《中国土地资源生产能力及人口承载量研究》课题组. 1991. 中国土地资源生产能力及人口承载量研究[M]. 北京: 中国人民大学出版社.

贝克尔 G S. 1987. 人力资本[M]. 梁小民译. 北京: 北京大学出版社.

卞正富. 2004. 矿区开采沉陷农用土地质量空间变化研究[J]. 中国矿业大学学报, 33(2): 213-218.

陈飞, 范庆泉, 高铁梅. 2010. 农业政策、粮食产量与粮食生产调整能力[J]. 经济研究, (11): 101-114, 140.

陈阜. 2002. 农业生态学[M]. 北京: 中国农业大学出版社.

陈健, 王忠义, 李良涛, 等. 2008. 基于比较优势分析法的冬小麦产量差异[J]. 应用生态学报, 19(9): 1971-1976.

陈龙江, Reed M R. 2016. 种子质量对中国玉米产出的影响[J]. 华南农业大学学报(社会科学版), (3): 19-27.

陈强. 2014. 高级计量经济学及 Stata 应用[M]. 2 版. 北京: 高等教育出版社.

陈伟, 吴群. 2013. 考虑耕地质量差异影响的江苏省耕地集约利用评价[J]. 农业工程学报, 29(15): 244-253.

陈锡文. 2002. 环境问题与中国农村发展[J]. 管理世界, (1): 5-8.

陈印军, 肖碧林, 方琳娜, 等. 2011. 中国耕地质量状况分析[J]. 中国农业科学, 44(17): 3557-3564.

陈佑启, 何英彬, 余强毅. 2011. APEC 地区粮食生产能力与粮食安全研究[M]. 北京: 中国农业科学出版社.

程晋南, 赵庚星, 张子雪, 等. 2009. 基于 GIS 的小尺度耕地质量综合评价研究——以山东省丁庄镇为例[J]. 自然资源学报, (3): 536-544.

笪建原, 张绍良, 王辉, 等. 2005. 高潜水位矿区耕地质量演变规律研究——以徐州矿区为例[J]. 中国矿业大学学报, 34(3): 383-389.

邓绍欢, 曾令涛, 关强, 等. 2016. 基于最小数据集的南方地区冷浸田土壤质量评价[J]. 土壤学报, (5): 1326-1333.

丁忠义, 郝晋珉, 牛灵安, 等. 2006. 县域土壤有机质变动及与粮食生产行为关系分析[J]. 中国矿业大学学报, 35(3): 397-402.

杜国明, 刘彦随, 于凤荣, 等. 2016. 耕地质量观的演变与再认识[J]. 农业工程学报, 32(14): 243-249.

范小杉, 高吉喜. 2010. 中国农业生态经济系统能值利用现状及其演变态势[J]. 干旱区资源与环境, 24(7): 1-9.

方琳娜, 宋金平. 2008. 基于 SPOT 多光谱影像的耕地质量评价——以山东省即墨市为例[J]. 地理科学进展, 27(5): 71-78.

方修琦, 殷培红, 陈烽栋. 2009. 过去 20 年中国耕地生产力区域差异变化研究[J]. 地理科学, 29(4): 470-476.

弗里德曼 M. 2011. 价格理论[M]. 蔡继明, 苏俊霞译. 北京: 华夏出版社.
付晓, 吴钢, 尚文艳, 等. 2005. 辽宁省朝阳市农业生态经济系统能值分析[J]. 生态学杂志, 24(8): 902-906.
高明秀, 李占军, 赵庚星. 2008. 面向土地整理的项目尺度耕地质量评价[J]. 农业工程学报, (S1): 128-132.
高强, 郭恒, 赵国良, 等. 2012. 作物种植结构变化及影响粮食产量的因素分析: 以甘肃省天水市为例[J]. 中国农业资源与区划, 33(4): 36-41.
顾治家, 白致威, 段兴武, 等. 2015. 环境因子对山区粮食气候产量的影响——以云南省为例[J]. 中国农业气象, 36(4): 497-505.
郭力娜, 徐燕, 姜广辉. 2013. 农用地粮食生产能力: 理论、估算方法与应用实践[M]. 北京: 知识产权出版社.
郭施宏. 2016. 城市土地扩张质量评价——以福州市为例[J]. 福建师范大学学报: 自然科学版, (4): 105-110.
郭旭东, 邱扬, 连纲, 等. 2005. 基于"压力-状态-响应"框架的县级土地质量评价指标研究[J]. 地理科学, 25(5): 579-583.
郭正模. 1990. 农业劳动积累的资源替代机制探析[J]. 中国农村经济, (12): 27-31.
国家统计局重庆调查总队课题组. 2015. 我国粮食供求及"十三五"时期趋势预测[J]. 调研世界, (3): 3-6.
国土资源部农用地质量与监控重点实验室. 2014. 中国农用地质量发展研究报告(2013)[M]. 北京: 中国农业大学出版社.
国土资源部农用地质量与监控重点实验室. 2015. 中国农用地质量发展研究报告(2014)[M]. 北京: 中国农业大学出版社.
国土资源部农用地质量与监控重点实验室. 2016. 中国农用地质量发展研究报告(2015)[M]. 北京: 中国农业大学出版社.
韩荣青. 2008. 招远市域主要作物土地生产力评价研究[J]. 河北师范大学学报(自然科学版), (5): 687-692.
韩素卿, 王卫. 2004. 生产函数在土地质量指标体系中的应用研究——以河北省冀州市为例[J]. 经济地理, 24(3): 378-382.
郝枫. 2015. 超越对数函数要素替代弹性公式修正与估计方法比较[J]. 数量经济技术经济研究, (4): 88-105, 122.
郝枫, 盛卫燕. 2014. 中国要素替代弹性估计[J]. 统计研究, 31(7): 12-21.
何同康. 1978. 贵州省土壤资源评价系统[J]. 土壤, (5): 197.
何鑫, 李琼芳. 2004. 马尔柯夫法在耕地质量动态评价中的应用[J]. 资源开发与市场, 20(1): 9, 10.
赫舒拉发 J, 格雷泽 A, 赫舒拉发 D. 2009. 价格理论及其应用: 决策、市场与信息[M]. 7 版. 李俊慧, 周燕译. 北京: 机械工业出版社.
侯华丽. 2007. 农民参与的县域双层耕地质量评价研究[J]. 土壤通报, 38(3): 417-421.
侯西勇, 孙希华. 2001. 土地资源生产力评价及粮食生产潜力估算——以长清县为例[J]. 地球信息科学, (2): 60-65.
黄金波, 周先波. 2010. 中国粮食生产的技术效率与全要素生产率增长: 1978-2008[J]. 南方经济, 28(9): 40-52.

参考文献

黄亚捷, 叶回春, 张世文, 等. 2015. 基于自组织特征映射神经网络的中国耕地生产力分区[J]. 中国农业科学, 48(6): 1136-1150.

黄臻. 2014. 我国粮食生产影响因素分析——基于 C-D 生产函数的岭回归分析[J]. 税务与经济, (5): 50-54.

加尔布雷思 J K. 2010. 经济学与公共目标[M]. 于海生译. 北京: 华夏出版社.

坎蒂隆 R. 1986. 商业性质概论[M]. 余永定, 徐寿冠译. 北京: 商务印书馆.

亢霞, 刘秀梅. 2005. 我国粮食生产的技术效率分析——基于随机前沿分析方法[J]. 中国农村观察, (4): 25-32.

孔祥斌, 刘灵伟, 秦静. 2008. 基于农户土地利用行为的北京大兴区耕地质量评价[J]. 地理学报, 63(8): 856-868.

蓝盛芳, 钦佩, 陆宏芳. 2002. 生态经济系统能值分析[M]. 北京: 化学工业出版社.

李谷成, 梁玲, 尹朝静, 等. 2015. 劳动力转移损害了油菜生产吗?——基于要素产出弹性和替代弹性的实证[J]. 华中农业大学学报(社会科学版), (1): 7-13.

李海峥, 梁赟玲, Fraumeni B, 等. 2010. 中国人力资本测度与指数构建[J]. 经济研究, (8): 42-54.

李鹏, 李占斌, 赵忠. 2001. 黄土高原沟坡地土地生产力评价的指标体系与评价方法[J]. 土壤与环境, (4): 301-306.

李巧云, 杨鑫荣, 关欣. 2015. 长沙市莲花镇土地生态质量分区研究[J]. 中国农业资源与区划, 36(6): 30-35.

李涛, 孔祥斌, 梁颖, 等. 2010. 基于农户决策行为的耕地质量评价理论与方法构建[J]. 中国农业大学学报, 15(3): 101-107.

李秀彬. 1999. 中国近 20 年来耕地面积的变化及其政策启示[J]. 自然资源学报, (4): 329-333.

李莹星, 王济民, 张妙玲, 等. 1996. 自然产量剥离法在耕地质量评价中的应用[J]. 中国农业资源与区划, (4): 58-62.

李志俊. 2014. 中国农业要素的替代弹性: 人力资本的作用及农业技术变迁[J]. 财经论丛(浙江财经大学学报), (7): 10-15.

梁书民. 2006. 中国农业种植结构及演化的空间分布和原因分析[J]. 中国农业资源与区划, 27(2): 29-34.

林本喜, 邓衡山. 2012. 农业劳动力老龄化对土地利用效率影响的实证分析——基于浙江省农村固定观察点数据[J]. 中国农村经济, (4): 15-25.

刘海斌, 吴发启. 2006. 黄土塬区复合型生态农业土地生产力评价[J]. 农业工程学报, (6): 77-81.

刘舒馨, 唐祥云, 董婷. 2016. 基于熵权和变异系数组合赋权法的耕地质量评价实证研究[J]. 国土与自然资源研究, (4): 45-50.

刘珍环, 杨鹏, 吴文斌, 等. 2016. 近 30 年中国农作物种植结构时空变化分析[J]. 地理学报, 71(5): 840-851.

陆文彬, 倪羌莉, 陈健. 2006. 灰色关联度在耕地质量评价中的应用——以徐州市土地复垦项目为例[J]. 国土资源科技管理, 23(4): 91-94.

罗必良. 2017. 农业供给侧改革的关键、难点与方向[J]. 农村经济, (1): 1-10.

骆世明. 2001. 农业生态学[M]. 北京: 中国农业出版社.

马歇尔 A. 1965. 经济学原理[M]. 陈良璧译. 北京: 商务印书馆.
马永欢, 牛文元, 汪云林, 等. 2008. 我国粮食生产的空间差异与安全战略[J]. 中国软科学, (9): 1-9.
曼昆 N G. 2017. 经济学原理[M]. 7 版. 梁小民, 梁砾译. 北京: 北京大学出版社.
闵锐, 李谷成. 2012. 湖北省粮食生产要素生产率变化和技术进步的替代效应及政策建议[J]. 农业现代化研究, 33(5): 593-597.
穆勒 J S. 1991. 政治经济学原理及其在社会哲学上的若干应用[M]. 赵荣潜, 桑炳彦, 朱泱译. 北京: 商务出版社.
倪绍祥, 刘彦随. 1998. 试论耕地质量在耕地总量动态平衡中的重要性[J]. 经济地理, 18(2): 83-85.
聂艳, 周勇, 于婧, 等. 2005. 基于 GIS 和模糊物元贴近度聚类分析模型的耕地质量评价[J]. 土壤学报, 42(4): 551-558.
潘佩佩, 杨桂山, 苏伟忠, 等. 2015. 太湖流域土地利用变化对耕地生产力的影响研究[J]. 地理科学, 35(8): 990-998.
配第 W. 2011. 赋税论[M]. 薛东阳译. 武汉: 武汉大学出版社.
仇焕广, 栾昊, 李瑾. 2014. 风险规避对农户化肥过量施用行为的影响[J]. 中国农村经济, (3): 85-96.
萨伊 J B. 1963. 政治经济学概论[M]. 陈福生, 陈振骅译. 北京: 商务印书馆.
尚清芳, 张建明. 2010. 绿洲农业生态经济系统能值分析[J]. 干旱区资源与环境, 24(11): 34-38.
申屠军, 李青, 杜勇. 1989. 我国耕地质量量化初探[J]. 数量经济技术经济研究, (3): 31-34.
沈斌强, 吴群, 崔浩然, 等. 2006. 县域内耕地资源质量及其生产能力的相关性研究——以佛山市农用地分等为例[J]. 国土资源科技管理, 23(3): 17-20.
沈仁芳, 陈美军, 孔祥斌, 等. 2012. 耕地质量的概念和评价与管理对策[J]. 土壤学报, 49(6): 1210-1217.
石常蕴, 周慧珍. 2001. GIS 技术在土地质量评价中的应用——以苏州市水田为例[J]. 土壤学报, 38(3): 248-255.
石华, 周斌. 1962. 广西西南部地区荒山荒地土壤特点及其评价[J]. 土壤, (1): 26-32.
石玉林. 1991. 《中国 1∶100 万土地资源图》土地资源数据集[M]. 北京: 中国人民大学出版社.
史铁丑, 李秀彬, 辛良杰, 等. 2013. 重庆市武隆县粮食播种面积变化特征及其主要驱动因子识别[J]. 地理与地理信息科学, 29(6): 59-62.
舒帮荣, 刘友兆, 陆效平, 等. 2008. 能值分析理论在耕地可持续利用评价中的应用研究——以南京市为例[J]. 自然资源学报, 23(5): 876-885.
舒尔茨 T W. 2006. 改造传统农业[M]. 梁小民译. 北京: 商务印书馆.
斯密 A. 1972. 国民财富的性质和原因的研究[M]. 郭大力, 王亚南译. 北京: 商务印书馆.
宋戈, 邹朝晖, 王越. 2014. 东北粮食主产区县域耕地产能核算及其影响因子分析[J]. 农业工程学报, (24): 308-317.
速水佑次郎, 拉坦 V. 2014. 农业发展: 国际前景[M]. 吴伟东等译. 北京: 商务印书馆.
孙奇, 孙鹏媛, 高永生, 等. 2010. 基于能值分析的河南省耕地生态经济系统可持续利用研究[J]. 中国农业资源与区划, 31(3): 37-42.
唐建, Vila J. 2016. 粮食生产技术效率及影响因素研究——来自 1990—2013 年中国 31 个省份面板数据[J]. 农业技术经济, (9): 72-83.

参 考 文 献

田国良. 1980. 呼伦贝尔草原的太阳分光辐射能和光合潜力[J]. 地理学报, 35(1): 76-82.

王才军, 游泳, 左太安, 等. 2011. 基于熵权灰色关联法的岩溶石漠化区土地质量评价——以毕节试验区为例[J]. 水土保持研究, 18(4): 218-222.

王光复, 李亦兵. 1991. 长春市耕地质量评估[J]. 中国农业资源与区划, (2): 15-17.

王欧, 唐轲, 郑华懋. 2016. 农业机械对劳动力替代强度和粮食产出的影响[J]. 中国农村经济, (12): 46-59.

王秋香, 张红富, 胡智毅, 等. 2011. 广东省不同典型区耕地产能利用潜力分析[J]. 土壤学报, 48(3): 487-495.

王闰平, 荣湘民. 2008. 山西省农业生态经济系统能值分析[J]. 应用生态学报, 19(10): 2259-2264.

王卫, 李秀彬. 2002. 中国耕地有机质含量变化对土地生产力影响的定量研究[J]. 地理科学, 22(1): 24-28.

王晓兵, 许迪, 侯玲玲, 等. 2016. 玉米生产的机械化及机械劳动力替代效应研究——基于省级面板数据的分析[J]. 农业技术经济, (6): 4-12.

王长松, 刘桂芳, 陈莉萍, 等. 2005. 仪征市 30 年耕地养分时空变化趋势及其与粮食生产的关系[J]. 土壤, 37(6): 683-687.

威斯特 E. 1992. 论资本用于土地[M]. 李宗正译. 北京: 商务出版社.

吴丽丽, 李谷成, 周晓时. 2015. 要素禀赋变化与中国农业增长路径选择[J]. 中国人口·资源与环境, 25(8): 144-152.

伍德里奇 J M. 2010. 计量经济学导论: 现代观点[M]. 4 版. 费剑平译. 北京: 中国人民大学出版社.

肖丽群, 陈伟, 吴群, 等. 2012. 未来 10a 长江三角洲地区耕地数量变化对区域粮食产能的影响——基于耕地质量等别的视角[J]. 自然资源学报, 27(4): 565-576.

谢杰. 2007. 中国粮食生产影响因素研究[J]. 经济问题探索, (9): 36-40.

谢经荣. 1992. 国外土地生产力评价方法及其进展[J]. 资源科学, (6): 71-76.

星焱, 胡小平. 2013. 中国新一轮粮食增产的影响因素分析: 2004~2011 年[J]. 中国农村经济, (6): 14-26.

徐斌, 李燕芳. 2006. 生产要素理论的主要学派与最新发展[J]. 北京交通大学学报(社会科学版), (3): 20-24.

徐海亚, 朱会义. 2015. 基于自然地理分区的1990-2010年中国粮食生产格局变化[J]. 地理学报, (4): 582-590.

徐珊, 宋戈, 王越, 等. 2014. 东北粮食主产区耕地资源变化驱动机制及其对粮食产量的影响[J]. 水土保持通报, 34(2): 218-223.

许光明, 杨雅萍, 杨飞, 等. 2016. 多分辨率遥感土地覆被数据质量综合评价——以湖南省桃源县为例[J]. 地球信息科学学报, 18(4): 553-563.

许树辉. 2004. 地块尺度耕地质量评价与方法探讨——以湖南省浏阳市为例[J]. 长江流域资源与环境, 13(1): 47-52.

许妍, 吴克宁, 程先军, 等. 2011. 东北地区耕地产能空间分异规律及产能提升主导因子分析[J]. 资源科学, 33(11): 2030-2040.

严茂超, 李海涛, 程鸿, 等. 2001. 中国农林牧渔业主要产品的能值分析与评估[J]. 北京林业大学学报, 23(6): 66-69.

杨邦杰, 王洪波, 郧文聚, 等. 2013-09-23. 守住质量"红线"推进等级提——关于加强耕地质量保护和建设的思考建议[N]. 中国国土资源报, (007).

杨桂山. 2001. 长三角近 50 年耕地数量变化的过程与驱动机制研究[J]. 自然资源学报, 16(2): 121-127.

杨宇, 李容. 2015. 劳动力转移、要素替代及其约束条件[J]. 南京农业大学学报(社会科学版), (2): 44-50.

姚国征, 丁国栋, 臧荫桐, 等. 2012. 基于判别、因子分析的采煤沉陷风沙区土壤质量评价[J]. 农业工程学报, 28(7): 200-207.

尹朝静, 范丽霞, 李谷成. 2014. 要素替代弹性与中国农业增长[J]. 华南农业大学学报(社会科学版), (2): 16-23.

应瑞瑶, 郑旭媛. 2013. 资源禀赋、要素替代与农业生产经营方式转型——以苏、浙粮食生产为例[J]. 农业经济问题, 34 (12): 15-24.

余敦, 付永琦. 2007. 模糊综合评判法在耕地质量评价中的应用——以武宁县为例[J]. 安徽农业科学, 35(7): 2065, 2066.

郧文聚, 梁梦茵, 汤怀志. 2015. 提升耕地质量重在健康产能建设[J]. 中国土地, (3): 22, 23.

郧文聚, 王洪波, 王国强, 等. 2007. 基于农用地分等与农业统计的产能核算研究[J]. 中国土地科学, 21(4): 32-37.

张芳怡, 濮励杰, 张健. 2006. 基于能值分析理论的生态足迹模型及应用——以江苏省为例[J]. 自然资源学报, 21(4): 653-660.

张凤荣, 齐伟, 薛永森, 等. 2001. 盐渍土区耕地质量指标及其在持续土地利用管理评价中的应用[J]. 中国农业大学学报, 6(5): 42-48.

张凤荣, 薛永森, 鞠正山, 等. 1998. 中国耕地的数量与质量变化分析[J]. 资源科学, (5): 32-39.

张凤荣, 张晋科, 张迪, 等. 2006. 1996—2004 年中国耕地的粮食生产能力变化研究[J]. 中国土地科学, 10(2): 8-14.

张广星, 于东升, 张忠启, 等. 2011. BIO-NORM 与 EO 耕地质量评价方法对比研究[J]. 地理科学, 48(8): 1012-1018.

张红富, 周生路, 吴绍华, 等. 2010. 省域尺度耕地产能空间分异规律及其影响因子[J]. 农业工程学报, 26(8): 308-314.

张金萍, 秦耀辰. 2011. 县域粮食单产及其生产投入因素的空间异质性——以河南省为例[J]. 自然资源学报, 26(3): 373-381.

张晋科, 张凤荣, 张琳, 等. 2006. 中国耕地的粮食生产能力与粮食产量对比研究[J]. 中国农业科学, 39(11): 2278-2285.

张秋菊, 傅伯杰, 陈利顶, 等. 2004. 黄土丘陵沟壑区县域耕地生产力与粮食自给能力变化差异——以安塞县为例[J]. 资源科学, 26(4): 126-131.

张维理, 武淑霞, 冀宏杰, 等. 2004. 中国农业面源污染形势估计及控制对策 I.21 世纪初期中国农业面源污染的形势估计[J]. 中国农业科学, 37(7): 1008-1017.

张献忠, 底艳, 董棉安, 等. 2004. 土地开发整理项目的土地质量评价——以辽宁省庄河市土地复垦项目为例[J]. 资源科学, 26(2): 138-144.

张效军. 2006. 耕地保护区域补偿机制研究[D]. 南京: 南京农业大学.

参 考 文 献

张心昱, 陈利顶. 2006. 土壤质量评价指标体系与评价方法研究进展与展望[J]. 水土保持研究, 13(3): 30-34.

张雪梅. 1999. 我国玉米生产增长因素的分析[J]. 农业技术经济, (2): 32-35.

张衍毓, 王静, 史衍玺, 等. 2006. 基于农户的耕地质量认识及其响应机制研究[J]. 资源科学, 28(2): 74-81.

张英, 张红旗, 李秀彬, 等. 2011. 近20年中国农业主产区耕地资源质量和产能变化研究[J]. 地理与地理信息科学, 27(4): 52-56.

张贞, 高金权, 简广宁, 等. 2011. 基于系统动力学的土地质量变化[J]. 农业工程学报, 27(S2): 226-231.

赵红雷, 贾金荣. 2011. 中国玉米生产技术效率分析: 2001—2008——基于随机前沿生产函数[J]. 西北农林科技大学学报(社会科学版), 11(5): 56-61.

赵娜, 孟平, 张劲松, 等. 2014. 华北低丘山地不同退耕年限刺槐人工林土壤质量评价[J]. 应用生态学报, 25(2): 351-358.

赵晓丽, 张增祥, 汪潇, 等. 2014. 中国近30a耕地变化时空特征及其主要原因分析[J]. 农业工程学报, (3): 1-11.

郑旭媛, 徐志刚. 2016. 资源禀赋约束、要素替代与诱致性技术变迁——以中国粮食生产的机械化为例[J]. 经济学(季刊), 16(4): 45-66.

中国科学院黄河中游水土保持综合考察队. 1959. 土地质量评价的意义及其在水土保持土地利用规划中的应用[J]. 地理学报, (4): 313-329.

钟甫宁, 陆五一, 徐志刚. 2016. 农村劳动力外出务工不利于粮食生产吗?——对农户要素替代与种植结构调整行为及约束条件的解析[J]. 中国农村经济, (7): 36-47.

钟甫宁. 2016. 正确认识粮食安全和农业劳动力成本问题[J]. 农业经济问题, (1): 4-9.

周峰, 周颖. 2001. 江苏省锡山市耕地数量、质量变化影响因素分析[J]. 中国土地科学, 15(4): 7-10.

周生路, 李如海, 王黎明, 等. 2004. 江苏省农用地资源分等研究[M]. 南京: 东南大学出版社.

周小萍, 陈百明, 汪鹏. 2006. 中国未来粮食综合生产能力与粮食安全保障[J]. 北京师范大学学报(社会科学版), (6): 134-140.

朱业玉, 潘攀, 匡晓燕, 等. 2011. 河南省干旱灾害的变化特征和成因分析[J]. 中国农业气象, 32(2): 311-316.

竺可桢. 1964. 论我国气候的几个特点及其与粮食作物生产的关系[J]. 地理学报, 30(1): 1-13.

邹金浪, 杨子生, 吴群. 2015. 中国耕地利用产出的结构特征[J]. 自然资源学报, 30(8): 1267-1277.

邹金浪, 杨子生. 2013. 中国耕地利用投入的时空差异[J]. 自然资源学报, 28(7): 1083-1093.

Andrews S S, Karlen D L, Cambardella C A. 2004. The soil management assessment framework: a quantitative soil quality evaluation method[J]. Soil Science Society of America Journal, 68(6): 1945-1962.

Andrews S S, Mitchell J P, Mancinelli Roberto, et al. 2002. On-farm assessment of soil quality in California's Central Valley[J]. Agronomy Journal, 94: 12-23.

Ang B W, Liu F L. 2001. A new energy decomposition method: perfect in decomposition and consistent in aggregation[J]. Energy, 26(6): 537-548.

Ang B W. 2004. Decomposition analysis for policymaking in energy: which is the preferred method?[J]. Energy Policy, 32(9): 1131-1139.

Anselin L, Rey S J. 2014. Modern Spatial Econometrics in Practice: A Guide to GeoDa, GeoDaspace and PySAL[M]. Phoenix: GeoDa Press LLC.

Anselin L. 1998. Spatial Econometrics: Methods and Models[M]. Dordrecht: Kluwer Academic Publishers.

Anselin L. 2006. Spatial econometrics[C]//Mills T, Patterson K. Palgrave Handbook of Econometrics: Volume 1, Econometric Theory. Basingstoke: Palgrave Macmillan: 901-969.

Antón J M, Saa-Requejo A, Grau J B, et al. 2014. Mathematical decision theory applied to land capability: A case study in the community of Madrid[J]. Journal of Environmental Quality, 43(2): 763-774.

Antonini C, Argilés-Bosch J M. 2017. Productivity and environmental costs from intensification of farming: A panel data analysis across EU regions[J]. Journal of Cleaner Production, 140: 796-803.

Arraiz I, Drukker D M, Kelejian H H, et al. 2010. A spatial cliff-ord-type model with heteroskedastic innovations: Small and large sample results[J]. Journal of Regional Science, 50(2): 592-614.

Barrios E. 2007. Soil biota, ecosystem services and land productivity[J]. Ecological Economics, 64(2): 269-285.

Binswanger H P. 1974. A cost function approach to the measurement of elasticities of factor demand and elasticities of substitution[J]. American Journal of Agricultural Economics, 56(2): 377-386.

Boehm M M, Anderson D W. 1997. A landscape-scales study of soil quality in three Prairie farming systems[J]. Soil Science Society of America Journal, 61(4): 1147-1159.

Bouma J. 2002. Land quality indicators of sustainable land management across scales[J]. Agriculture Ecosystems & Environment, 88(2): 129-136.

Bustos P, Caprettini B, Ponticelli J. 2016. Agricultural productivity and structural transformation: Evidence from Brazil[J]. American Economic Review, 106(6): 1320-1365.

Cambardella C A, Moormana T B, Andrews S S, et al. 2004. Watershed scale assessment of soil quality in the loess hills of southwest Iowa[J]. Soil and Tillage Research, 78(2): 237-247.

Campbell D E, Brandt-WilliamsS L, Meisch M A. 2005. Environmental Accounting Using Emergy: Evaluation of the State of West Virginia[R]. Washington D.C.: USEPA.

Canals L M I，Bauer C，Depestele J，et al. 2007. Key elements in a framework for land use impact assessment within LCA[J]. International Journal of Life Cycle Assessment，12(1): 5-15.

Ceccarelli T, Bajocco S, Smiraglia D, et al. 2015. Land quality, agro-forest systems, and local communities in Emilia-Romagna, Italy: Implications for ecosystem services assessment[J]. Environmental Research Journal, 9(4): 481-490.

Dalton T J, Masters W A, Foster K A. 1997. Production costs and input substitution in Zimbabwe's smallholder agriculture[J]. Agricultural Economics, 17(2/3): 201-209.

Daubenmire R. 1976. The use of vegetation in assessing the productivity of forest lands[J]. The Botanical Review, 42(2): 115-143.

Ditzler C A, Tugel A J. 2002. Soil quality field tools: Experiences of USDA-NRCS soil quality institute[J]. Agronomy Journal, 94(1): 33-38.

Doran J W, Parkin T B. 1994. Defining and assessing soil quality[C]//Dorman J W. Defining Soil Quality for A Sustainable Environment. Madison: Soil Science Society of American Publication No 35.Inc: 3-21.

Dumanski J, Pieri C. 2000. Land quality indicators: research plan[J]. Agriculture Ecosystems & Environment, 81(2): 93-102.

Fan S, Pardey P G. 1997. Research, productivity, and output growth in Chinese agriculture[J]. Journal of Development Economics, 53(1): 115-137.

Farrell M J. 1957. The measurement of productive efficiency[J]. Journal of the Royal Statistical Society, 120(3): 253-290.

Feng Z, Yang Y, Zhang Y, et al. 2005. Grain-for-green policy and its impacts on grain supply in West China[J]. Land Use Policy, 22(4): 301-312.

Food and Agriculture Organization of the United Nations. 1976. A Framework for Land Evaluation[R]. Rome: Soils Bulletin 32.

Foster A D, Rosenzweig M R. 2010. Microeconomics of technology adoption[J]. Annual Review Economics, 2(1): 395-424.

Francesco M, Emanuele L, Luigi G. 2008. Olsen phosphorus, exchangeable cations and salinity in two long-term experiments of north-eastern Italy and assessment of soil quality evolution[J]. Agriculture Ecosystems & Environment, 124(1/): 85-96.

Fulginiti L E, Perrin R K. 1993. Prices and productivity in agriculture[J]. Review of Economics & Statistics, 75(3): 471-482.

Govaerts B, Sayre K D, Deckers J. 2006. A minimum data set for soil quality assessment of wheat and maize cropping in the highlands of Mexico[J]. Soil and Tillage Research, 87(2): 163-174.

Haberl H, Krausmann F, Erb K H, et al. 2002. Human appropriation of net primary production[J]. Science, 296(5575): 1968-1976.

Hayami Y, Ruttan V. 1985. Agricultural Development: An International Development[M]. Baltimore: Johns Hopkins University Press.

Hicks J R. 1932. The Theory of Wages[M]. London: Macmillan.

Huang J, Huang Z, Jia X, et al. 2015. Long-term reduction of nitrogen fertilizer use through knowledge training in rice production in China[J]. Agricultural Systems, 135(6), 105-111.

Huffman E, Eilers R G, Padbury G, et al. 2000. Canadian agri-environmental indicators related to land quality: Integrating census and biophysical data to estimate soil cover, wind erosion and soil salinity[J]. Agriculture Ecosystems & Environment, 81(2): 113-123.

Kawagoe T, Hayami Y, Ruttan V W. 1985. The intercountry agricultural production function and productivity differences among countries[J]. Journal of Development Economics, 19(1/2): 113-132.

Kazar B M, Celik M. 2012. Spatial AutoRegression(SAR) Model: Parameter Estimation Techniques[M]. New York: Springer.

Kelejian H H, Prucha I. 1997. Estimation of spatial regression models with autoregressive errors by two stage least squares procedures: a serious problem[J]. International Regional Science Review, 20: 103-111.

Kelejian H H, Prucha I. 1999. A generalized moments estimator for the autoregressive parameter in a spatial model[J]. International Economic Review, 40(2): 509-533.

Kelejian H H, Prucha I. 2010. Specification and estimation of spatial autoregressive models with autoregressive and heteroskedastic disturbances[J]. Journal of Econometrics, 157(1): 53-67.

Klingebiel A A, Montgomery P H. 1961. Land capability classification. Agriculture Handbook No.210[R]. Washington D.C.: USDA.

Kong X. 2014. China must protect high-quality arable land[J]. Nature, 506(7486): 7.

Kumar T, Jhariya D C. 2015. Land quality index assessment for agricultural purpose using multi-criteria decision analysis(MCDA)[J]. Geocarto International, 30(7): 822-841.

Lee L F. 2003. Best spatial two-stage least squares estimators for a spatial autoregressive model with autoregressive disturbances[J]. Econometric Reviews, 22(4): 307-335.

Lee L F. 2007. GMM and 2SLS estimation of mixed regressive, spatial autoregressive models[J]. Journal of Econometrics, 137(2): 489-514.

Lin J Y. 1992. Rural reforms and agricultural growth in China[J]. American Economic Review, 82(1): 34-51.

Liu Y, Hu W, Jetté-Nantel S, et al. 2013. The influence of labor price change on agricultural machinery usage in Chinese agriculture[J]. Canadian Journal of Agricultural Economics/Revue Canadienne d'agroeconomie, 62(2): 219-243.

Liu Y, Shumway C R. 2009. Induced innovation in U.S. agriculture: time-series, direct econometric, and nonparametric tests[J]. American Journal of Agricultural Economics, 91(1): 224-236.

Lu Q, Xu B, Liang F, et al. 2013. Influences of the Grain-for-Green project on grain security in southern China[J]. Ecological Indicators, 34(11): 616-622.

Macdonald D, Crabtree J R, Wiesinger G, et al. 2000. Agricultural abandonment in mountain areas of Europe: environmental consequences and policy response[J]. Journal of Environmental Management, 59(1): 47-69.

Maddonni G A, Urricariet Susana, Ghersa C M, et al. 1999. Assessing soil quality in the Rolling Pampa, using soil properties and maize characteristics[J]. Agronomy Journal, 91(2): 280-287.

Mcarthur J W, Mccord G C. 2017. Fertilizing growth: agricultural inputs and their effects in economic development[J]. Journal of Development Economics, 127: 133-152.

Morse S. 2014. Land quality indicators[C]//Michalos A C. Encyclopedia of Quality of Life and Well-Being Research. Dordrecht: Springer: 1596.

Ochola W O, Kerkides P. 2004. An integrated indicator-based spatial decision support system for land quality assessment in Kenya[J]. Computers & Electronics in Agriculture, 45(1-3): 3-26.

Odum H T. 1996. Environmental Accounting, Emergy and Decision Making[M]. New York: John Wiley.

Olayide O E, Tetteh I K, Popoola L. 2016. Differential impacts of rainfall and irrigation on agricultural production in Nigeria: any lessons for climate-smart agriculture?[J]. Agricultural Water Management, 178: 30-36.

Olmstead A L, Rhode P. 1993. Induced innovation in American agriculture: a reconsideration[J]. Journal of Political Economy, 101(1): 100-118.

Podhrázská J, Kučera J, Karásek P, et al. 2015. Land degradation by erosion and its economic consequences for the region of South Moravia(Czech Republic)[J]. Soil & Water Research, 10(2): 105-113.

Rípoli T C C, Molina Jr. W F, Rípoli M L C. 2000. Energy potential of sugar cane biomass in Brazil[J]. Scientia Agricola, 57(4): 677-681.

Rozelle S, Jin S, Huang J, et al. 2003. The impact of investments in agricultural research on total factor productivity in China[C]//Evenson R E, Gollin D. Crop Variety Improvement and Its Effect on Productivity: The Impact of International Agricultural Research. Oxon: CABI Publishing: 361-386.

Schiefer J, Lair G J, Blum W E H. 2015. Indicators for the definition of land quality as a basis for the sustainable intensification of agricultural production[J]. International Soil and Water Conservation Research, 3(1): 42-49.

Schultz T W. 1964. Transforming Traditional Agriculture[M]. New Haven: Yale University Press.

Shumway C R, Cowan B W, Lee D. 2015. Testing the induced innovation hypothesis: Accounting for innovation creation and innovation implementation incentives[J]. Developmental Biology, 41(1): 31-41.

Smith J L, Halvorson J J, Papendick R I. 1993. Using multiple-variable indicator kriging for evaluating soil quality[J]. Soil Science Society of America Journal, 57(3): 743-749.

Smith L E D, Siciliano G. 2015. A comprehensive review of constraints to improved management of fertilizers in China and mitigation of diffuse water pollution from agriculture[J]. Agriculture Ecosystems & Environment, 209: 15-25.

Sparling G P, Schipper L A. 2002. Soil quality at a national scale in New Zealand[J]. Journal of Environmental Quality, 31(6): 1848-1857.

Stock J H, Waston M W. 2011. Introduction to Econometrics[M]. 3rd ed. Boston: Addison-Wesley.

Stocking M. 2006. Land quality, agricultural productivity, and food security[J]. Geographical Research, 44(1): 102-104.

Tobler W R. 1970. A computer movie simulating urban growth in the detroit region[J]. Economic Geography, 46: 234-240.

Tocco B, Bailey A, Davidova S. 2013. The theoretical framework and methodology to estimate the farm labour and other factor-derived demand and output supply systems[R]. Factor Markets Working Papers: 1-15.

UNEP. 2012. Environmental accounting of national economic systems: an analysis of west African Dryland countries within a global context[R]. Nairobi: United Nations Environment Programme.

Vitousek P M, Ehrlich P R, Ehrlich A H, et al. 1986. Human appropriation of the products of photosynthesis[J]. BioScience, 36(6): 368-373.

Walther P. 1986. Land abandonment in the Swiss Alps: a new understanding of a land-use problem[J]. Mountain Research & Development, 6(4): 305-314.

Wardle M M, Bollero G A. 1999. Soil quality assessment of tillage impacts in Illinois[J]. Soil Science Society of America Journal, 63(4): 961-971.

Wiebe K. 2003. Linking land quality, agricultural productivity, and food security[R]. Washington D.C.: USDA.

Woodward F I, Smith T M, Emanuel W R. 1995. A global land primary productivity and phytogeography model[J]. Global Biogeochemical Cycles, 9(4): 471-490.

Wooldridge J M. 2009. Introductory Econometrics: A Modern Approach[M]. 4th ed. Boston: South-Western Cengage Learning.

Wooldridge J M. 2010. Econometric Analysis of Cross Section and Panel Data[M]. 2nd ed. London: The MIT Press.

Yan H, Ji Y, Liu J, et al. 2016. Potential promoted productivity and spatial patterns of medium-and low-yield cropland land in China[J]. Journal of Geographical Sciences, 26(3): 259-271.

Yan J, Yang Z, Li Z, et al. 2016. Drivers of cropland abandonment in mountainous areas: a household decision model on farming scale in Southwest China[J]. Land Use Policy, 57(57): 459-469.

Yang C H, Wu L, Lin H L. 2010. Analysis of total-factor cultivated land efficiency in China's agriculture[J]. Agricultural Economics, 56(5): 231-242.

Zhang P, Zhang J, Chen M. 2017. Economic impacts of climate change on agriculture: the importance of additional climatic variables other than temperature and precipitation[J]. Journal of Environmental Economics & Management, 83: 8-31.

Zhang X, Yang J, Thomas R. 2017. Mechanization outsourcing clusters and division of labor in Chinese agriculture[J]. China Economic Review, 43: 184-195.

Zhang Y, Li X, Song W, et al. 2016 Land abandonment under rural restructuring in China explained from a cost-benefit perspective[J]. Journal of Rural Studies, 47(Part B): 524-532.

Zornoza R, Mataix S J, Guerrero C, et al. 2007. Evaluation of soil quality using multiple lineal regression based on physical, chemical and biochemical properties[J]. Science of the Total Environment, 378(1/2): 233-237.

Zou J, Wu Q. 2017. Spatial analysis of Chinese grain production for sustainable land management in plain, hill and mountain counties[J]. Sustainability, 9(3): 348.